全国高等职业教育财经类规划教材·物流管理专业

物流服务与营销

宣玲玲 主 编
瞿 丹 副主编
孙秋高 主 审

电子工业出版社
Publishing House of Electronics Industry
北京·BEIJING

内 容 简 介

本书针对高等职业教育培养高端技能型人才的需求,根据物流企业营销和服务工作的主要职业岗位及其工作职责和典型工作任务,以营销和服务客户的工作过程为主线,设计了认知物流服务与营销、物流服务市场调研与市场定位、物流服务营销组合策略分析、物流服务销售与客户开发、物流客户咨询服务、物流客户订单处理、物流客户投诉管理、物流客户关系维护八大学习项目,每一个学习项目又根据物流企业营销和服务工作相关岗位典型工作任务的需要设计了若干个由引导任务驱动的学习情境。这些学习内容不仅与物流企业市场营销工作内容和流程、客户服务工作流程和岗位职责紧密结合,而且涵盖了国家物流职业标准中有关物流营销和物流服务的知识点和技能点。教材编写过程中,不仅注重培养学生的专业能力、方法能力,而且注重培养学生的社会能力和个人发展能力,真正体现了"以行动为导向"、"以学生为中心"的高职教学理念。

本书既可作为高等职业院校物流管理专业的教学用书,也可供社会上有志于从事物流企业营销和服务工作的人士及物流企业营销人员和服务人员自学、提高使用。

未经许可,不得以任何方式复制或抄袭本书之部分或全部内容。
版权所有,侵权必究。

图书在版编目(CIP)数据

物流服务与营销 / 宣玲玲主编. —北京:电子工业出版社,2014.2
全国高等职业教育财经类规划教材. 物流管理专业
ISBN 978-7-121-22095-1

Ⅰ. ①物… Ⅱ. ①宣… Ⅲ. ①物资企业—市场营销学—高等职业教育—教材 Ⅳ. ①F253

中国版本图书馆 CIP 数据核字(2013)第 292705 号

策划编辑:张云怡
责任编辑:郝黎明
印　　刷:北京天宇星印刷厂
装　　订:北京天宇星印刷厂
出版发行:电子工业出版社
　　　　　北京市海淀区万寿路 173 信箱　邮编　100036
开　　本:787×1092　1/16　印张:15.5　字数:397 千字
版　　次:2014 年 2 月第 1 版
印　　次:2021 年 1 月第 6 次印刷
定　　价:31.90 元

凡所购买电子工业出版社图书有缺损问题,请向购买书店调换。若书店售缺,请与本社发行部联系,联系及邮购电话:(010)88254888,88258888。
质量投诉请发邮件至 zlts@phei.com.cn,盗版侵权举报请发邮件至 dbqq@phei.com.cn。
本书咨询联系方式:(010)88254573,zyy@phei.com.cn。

前 言

随着我国经济的发展，物流产业在我国的经济建设中发挥着越来越重要的作用，但另一方面，物流行业的竞争也越来越激烈。对于物流企业来说，适合企业发展的市场营销策略是能在商机无限的物流市场中分取蛋糕的有效方式，优秀的客户服务水平是获取竞争优势的必然手段。可以说，物流市场营销和物流客户服务是物流企业生存和发展的基础，也是其获取核心竞争力的有效手段。

在物流企业中，营销业务岗位和客户服务岗位的工作任务时有交叉，营销员有时也是客服，客服有时也要向客户推介、营销物流服务，因此，我们针对物流企业的这两个岗位，对其工作任务进行分析梳理，形成知识领域的学习任务，将任务与知识点融为一体，这样可读性与趣味性兼具，使知识与工作内容的结合度增强。

针对物流企业人才的需求和高等职业教育高端技能型人才培养的特点，我们对物流企业的市场营销工作和客户服务工作进行了深入细致的调研，了解和掌握了物流企业市场营销工作和客户服务工作的主要职业岗位工作职责和典型工作任务，以及要能够切实履行这些工作职责，完成这些典型工作任务，所应具备的知识和应掌握的操作技能。在此基础上，我们以物流企业市场营销工作和客户服务工作的工作过程为主线，借鉴德国职业教育的先进经验和方法，重新设计、构建了《物流服务与营销》的学习内容和教学体系。重构的学习内容分为八大学习项目，就学习项目整体而言构成了一个典型的工作任务与工作情境。每一个学习项目根据工作任务的需要，又设计了若干个学习任务，这些小任务起到启发和引导学生学习的作用。学生通过完成项目任务，理解实际企业的工作情境，模拟扮演企业相关岗位人员的角色，一方面达到对理论知识的理解和掌握，另一方面也加强了对实践技能的锻炼和巩固。

本书引导学生从认知物流服务与营销入手，按照物流企业进行物流服务市场调研与市场定位、分析制定物流服务营销组合策略、进行物流服务销售与客户开发、接受物流客户咨询、处理物流客户订单、管理物流客户投诉、维护物流客户关系的业务流程展开学习。紧密结合物流企业的岗位需求，按照实际业务的项目，安排每一单元的学习任务和教学内容；每一单元则根据任务导读需解决的问题，对完成任务所需要的知识进行归纳，将"教、学、做"有机地结合为一体，使学生带着要完成的任务积极地、有意识地学习、训练直至掌握相关的岗位技能。

本书在重点培养学生职业化的工作技能的基础上，通过角色扮演、物流企业营销人员体验、客服人员体验、物流客户体验、素质拓展等方式，强化其职业化的工作态度、职业化的工作道德及职业化的工作形象。因此，本书既可作为高等职业院校物流管理专业、工商管理专业的相关教学用书，也可作为物流企业、工商企业物流业务从业人员的自学参考或岗前培训用书。

本书由浙江交通职业技术学院的专业教师与杭州联华华商集团、宁波新华物流有限公司、浙江中通通信有限公司、杭州吉缘精舍贸易有限公司、浙江大华物流有限公司等企业的专业人士联合编写。浙江交通职业技术学院宣玲玲担任主编，编写了项目一、项目，并负责书稿框架的设计和统稿、定稿工作；浙江交通职业技术学院瞿丹担任副主编，编写了项目二、项目五，并参与了结构策划。本书由浙江交通职业技术学院孙秋高教授担任主审。其他参编人员有：浙江交通职业技术学院陈艳编写了项目三、项目六；杭州联华华商集团公司副总经理严梦伟编写了项目二、项目五，并参与了结构策划，提供了大量的参考资料；浙江中通通信有限公司配送中心主任钱赛锋编写了项目三、项目七，并参与了结构策划，提供了部分案例；宁波新华物流有限公司郑晓静编写了项目四，并参与了结构策划；浙江交通职业技术学院詹继兵编写了项目七、项目八；杭州吉缘精舍贸易有限公司物流部经理吴道平为本教材的编写提供了建议；浙江大华物流有限公司丁由利提供了部分案例；另外，浙江交通职业技术学院2010级学生卜逸兰、方艳完成了部分资料的整理等辅助性工作，在此对上述人员表示感谢！

  本书还参阅了大量著作，参考文献附后，在此对这些前辈和同行表示感谢！

  由于编者水平有限，书中难免会有不当或疏漏之处，敬请各位同仁及广大读者批评指正。

编　者
2013年6月　于杭州

项目 1　认知物流服务与营销

任务 1　物流服务的基本认知 ……………………………………………………………（3）
　　一、物流的基本概念 ……………………………………………………………（3）
　　二、物流的分类 …………………………………………………………………（4）
　　三、物流企业 ……………………………………………………………………（5）
　　四、物流服务及其性质 …………………………………………………………（6）
　　五、不同物流业务中的物流服务 ………………………………………………（8）

任务 2　物流服务营销的基本认知 ……………………………………………………（10）
　　一、市场营销的定义 ……………………………………………………………（10）
　　二、市场营销的核心概念 ………………………………………………………（11）
　　三、物流服务营销的概念及作用 ………………………………………………（15）
　　四、物流服务营销三角形 ………………………………………………………（17）

任务 3　物流客户服务的基本认知 ……………………………………………………（18）
　　一、物流客户及其分类 …………………………………………………………（18）
　　二、物流客户服务的概念 ………………………………………………………（21）
　　三、物流企业客户服务的内容 …………………………………………………（22）
　　四、影响物流客户服务水平的因素 ……………………………………………（23）

知识点延伸 ………………………………………………………………………………（25）
项目思考题 ………………………………………………………………………………（28）
实训实践体验 ……………………………………………………………………………（29）

项目 2　物流服务市场调研与市场定位

任务 1　物流服务营销环境分析 ………………………………………………………（33）
　　一、物流服务营销环境的含义 …………………………………………………（33）
　　二、物流服务宏观营销环境的分析 ……………………………………………（33）
　　三、物流服务营销微观环境的分析 ……………………………………………（35）
　　四、物流营销环境的 SWOT 分析法 ……………………………………………（36）

任务 2　物流市场需求的调查与预测 …………………………………………………（37）
　　一、物流市场调查概述 …………………………………………………………（37）
　　二、物流服务市场调查的步骤 …………………………………………………（38）
　　三、物流服务市场调查的方法 …………………………………………………（40）

Ⅴ

四、物流服务市场预测的步骤 …………………………………………………（41）
　　五、物流市场预测的方法 ……………………………………………………（42）
任务3　物流市场细分与目标市场选择 ……………………………………………（43）
　　一、物流市场细分的概念 ……………………………………………………（43）
　　二、物流市场细分的方法与依据 ……………………………………………（45）
　　三、物流市场细分的评估 ……………………………………………………（47）
　　四、物流企业目标市场选择策略 ……………………………………………（49）
　　五、目标市场营销策略 ………………………………………………………（50）
　　六、影响物流目标市场策略选择的因素 ……………………………………（52）
任务4　物流服务市场定位 …………………………………………………………（53）
　　一、物流服务市场定位的含义 ………………………………………………（53）
　　二、物流企业市场定位的方式 ………………………………………………（53）
　　三、物流服务市场定位的步骤 ………………………………………………（54）
知识点延伸 ……………………………………………………………………………（55）
项目思考题 ……………………………………………………………………………（57）
实训实践体验 …………………………………………………………………………（58）

项目3　物流服务营销组合策略分析

任务1　物流服务产品策略分析 ……………………………………………………（62）
　　一、物流产品与物流产品组合 ………………………………………………（62）
　　二、物流产品生命周期策略 …………………………………………………（65）
　　三、物流服务品牌策略 ………………………………………………………（66）
　　四、物流服务新产品开发 ……………………………………………………（69）
任务2　物流服务定价策略分析 ……………………………………………………（72）
　　一、物流服务价值与物流服务价格 …………………………………………（72）
　　二、影响物流服务定价的因素 ………………………………………………（73）
　　三、物流服务价格构成 ………………………………………………………（75）
　　四、物流服务定价的一般程序 ………………………………………………（75）
　　五、物流服务定价策略 ………………………………………………………（77）
　　六、物流服务定价方法 ………………………………………………………（80）
任务3　物流服务分销策略分析 ……………………………………………………（83）
　　一、物流服务分销渠道的含义 ………………………………………………（84）
　　二、物流服务分销渠道的设计 ………………………………………………（86）
　　三、物流服务分销渠道的管理 ………………………………………………（87）
　　四、物流服务的特许经营 ……………………………………………………（88）
　　五、物流服务网络营销 ………………………………………………………（90）
任务4　物流服务促销策略分析 ……………………………………………………（93）
　　一、物流服务促销概述 ………………………………………………………（93）

二、物流服务人员推销 ………………………………………………………………（95）
　　三、物流服务营业推广 ………………………………………………………………（97）
　　四、物流服务广告策略 ………………………………………………………………（99）
　　五、物流服务公共关系策略 ……………………………………………………………（102）
任务5　物流服务有形展示设计 …………………………………………………………（103）
　　一、物流服务有形展示概述 ……………………………………………………………（104）
　　二、物流服务有形展示的类型 …………………………………………………………（105）
　　三、物流服务有形展示的管理 …………………………………………………………（106）
　　四、物流服务环境的设计 ………………………………………………………………（107）
知识点延伸 …………………………………………………………………………………（108）
项目思考题 …………………………………………………………………………………（110）
实训实践体验 ………………………………………………………………………………（111）

项目4　物流服务销售与客户开发

任务1　寻找潜在客户 ………………………………………………………………………（114）
　　一、物流服务销售人员应具备的素质 …………………………………………………（114）
　　二、物流服务潜在客户的来源 …………………………………………………………（116）
　　三、寻找物流客户的方法 ………………………………………………………………（117）
任务2　物流客户开发 ………………………………………………………………………（120）
　　一、物流客户开发的特殊性 ……………………………………………………………（120）
　　二、物流客户开发的程序 ………………………………………………………………（121）
　　三、物流客户开发的方法 ………………………………………………………………（125）
　　四、物流客户开发的策略 ………………………………………………………………（126）
　　五、物流客户开发的技巧 ………………………………………………………………（127）
知识点延伸 …………………………………………………………………………………（129）
项目思考题 …………………………………………………………………………………（130）
实训实践体验 ………………………………………………………………………………（131）

项目5　物流客户咨询服务

任务1　塑造物流客服人员职业化形象 …………………………………………………（136）
　　一、职业形象的概念 ……………………………………………………………………（136）
　　二、物流客服人员职业形象中的仪容仪表 ……………………………………………（136）
　　三、物流客服人员的综合素质要求 ……………………………………………………（139）
　　四、物流客服人员在服务中的沟通技巧 ………………………………………………（140）
任务2　制订物流客户接待计划 …………………………………………………………（141）
　　一、物流客户接待工作的基本程序 ……………………………………………………（141）
　　二、制订接待计划 ………………………………………………………………………（141）

三、物流客户接待开场白设计……………………………………………（143）
　　四、物流客户接待工作中的技巧…………………………………………（146）
任务3　接待物流客户咨询……………………………………………………（148）
　　一、倾听物流客户心声……………………………………………………（148）
　　二、探寻物流客户需求……………………………………………………（150）
　　三、陈述物流客户利益……………………………………………………（153）
知识点延伸………………………………………………………………………（158）
项目思考题………………………………………………………………………（161）
实训实践体验……………………………………………………………………（162）

项目6　物流客户订单处理

任务1　前台订单业务处理……………………………………………………（165）
　　一、前台客服人员的工作任务……………………………………………（165）
　　二、受理员语言规范及受理流程…………………………………………（166）
　　三、正确填写工作单………………………………………………………（169）
任务2　电话订单业务处理……………………………………………………（173）
　　一、前台客服人员的电话礼仪……………………………………………（173）
　　二、电话业务受理类型及规定……………………………………………（174）
　　三、电话订单业务受理流程………………………………………………（176）
　　四、电话订单受理中涉及的限制与规定…………………………………（177）
任务3　网上订单业务受理……………………………………………………（179）
　　一、网络的自如应用………………………………………………………（179）
　　二、客户下达订单任务……………………………………………………（180）
　　三、后台处理客户订单……………………………………………………（181）
任务4　订单查询业务处理……………………………………………………（181）
　　一、客户通过网络查询订单信息…………………………………………（181）
　　二、客户通过客服查询电话查询订单信息………………………………（181）
知识点延伸………………………………………………………………………（183）
项目思考题………………………………………………………………………（184）
实训实践体验……………………………………………………………………（185）

项目7　物流客户投诉管理

任务1　处理物流客户的异议…………………………………………………（187）
　　一、物流客户异议的类型…………………………………………………（187）
　　二、物流客户异议的处理…………………………………………………（189）
任务2　受理物流客户投诉……………………………………………………（192）
　　一、投诉概述………………………………………………………………（192）

二、导致客户投诉的原因 ……………………………………………………（193）
　　三、受理物流客户投诉的主要方式 ………………………………………（194）
　　四、投诉受理人员应该具有的基本素质和态度 …………………………（195）
　　五、受理物流客户投诉工作流程 …………………………………………（196）
任务3　处理物流客户投诉 ……………………………………………………（198）
　　一、处理物流客户投诉的策略 ……………………………………………（198）
　　二、物流客户投诉的分类处理 ……………………………………………（200）
　　三、物流客户投诉的级别评定 ……………………………………………（200）
　　四、投诉处理时限要求 ……………………………………………………（200）
　　五、客户投诉处理的通报与训练 …………………………………………（201）
　　六、处理客户投诉的技巧 …………………………………………………（201）
　　七、货物晚点、破损事件的前期处理方法 ………………………………（202）
任务4　修复物流客户关系 ……………………………………………………（203）
　　一、分析客户关系断裂的原因 ……………………………………………（203）
　　二、采取服务补救 …………………………………………………………（204）
　　三、修复客户关系的措施 …………………………………………………（205）
项目思考题 ………………………………………………………………………（206）
实训实践体验 ……………………………………………………………………（208）

项目8　物流客户关系维护

任务1　建立物流客户档案 ……………………………………………………（211）
　　一、建立物流客户档案的作用 ……………………………………………（212）
　　二、物流客户档案的内容 …………………………………………………（212）
　　三、物流客户资料分析 ……………………………………………………（213）
任务2　物流客户回访 …………………………………………………………（214）
　　一、客户回访创造客户价值 ………………………………………………（214）
　　二、登门回访工作流程 ……………………………………………………（216）
　　三、电话回访工作流程 ……………………………………………………（217）
　　四、商务信函回访 …………………………………………………………（217）
　　五、电子邮件回访 …………………………………………………………（218）
任务3　物流客户满意度调查与分析 …………………………………………（219）
　　一、客户满意度的概念 ……………………………………………………（219）
　　二、影响客户满意度的因素及衡量指标 …………………………………（220）
　　三、客户满意度分析流程 …………………………………………………（220）
　　四、物流客户满意度测评 …………………………………………………（224）
任务4　应用CRM管理物流客户 ……………………………………………（226）
　　一、CRM全程创造企业价值 ……………………………………………（226）
　　二、客户关系管理系统的要点 ……………………………………………（228）

三、客户关系管理系统的作用 …………………………………………（229）
　　四、现有物流客户关系管理软件的主要功能 …………………………（229）
项目思考题 ………………………………………………………………（231）
实训实践体验 ……………………………………………………………（233）

参考文献 ………………………………………………………………………（236）

Project 1 项目1 认知物流服务与营销

项目学习目标

1. 理解物流服务及其性质；
2. 掌握物流服务营销的概念；
3. 熟悉不同物流业务中的客户服务。

项目能力标准

能力模块	能力要求
任务1：物流服务的基本认知	能描述物流的概念，能理解物流服务及其性质
任务2：物流服务营销的基本认知	能理解市场营销的核心概念，并应用到物流企业的营销分析中
任务3：物流客户服务的基本认知	能进行简单的物流客户分类，会分析物流企业客户服务的内容

项目知识点、能力（技能）点

物流；物流企业；物流服务；市场营销；需要、欲望和需求；产品；价值、满意和质量；交换、交易和关系；市场；市场营销者；物流服务营销；物流服务营销三角形；物流服务营销组合；物流客户；物流客户服务；物流客户生命周期。

项目导读

顺丰速运的客户服务策略

在宅急送、大田、中国邮政EMS的快速发展以及国外快递公司大力开拓中国市场的情况下，顺丰快递公司（以下简称顺丰快递）面临着前所未有的市场竞争。对此公司采取了如下应对策略：

（1）顺丰快递根据物流客户的不同生命周期确定不同的战略目标。由于不同生命周期的客户其运行成本是不一样的。处于考察期和衰退期的客户的运行成本一般都比较大——往往要利用较多的运作资源，而得到的净利润却很少。在技术经济可行的情况下，对此类客户加以整合，利用其独有的特性减少和降低运作资源的消耗和成本支出，从而有效地支撑快递企业利润的产生，并且如果开发得好，将会为企业带来充足的客源和利润源。

处于成长期和成熟期的客户会给企业带来巨大的现实利润。"大客户+小客户"的整合中，大客户一般是企业利润的主要来源，多是成长期和成熟期的客户，是企业的关键客户之一；而小客户虽主要占用了企业较多的运作资源，但创造的利润却较少。大客户的快递作业由于操作的时间、区域和作业方式不同，运作资源富余（如车辆装载空余）的现象经常出现，如果加上小客户协同运作，实际上是以大客户的运作支出支撑着完成了大小两个客户的运作。因此快递企业制订其运作计划时，采取此种方式可以在合理分配大客户作业量的同时兼顾小客户的业务，使运作效率指标更高。

持续地进行基于核心竞争能力的客户资源整合。基于核心竞争能力的快递企业客户资源整合是现代竞争持续发展的过程，需要进行不懈的努力，现代快递的根本含义是物流客户服务，而对客户资源进行整合恰恰是促进企业服务质量提升的重要手段，持续地进行客户资源整合必将有力地促进企业核心竞争力的发展，不断提升企业的能力，而企业核心竞争力的发展也进一步促进了客户资源的整合。

（2）根据利润来源，细分快递市场，选定目标客户。公司认真分析什么类型的客户作为快递利润的主要来源是最合理的？大的项目客户还是标准的中小客户？根据统计，顺丰快递的文件与包裹的比例为 6∶4（内地件占 50%、中国香港件占 50%）。与宅急送、大通、大田等国内快递公司相比较，顺丰快递的文件占比最大。这符合顺丰快递的客户定位。顺丰快递认为文件市场的风险最小而利润最大，另外，国内机场等运输渠道的野蛮操作容易造成货物损坏，从而引起客户的索赔。顺丰快递以小客户市场为主，为客户提供最大、最多、最好的价值，从而实现客户价值最大化。

（3）扩大快递网络。顺丰快递的一个战略指导思想是由区域性快递公司发展成全国性快递公司。顺丰快递从广东起家，在夯实了珠江三角洲地区密集的快递网络之后，向长江三角洲地区复制了其业务模式，进而再向华北、华中和西南地区不断扩张。顺丰快递在全国的网络覆盖 19 个省、直辖市及香港特别行政区，顺丰快递网点完全自营，没有建设代理网点或采取加盟连锁的方式，其网络策略是"自然延伸"，即根据自身实力和发展程度，哪里有市场就将网络铺设到哪里。在经济发达地区建设密集网点，放弃经济不发达地区。

（4）改变营销理念，客户关系成为营销重点。中国的快递营销力量非常薄弱，EMS、中通等快递公司竟然没有专职的销售人员。在产品和价格不占优势的情况下，顺丰快递一直保持着布局大量的销售人员，并且进行专门的培训。快递销售必然是顾问式销售，对一家企业的快递方案的解决是快递销售的重心。同时，作为服务业，必须高度重视客户关系的维护。

（5）采用"4Cs"物流营销组合与消费者沟通。这里"4C"分别指代 Customer（客户）、Cost（成本）、Convenience（便利）和 Communication（沟通），"4Cs"物流营销组合以客户对物流的需求为导向，与目前我国的物流供求现状相适应，提出了物流市场不断发展的观点，着眼于企业与客户间的互动，达到物流企业、客户及最终消费者都能获利的三赢局面。首先，"4Cs"可引导这些企业关心客户的需求、关心客户关系的维护，并根据客户的行为来判断客户的物流需求，并为其设计物流服务。这样就可以使这些企业有可能获得长期、稳定的物流客户。其次，"4Cs"营销告诉物流企业，物流业所产生的效益具有共享性，这种共享是在物流企业和客户之间实现的。在企业的物流营销过程中，必须时刻注意到如果客户不能从外包的物流业中获取效益，那么物流企业的所有努力都将是徒劳的。再次，物流企业在从事物流活动时，应该把本企业最擅长的一面（核心竞争能力）充分展示给客户，让客户充分相信物流企业的能力，最终将物流业务交给专业物流企业完成。

（6）根据物流客户的需要增加服务特色。顺丰快递现提供的服务有：①门到门寄付或到付快递服务；②门到门快件限时派送服务；③门到门寄付或到付普货服务；④代签回单业务。

该公司最大的服务特色是"五不"：一是该公司不设 800 免费电话服务（他们认为，真正讲求时限的客户不在乎几角钱的电话费）；二是不收同行代理的快件，未开通城市不设代理；三是其公布的快件价格不折扣、不优惠；四是递送员培训考核不合格则不能上岗；

项目 1 认知物流服务与营销

五是不做广告（递送员取件快是最好的广告，还有邮政方面的原因）。这几个特点是有区别于其他快递公司的，也是市场上被客户和竞争对手所知不多的部分。

（7）树立速度第一的客户服务理念。速度是快递之魂，那就看谁跑得更快。全国两万多家快递企业都将速度作为自己的生命线，但一些企业在注重速度的同时忽视了一个重要的因素，那就是低成本下的速度才是真正的速度。为了提高速度确保递送时限，顺丰快递经常买火车票、飞机票，让自己的员工带着客户的物品乘坐火车、飞机去送货，甚至专车直送、包飞机。这样做就保证了准点率，满足了客户的需求。速度是顺丰快递争夺市场的利器，快递行业的人都清楚，顺丰快递公司从建立之始就一直把"速度第一"贯穿于其营销理念的始终。

思考题：

1. 顺丰快递的物流服务是什么？一般物流企业的物流服务主要有哪些？
2. 顺丰快递的营销观念是怎样的？一般物流企业可以怎样考虑其营销组合？
3. 如何理解"速度第一"的客户服务理念？

Mission 任务 1 物流服务的基本认知

任务导读

李华从某职业学院物流管理专业毕业后，应聘到杭州××物流企业。在该企业首先要进行为期三个月的入职培训和轮岗实习。在这期间要进行与企业业务、工作流程相关的培训与实习，如果实习合格则被聘为正式员工。

李华入职的第一天先到人力资源部报到，然后到培训部进行入职培训。培训部张老师首先对该企业的整体状况作了介绍：该企业已形成了一个覆盖全国并开始向美国、澳大利亚、泰国、中国香港等地延伸的国际化物流运作网络和信息网络，与国内外近百家著名企业结成了战略联盟（包括宝洁、飞利浦、LG、联合利华等企业），为他们提供商品以及原辅材料、零部件的采购、储存、分销、加工、包装、配送、信息处理、信息服务、系统规划设计等供应链一体化的综合物流服务。随后对该企业的工作流程、工作规范等做了简单说明。通过第一天的入职培训，李华对该企业可以做出以下分析：

1. 李华的实习单位是一家什么类型的物流企业？
2. 该企业提供的物流服务是什么？

一、物流的基本概念

"物流"一词最早出现于美国 20 世纪 30 年代初，在一部营销的基础教科书中，开始涉及物流运输、物资储存等业务的实物供应（Physical Distribution）一词，提出"物流是与创造需要不同的一个问题",并提到"物资经过时间或空间的转移,会产生附加值"。

1986年,美国物流管理协会对物流的定义是"以适合于客户的要求为目的,对原材料、在制品、制成品及与其关联的信息,从生产地点到消费地点之间的流通与保管,为求有效率且最大的'对费用的相对效果'而进行计划、执行、控制的过程。这些活动包括但不局限于客户服务、搬运及运输、仓库保管、工厂和仓库选址、库存管理、接受订货、流通信息、采购、装卸、零件供应并提供服务、废弃物回收处理、包装、退货业务、需求预测等。"

2001年8月1日正式实施的《中华人民共和国国家标准物流术语》中对物流进行的定义是"物流是从供应地向接受地的实体流动过程。根据实际需要,将运输、储存、装卸、搬运、包装、流通加工、配送、信息处理等基本功能实施有机结合。"

二、物流的分类

社会经济领域中到处都存在物流活动。许多领域都具有自己特征的物流活动,虽然物流的基本要素是共同的,但是由于物流对象不同,物流目的不同,物流范畴不同,就形成了不同类型的物流。既然物流有不同的类型,那么必然产生与之相适应的分类。

(一)按物流的作用分类如下

1. 供应物流

供应物流是指为生产企业提供原材料、零部件或其他物品时,物品在提供者与需求者之间的实体流动。供应物流不仅要保证供应的目标,而且还要以最低成本、最小消耗来组织供应物流活动。

2. 销售物流

销售物流是指生产企业、流通企业出售商品时,物品在供方与需方之间的实体流动。销售物流带有极强的服务性,以满足买方的要求,最终实现销售。

3. 生产物流

生产物流是指在生产过程中的原材料、在制品、半成品及产成品等在企业内部的实体流动的过程。生产物流是制造企业所特有的,它需要与生产流程同步。

4. 回收物流

回收物流是指对不合格物品的返修、退货及周转用的包装容器从需方返回到供方所形成的物品的实体流动。一个企业如果回收物品处理不当,会影响整个生产环境,甚至影响产品的质量,也会占用很大空间。

5. 废弃物物流

废弃物物流是指将经济活动中失去原有价值的物品,根据实际需要进行收集、分类、加工、包装、搬运和储存,并分别送到专门处理场所而形成的物品的实体流动。虽然废弃物物流可能没有经济效益,但却具有不可忽视的社会效益。

(二)按物流系统涉及的领域分类如下

1. 宏观物流

宏观物流是指社会再生产总体的物流活动,从社会再生产总体角度认识和研究物流活动。宏观物流的应用有:社会物流、国民经济物流、国际物流等,宏观物流研究的主要特点是综合性和全局性。宏观物流主要研究内容包括：物流总体构成、物流与社会的关系及在社会中的地位、物流与经济发展的关系、社会物流系统和国际物流系统的建立和运作等。

2. 微观物流

微观物流是指客户、生产企业所从事的实际的、具体的物流活动。在整个物流活动中的一个局部、一个环节的具体物流活动、在一个小的区域空间发生的具体的物流活动都属于微观物流。微观物流研究的特点是具体性和局部性。由此可见，微观物流是更贴近具体企业的物流，其研究领域十分广泛。

（三）按物流业务活动范围的分类如下

1. 社会物流

社会物流是指以一个社会为范畴、以面向社会为目的的物流。这种社会性很强的物流往往是由专门的物流承担人承担。社会物流研究再生产过程中随之发生的物流活动，研究国民经济中的物流活动，研究如何形成服务于社会、面向社会、又在社会环境中运行的物流，研究社会中的物流体系的结构和运行，因此社会物流带有综合性和广泛性。

2. 企业物流

企业物流是从企业角度上研究与之有关的物流活动，是具体的、微观的物流活动的典型领域。企业物流又可以划分为不同类型的具体物流活动，如企业生产物流、企业供应物流、企业销售物流、企业回收物流等。

三、物流企业

（一）物流企业的定义

国家质检总局、国家标准化管理委员会公布了《物流企业分类与评估指标》推荐性国家标准。从2005年5月1日起，那些只守着一个仓库或几辆卡车的企业不能再随便自称为"物流企业"了。该标准对物流企业作出了新的定义，即"至少从事运输（含运输代理、货物快递）或仓储一种经营业务，并能够按照客户物流需求对运输、储存、装卸、包装、流通加工、配送等基本功能进行组织和管理，具有与自身业务相适应的信息管理系统，实行独立核算、独立承担民事责任的经济组织，非法人物流经济组织可比照适用。"

（二）物流企业的类型

对物流企业的分类可根据物流企业以某项服务功能为主要特征，并向物流服务其他功能延伸的不同状况来划分物流企业的类型。具体可分为：

1. 运输型物流企业

运输型物流企业应同时符合以下要求：①以从事货物运输业务为主，包括货物快递服务或运输代理服务，具备一定规模；②可以提供门到门运输、门到站运输、站到门运输、站到站运输服务和其他物流服务；③企业自有一定数量的运输设备；④具备网络化信息服务功能，应用信息系统可对运输货场进行状态查询、监控。

2. 仓储型物流企业

仓储型物流企业应同时符合以下要求：①以从事仓储业务为主，为客户提供货物储存、保管、中转等仓储服务，具备一定规模；②企业能为客户提供配送服务以及商品经销、流通、加工等其他服务；③企业自有一定规模的仓储设施、设备，自有或租用必要的货运车辆；④具备网络化信息服务功能，应用信息系统可对货物进行状态查询、监控。

3. 综合服务型物流企业

综合服务型物流企业应同时符合以下要求：①从事多种物流服务业务，可以为客户提供运输、货运代理、仓储、配送等多种物流服务，具备一定规模；②根据客户的需求，为客户制定整合物流资源的运作方案，为客户提供契约性的综合物流服务；③按照业务要求，企业自有或租用必要的运输设备、仓储设施及设备；④企业具有一定运营范围的货物集散、分拨网络；⑤企业配置专门的机构和人员，建立完备的客户服务体系，能及时、有效地提供客户服务；⑥具备网络化信息服务功能，应用信息系统可对物流服务全过程进行状态查询和监控。

四、物流服务及其性质

（一）服务的概念

服务是企业为客户的需要提供的一切活动。服务是人或组织的活动，对一种客户服务是指企业与客户交互的一个完整过程，包括听取客户的问题和要求，对客户的需求作出反应并探询客户新的需求。

在综合各种不同服务定义和分析"服务"的真正本质的基础上，我们认为，服务是一种涉及某些元形因素的活动、过程和结果，它包括与顾客或他们拥有的财产间的互动过程和结果，并且不会造成所有权的转移。可以看出，服务不仅是一种活动，而且是一个过程，还是某种结果。例如，个人计算机的维修服务，它既包括维修人员检查和修理计算机的活动和过程，又包括这一活动和过程的结果——顾客得到完全或部分恢复正常的计算机。

从服务的有关定义可以看出以下几层含义：

（1）服务的目的就是为了满足顾客的需要。顾客是指接受服务产品的组织或个人，顾客可以是提供服务的组织内部或外部的。服务的中心是顾客，服务是针对顾客的需要来说的，这就是服务的基本内涵。顾客的需要是指顾客的社会需要，这种需要通常包括在服务的技术标准中或服务的规范中，有时也指顾客的具体需要。顾客的需要包括在组织内的有关规定中，也包括在服务提供过程中。

（2）服务的条件是必须与顾客接触。这种供方与顾客之间的接触可以是人员的接触，也可以是货物的接触。

（3）服务的内容是供方的一种活动。服务产生于人、机器、设备与顾客之间互动关系的有机联系，并由此形成一定的活动过程，这就是服务。

（二）物流服务的性质

物流服务的性质主要是通过与一般产品相比较而表现出来的。物流服务所具有的独特属性是物流服务市场营销人员在营销管理过程中自始至终要牢记和考虑的重要因素。正是服务所具有的特征属性才使得物流服务市场营销更有特色和更富有挑战性。

1. 不可触知性

物流服务最明显和最重要的性质是不可触知性。

有形产品常常表现为一个实体,服务则表现为一方向另一方提供任何行为、绩效或努力。所谓物流服务的不可触知性,是指它具有抽象性,它不能像一般产品那样形象地展示在客户面前。看不见,摸不着,听不到,也感触不到它的存在;购买后,只能从感觉上评价和衡量它的质量与效果。

我们要将物流服务过程与服务效果区别开来。服务效果可能延续较长一段时间,但物流服务过程在提供后就消失,不复存在了。

2. 不可储存性

物流服务的第二个性质是不可储存性。这是指物流服务在提供的同时就转瞬即逝,随着每一活动的结束而即刻消失、不复存在了。例如,为客户提供的配送服务,其配送过程一结束,这种服务活动也就永远不复存在了。物流服务的不可储存性是由其不可触知性所决定的。因为物流服务不能储存,只能在提供时使用、消费,如不使用就浪费掉了。这与产品市场营销大不相同,物流服务失去了库存这一有价值的缓冲环节,不能像有形产品那样在销售淡季(营业低峰期)将物流服务储存起来,待旺季(高峰期)到来再供应市场。

由于服务的不可储存性,就给市场营销带来了相应的不利因素:

(1)物流服务过程结束,服务就随之消失,客户即使不满意也无法"退货",这样,企业就不能像工商企业那样通过给客户退换商品来赢得客户满意,并由此来树立企业的良好形象。

(2)物流服务的不可储存性使得物流企业难以对服务需求、服务提供量以及服务时间等因素进行准确预测。

(3)物流服务无法储存,使得企业难以根据物流服务市场供求变化调节供给,因此容易造成服务供给不足或过剩等问题。

3. 不可分离性

不可分离性是指物流服务的生产过程与消费过程同时进行,即物流服务人员给客户提供服务时,正是客户消费服务的时候,不能从时间上将二者分离。物流服务的这种特性表明,客户需要加入到物流服务的生产过程中才能最终获得服务的消费。由于客户直接参与物流方案的认定(生产过程),对客户如何管理,使物流服务的推广行之有效地进行,成为物流服务营销管理的一个重要内容。

4. 服务差异性

物流服务的差异性是指服务的构成成分及其质量水平经常变化,很难统一界定。物流服务行业是以"客户"为中心的产业,服务绩效的好坏不仅取决于物流服务提供者的素质,也与客户个体差异的存在密切相关,使得对于物流服务的质量检验很难采用统一的标准。一方面,由于物流服务人员的原因(如心理状态、服务技能、努力程度等),即使同一物流服务人员提供的物流服务在质量上也可能会有差异;另一方面,由于客户直接参与物流服务的生产与消费过程,于是客户本身的因素(如知识结构水平、爱好等)也直接影响物流服务的质量与效果。例如,同听一堂课,有人津津有味,有人昏昏欲睡;同是去长江三峡旅游,有人乐而忘返,有人败兴而归。

5. 缺乏所有权

缺乏所有权是指在物流服务的生产与消费过程中不涉及任何东西的所有权转移。既然物流服务是无形的又不可储存，物流服务在交易完成后便消失了，客户并没有"实质性"地拥有服务。缺乏所有权会使客户在购买物流服务时感受到较大的风险，因此如何使客户克服此种消费心理，促进物流服务的销售，是物流营销管理人员所要面对的问题。

五、不同物流业务中的物流服务

根据物流企业以某项服务功能为主要特征，并向物流服务其他功能延伸的不同状况，我国物流企业可分为运输型物流企业、仓储型物流企业、综合服务型物流企业三大类型。另外根据物流的作用和所涉及领域的不同还可分为流通加工型物流企业和国际物流企业等类型。不同类型的物流企业的物流服务内容与特点有很大差异。

运输型物流企业主要以货物运输业务为主，包括货物快递服务或运输代理服务，可以提供门到门运输服务、门到站运输服务、站到门运输服务、站到站运输服务和其他物流服务；仓储型物流企业以仓储业务为主，为客户提供货物储存、保管、中转等仓储服务，企业能为客户提供配送服务及商品经销、流通加工等其他服务；综合服务型物流企业从事多种物流服务业务，可以为客户提供运输、货运代理、仓储、配送等多种物流服务，能根据客户的需求，为客户制订整合物流资源的运作方案，为客户提供契约性的综合物流服务。

（一）物流运输业务中的物流服务

物流运输业务中的物流服务是指使用运输工具或人力、畜力将货物或旅客送达目的地，使其空间位置得到转移的业务服务活动。

物流运输业务中的物流服务主要有陆路运输、水路运输、航空运输、管道运输、装卸搬运及交通运输辅助服务等业务方式，其服务的主要内容集中在如何帮助客户确定货运计划、选择运输路线、选择运输方式、确定运输工具及需求量、预测运输成本、优化设计运输路线、衔接好运输计划等方面。

（二）物流仓储业务中的物流服务

物流仓储业务中的物流服务是生产或销售活动中的一种支持性服务，这些支持性服务劳心劳力。劳心的工作包括仓储业务规划、制度设计、仓储工作人员培训等，劳力的工作包括物流仓储作业、物料搬运、存货盘点等方面。物流仓储业务中主要包含以下各项服务内容：物流客户仓储规划管理要根据客户需求设计仓库、配置仓储设备、制订仓储计划、计算仓储成本、建立仓储管理信息系统（WMS）、确定仓储工作作业形式。其中建立仓储管理信息系统中，主要有人力组织规划、确定工作内容、设计职务、拟定管理办法、分析仓储实务流程、设计工作表单、人员招聘与培训、绩效考核与薪酬等工作；物流仓储中心业务运作管理，如入库、保管保养、分拣、盘点、出库等工作；账务处理，如库存账册、库存管理、异常反应等工作。

（三）物流配送业务中的物流服务

配送是以现代送货形式实现资源最终配置的经济活动，按用户订货要求，在配送中心或其他物流节点进行货物配备并以最合理的方式送交用户。部分学者认为生产厂到配送中心之间的物品空间移动叫"运输",从配送中心到客户之间的物品空间移动叫"配送"。实物配送过程是将货物从物流节点送交收货人,可以使客户对时间和空间的服务需求成为物流企业营销活动的重要组成部分。

物流配送业务中的物流服务主要集中在:集货、分拣、配货、配装、配送运输、配送加工、送达服务七个方面。

(四) 流通加工业务中的物流服务

流通加工是物品在生产地到使用地的过程中,根据物流客户的需要施以包装、分割、计量、分拣、刷标志、拴标签、组装等简单作业的总称。

流通加工是为了提高物流速度和物品的利用率,在物品进入流通领域后,按客户的要求进行的加工活动,即在物品从生产者向消费者流动的过程中,为了促进销售、维护商品质量和提高物流效率,对物品进行一定程度的加工。流通加工通过改变或完善流通对象的形态来实现"桥梁和纽带"的作用,因此流通加工是流通中的一种特殊形式。随着经济增长,国民收入增多,消费者的需求更加多样化,因此,促使在流通领域开展流通加工。目前,在世界许多国家和地区的物流中心或仓库经营中都存在大量流通加工业务,而在日本、美国等物流发达国家则更为普遍。

流通加工业务中的物流服务内容很多,常见的物流流通加工服务列举如下:
① 为适应物流客户多样化需求而进行的流通加工。
② 为方便消费、省力而进行的流通加工。
③ 为保护物流产品所进行的流通加工。
④ 为弥补生产领域加工不足而进行的流通加工。
⑤ 为促进销售而进行的流通加工。
⑥ 为提高加工效率而进行的流通加工。
⑦ 为提高物流效率、降低物流损失而进行的流通加工。
⑧ 为衔接不同运输方式、使物流更加合理而进行的流通加工。
⑨ 生产—流通一体化而进行的流通加工。
⑩ 为实施配送进行的流通加工。

在物流领域中,流通加工可以成为物流服务的高附加价值的活动。这种高附加价值的形成,主要是着眼于满足用户的需要,提高服务功能,是贯彻物流战略思想的表现,是一种低投入、高产出的加工形式。

(五) 国际物流服务

国际物流服务是指物流企业在国际物流业务中为促进其产品或服务的销售,发生在国际物流客户与物流企业之间的相互活动。国际物流服务是国际物流企业与客户交互的一个完整过程,包括听取客户的问题和要求,对客户的需求做出反应并探询客户新的需求。物流服务不仅包括了客户和企业的客户服务部门,实际上也包括了整个企业,即将物流企业整体作为一个受客户需求驱动的对象,也就是说,国际物流服务是为了满足国际物流客户需求所进行的一系列特殊工作。

物流服务与营销

国际物流服务的内容很多，典型的国际物流客户服务活动内容主要包括：订单处理、技术培训、处理客户投诉、服务咨询等内容。按交易流程通常可以分为：交易前的国际物流服务、交易中的国际物流服务及交易后的国际物流服务。

1. 交易前的国际物流服务

交易前的国际物流服务是指在将产品从供应方向国际物流客户实际运送过程前的各种服务。主要包括：书面客户服务政策，如库存可用性、目标运输日期、物流响应时间；可接近性，如是否有物流网点；组织结构，如客户服务管理机构、对服务过程的控制水平；系统灵活性，如服务运送系统的灵活性、设备和库存回购等。

2. 交易中的国际物流服务

交易中的国际物流服务是指在将产品从供应方向客户实际运送过程中的各种服务。主要包括：订货周期，如从订货到运送要经历多少时间、可靠性和变异性如何；库存可用性，如每种物品的百分之几的需求可以由库存来满足；订单完成率，如能在指定提前期圆满完成的订单有多大比例；订单状态信息，如响应客户要求的时间是多长，运输延迟与产品替代方案等。

3. 交易后的国际物流服务

交易后的国际物流服务是产品销售和运送后过程中的各项服务。主要包括：备件可用性，如在供应商仓库或其他指定地点，库存水平；响应时间，如工程师到达时间，初次请求维修率；产品跟踪或保证，如是否能够保持或扩展客户期望水平的产品保证；客户问题处理，如客户投诉、索赔和满意度调查等。

Mission 任务 2 物流服务营销的基本认知

任务导读

在一周的入职培训之后，李华被分配到企业的营销部门进行轮岗实习。在入职培训中，培训部张老师曾说过，企业的一切业务都来自营销，营销工作做得好可以使企业销售成为多余，客户会自动购买我们提供的物流服务。要做好在该部门的岗位工作，李华需要对物流服务营销有基本的认识，以便成为一名合格的正式员工。

1. 如何理解市场营销和物流服务营销？
2. 物流服务营销的运作和管理过程是怎样的？

一、市场营销的定义

在市场经济条件下，市场是一切经济活动的集中体现。从生产企业到消费者个人，无不与市场有着千丝万缕的联系。市场是所有企业从事经营活动的出发点和归宿，是不同国家、地区、行业的企业相互联系和竞争的载体。市场营销既是企业整体活动的中心环节，又是评判企业经营活动成功与否的决定要素。因此，企业必须不断地认识市场、研究市场，进而适应市场和驾驭市场。

许多人认为市场营销就是广告和销售。虽然人们每天被电视广告、报纸广告、短信广告、网络推销和街头宣传围绕，但是广告和销售只是众多市场营销活动中的两个环节，并且不是最重要的。事实上，市场营销的含义是比较广泛的，市场营销重视广告和销售，但它更强调企业在对市场进行充分认识和分析的基础上，以市场需求为导向，规划从产品设计开始的全部经营活动，以确保企业的产品和服务能够被市场所接受，从而顺利地销售出去，在市场上占有一席之地。目前，市场营销不能再狭隘地理解为广告和推销，而应是满足客户需求。如果市场营销人员能够准确地理解消费者的需要，开发出具有较高价值的产品和服务，并能有效地定价、分销和促销，那么，他们就很容易销售完这些产品。因此，广告和推销只是广泛的"营销组合"中的一部分，而营销组合则是一组共同作用以满足客户需求和建立客户关系的营销系统。

从狭义的角度来看，市场营销是指与客户建立互利互惠的交换关系。从广义上看，市场营销是指通过创造和交换产品及价值，从而使个人或群体满足欲望和需要的管理过程。所以，市场营销（Marketing）定义为：企业通过创造客户价值和获取利益回报来建立客户关系的过程。

企业市场营销活动的具体内容包括：市场调查、市场分析、目标市场选择、市场定位、产品决策、产品开发、产品定价、渠道选择、产品储运、产品销售、售后服务、公关工作、信息收集和反馈等。

二、市场营销的核心概念

正确理解市场营销的定义，必须弄清以下相互关联的核心概念：需要、欲望和需求，产品，价值、满意和质量，交换、交易和关系，市场，市场营销者。营销的核心概念，如图1-1所示。

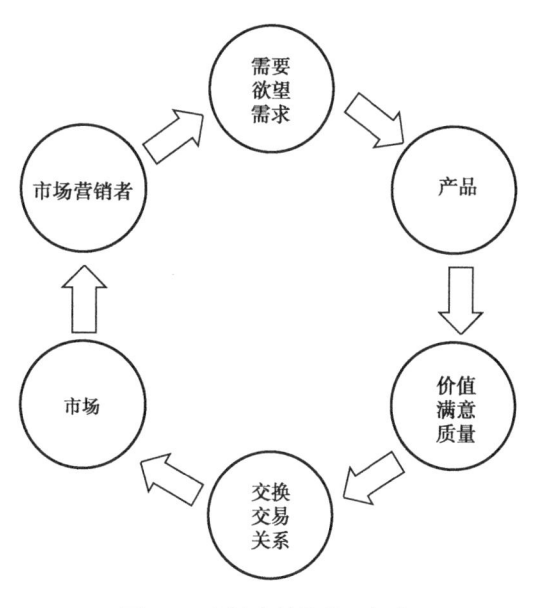

图1-1 市场营销的核心概念

(一) 需要、欲望和需求

需要（Needs）、欲望（Wands）和需求（Demands）三个看来十分接近的词汇，其真正的含义却有很大差别。

所谓需要，是指没有得到某些基本满足的感受状态。这些需要包括对食物、衣服、房屋等的物质需要，对友爱、诚信的社会需要，以及受人尊重的需要等。这些需要不是市场营销者创造出来的，而是人类本能中的基本组成部分。美国著名的心理学家马斯洛（A. H. Maslow）于1951年提出了"需要层次论"。他根据人们对需要的不同程度，把需要分成若干层次，即生理需要、安全需要、社交需要、尊重需要和自我实现需要。马斯洛认为，每个人的行为动机一般是受到不同需要支配的，已满足的需要不再具有激励作用，只有未满足的需要才具有激励作用。这一观点，对市场营销人员具有很大的启示。

所谓欲望，是指想得到某种东西或想达到某种目的的要求。需要对人类整体而言，具有共性；欲望则对消费者个体而言，具有特性。个人的需要因其所处的社会经济文化和性格等不同而有差异，这种有差异的需要就是欲望。不同的欲望通过不同的产品和方式得到满足。例如，一个美国人饥饿时需要汉堡包、薯条和可口可乐，而中国人希望得到米饭和菜肴。人们的欲望随社会进步而不断增加，社会越发达，人们的欲望就越丰富多彩。企业营销活动不能创造需要，但可以通过开发合适的产品和服务，将企业产品和人们的需要结合起来，激发人们的欲望。

所谓需求，是指有能力购买并且愿意购买某个具体产品的欲望。小轿车作为一种便捷的交通工具，人人都需要。但对没有购买能力的人来说，小轿车的需要只是一种欲望，只有对具有足够支付能力的人来说才是需求。在市场经济条件下，人类需求表现为市场需求，因此，并非所有的人类需要都能转化为需求，也并非所有的人类欲望都能得到实现，购买能力是问题的关键。人类的需要有限，但其欲望却千差万别。当具有购买能力时，欲望便转化成需求。

将需要、欲望和需求加以区分，其重要意义就在于阐明这样一些事实，即市场营销者并不创造需要，需要早就存在于市场营销活动出现之前，市场营销者连同社会上的其他因素只能影响人们的欲望，并向人们提供产品以满足其特定需要，通过适应消费者的支付能力来影响需求。

(二) 产品

人类靠产品来满足自己的各种需要和欲望。因此，可将产品表述为能够用以满足人类某种需要或欲望的任何东西。人们通常用产品和服务这两个词来区分实体产品和无形产品。实体产品的重要性不仅在于能拥有它们，而且在于能使用它们来满足我们的欲望。人们购买小汽车不是为了观赏，而是因为它可以提供一种作为交通工具的服务。所以，实体产品实际上是向我们传送服务的工具。如果生产者关心产品胜于关心产品所提供的服务，往往导致忽略顾客购买产品是为了满足某种需要这样一个事实。人们不是为了产品的实体而购买产品，而是因为产品实体是服务的外壳或载体，即通过购买某种产品实体能够获得自己所需要的服务。市场营销者的任务，是向市场展示产品实体中所包含的利益或服务，而不能仅限于描述产品的外观，否则，企业将导致"市场营销近视"，即在市场营销管理中缺乏远见，只看见自己的产品质量好，看不见市场需求在变化，最终使企业经营陷入困境。

（三）价值、满意和质量

价值是一个很复杂的概念，也是一个在经济思想中有很长历史的概念。马克思认为，价值是体现在商品里的社会必要劳动。这里的价值主要是指顾客价值，即顾客从拥有和使用某产品中所获得的价值与为取得该产品所付出的成本之差。

满意即顾客满意，它取决于消费者所理解的一件产品的性能与期望值的比较。而顾客价值和满意又与产品或服务的质量密切相关。

所谓质量，是指一组固有特性满足要求的程度，也可以看作是产品和服务满足顾客需求的能力。这种以顾客为中心的质量定义说明质量以顾客需要为开始，以顾客满意为结束。当今全面质量管理行动的基本宗旨就是使顾客完全满意。

（四）交换、交易和关系

当人们决定以交换方式来满足需要或欲望时，就存在市场营销了。所谓交换，是指通过提供某种东西作为回报，从别人那里取得所需物品的行为。交换的发生，必须具备五个条件：

① 至少存在两方。
② 每一方都有被对方认为有价值的东西。
③ 每一方都能沟通信息和传送物品。
④ 每一方都可以自由接受或拒绝对方的产品。
⑤ 每一方都认为与另一方进行交换是适当的或称心如意的。

具备了上述条件，就有可能发生交换行为。但交换行为能否真正发生，取决于双方能否找到交换条件，即交换以后双方都比交换以前好（至少不比以前差）。

交换应被看作是一个过程而不是一个事件。如果双方正在进行谈判，并趋于达成协议，这就意味着他们正在进行交换。一旦达成协议，我们就说发生了交易行为。交易是交换活动的基本单元，是由双方之间的价值交换所构成的行为。一次交易包括三个可以度量的实质内容：

① 至少有两个有价值的实物。
② 买卖双方所同意的条件。
③ 协议时间和地点。

精明的市场营销者，总是试图与其顾客、分销商、经销商和供应商等建立起长期的互信互利关系。这就需要以公平的价格、优质的产品、良好的服务与对方交易。同时，双方的成员之间还须加强经济、技术及社会等各方面的联系与交往。双方越是增进相互信任和了解，便越有利于互相帮助。企业与其顾客、分销商、经销商、供应商等建立、保持并加强联系，通过互利交换及共同履行诺言，使有关各方实现各自目的的行为可称之为关系市场营销。企业与顾客之间的长期关系是关系市场营销的核心概念。

(五)市场

1. 市场的含义

市场是个含义广泛的概念。就其空间形式和经济关系等方面而言,可以从下列几种含义对市场进行分析:

(1)市场是商品交换的场所。市场是市场买主和卖主发生作用的地点或地区。这是从空间形式来考察市场,市场就是一个地理的概念,如天津市场、国内市场、国际市场等。

(2)市场是某种或某类商品需求的总和。商品需求是通过买主体现出来的,因而市场是某一产品所有现实买主和潜在买主所组成的群体。当人们说"上海的水果市场很大"时,显然不是指水果交换场所,而是指上海对水果的市场需求量很大,现实的、潜在的买主很多。

(3)市场是商品供求双方的力量相互作用的总和。这一含义是从商品供求关系的角度提出来的,反映的是"作为供求机制"的市场。"买方市场"、"卖方市场"这些名词反映了供求力量的相对强度,反映了交易力量的不同状况。在买方市场条件下,商品的供给量大大超过商品的需求量,整个市场对买方有利,价格下降,服务质量要求高,顾客支配着销售关系;而在卖方市场条件下,商品需求量大于供给量,市场商品匮乏,品种不全,价格上涨,改善服务态度缺乏动力,由卖方支配着市场销售关系,整个市场对卖方有利。

(4)市场是交换关系的总和。市场是商品流通领域,它所反映的是商品流通全局,这是一个"社会整体市场",也是通常所说的"广义市场"。按照这一含义的理解,首先,市场是商品使用价值和价值及其外化形式——商品和货币的关系;其次,它反映商品所有者(卖方)和货币所有者(买方)之间的关系;最后,现代商品经济的重要特征就是客观经济职能的形成,这一职能应由政府来行使,这就形成了企业、消费者和政府三要素的市场主体结构,市场所反映的经济关系就表现为三类主体的相互关系。这些关系及其性质支配着经济运行过程。

2. 营销市场

市场的上述四种含义对企业的市场营销活动均具有重要意义。任何企业对其产品的市场需求、销往的地区和场所、市场的供求状况以及与企业产品有关的当事人都必须考虑,必须兼顾各方的经济利益,协调彼此间的各种关系。但作为营销市场,却具有特定的含义,即从营销的角度看待市场,市场是由人口、购买力和购买动机(欲望)有机组成的总和。它包含三个主要因素,即有某种需要的人、有满足这种需要的购买能力和购买欲望。用公式来表示就是:

市场=人口+购买力+购买欲望

(1)人口。人口是构成市场最基本的条件。凡有人居住的地方,就有各种各样的物质和精神方面的需求,从而才可能有市场,没有人就不存在市场。

(2)购买力。购买力是消费者支付货币来购买商品或劳务的能力。消费者的购买力是由消费者的收入决定的。有支付能力的需求才是有意义的市场。所以,购买力是构成营销市场的又一个重要因素。

(3)购买欲望。购买欲望是指消费主体购买商品的动机、愿望或要求,是消费者把潜在购买力变成现实购买力的重要条件,因而也是构成市场的基本因素。人口再多,购买力水平再高，如果对某种商品没有需求的动机，没有购买商品的欲望，也形成不了购买行为，这个商品市场实际上也就不存在。从这个意义上讲，购买欲望是决定市场容量最主要的因素。

总之，市场容量的大小，完全受上述三个因素的制约，只有当这三个因素有机结合时，才能使潜在市场变为现实市场，才能决定市场的规模和容量。

（六）市场营销者

由上述分析可知，在交换双方中，如果一方比另一方更主动、更积极地寻求交换，则前者称为市场营销者，后者称为潜在顾客。市场营销者是指希望从别人那里取得资源并愿意以某种产品作为交换的人。市场营销者可以是卖主，也可以是买主。假如有几个人同时想买正在市场上出售的某种奇缺产品，每个准备购买的人都尽力使自己被卖主选中，这些购买者就都在进行市场营销活动。在另一种场合，买卖双方都在积极寻求交换，那么，我们就把双方都称为市场营销者，并把这种情况称为相互市场营销。

三、物流服务营销的概念及作用

（一）物流服务营销的含义

物流服务营销是指物流服务提供者通过创造客户的价值和获取利益回报来建立客户关系的过程。物流服务营销是物流企业为了满足客户对物流服务产品所带来的服务效用的需求，实现企业预定的目标，通过采取一系列整合的营销策略而达成服务交易的商务活动过程。物流服务营销的核心理念是客户满意和客户忠诚，通过取得客户的满意和忠诚来促进相互有利的交换，最终实现营销绩效的改进和企业的长期成长。

物流服务营销者通过物流市场营销研究，密切注意和了解市场需求的现状与变化，就可以发现一些未满足的需求和市场机会，然后根据企业的任务、目标和资源条件等，选择本企业的目标市场，开发与之相适应的物流服务，制定适当的价格，选择适当的分销渠道，制订适当的促销方案，千方百计地满足目标市场的需要。这样就可以扩大物流服务的销售，提高物流服务的市场占有率，实现企业的任务与目标。

（二）物流服务营销的本质

（1）物流服务营销的核心是满足客户对物流产品的需求。为此，物流企业必须充分了解客户的需求，不断地提供创新服务，以向客户提供其需要的物流服务产品。客户对物流服务产品的需要，不是物流服务产品本身，而是物流服务产品所能够给客户带来的服务效用。

（2）物流服务营销的手段是一系列整合的营销策略。物流服务营销要取得实效，不能仅仅靠某一项营销策略及措施，而应把物流企业各部门及营销组合各因素进行整合，采取综合的物流服务营销策略与措施。

（3）物流服务营销的目的是达成交易，从而实现物流企业预定的目标。

（三）物流服务营销的特点

在市场经济条件下，物流企业是一种具有独特的服务性（从事物流活动、提供物流服务）的经济组织，根据物流企业所提供的物流服务的特点，物流市场营销具有以下特点：

1. 物流企业营销的产品是服务

对于物流企业来说，它提供的产品不是简单的运输、仓储、装卸等环节的空间组合，而是一个系统化的全过程的服务，是一个贯穿在服务产品中的整个时间、空间的增值过程的服务。它的无形性使得客户难以触摸予以评判，这与客户的感受有很大关系，需要通过场所气氛、人员素质、价格水平、设备的先进程度和强大的供应链整合能力等反映服务能力的信息让客户来感受，以此决定物流的服务质量。

2. 物流市场营销的服务能力强

随着物流市场需求的演变，个性化需求越来越突出，这要求物流企业必须具有强大的营销服务能力与之相适应。一个成功的物流企业，必须具备较大的运营规模，能有效地覆盖一定的地区，同时还应具有先进的指挥和控制中心，兼备高水准的综合技术、财务资源和经营策略。

3. 物流服务营销的对象广泛，市场差异度大

由于供应链的全球化，物流活动变得愈加复杂。各工商企业为了将资源集中于自己的核心业务上，常常将其他非核心业务外包。这些急剧上升的物流外包为物流企业提供了广阔的市场和服务对象，已经涉及各行各业，而客户的广泛也导致了市场的差异。这样差异之大、个性之强的市场，就要求物流企业在进行营销工作时，必须根据目标市场客户企业的特点为其量身定制，并建立一套高效合理的物流解决方案。

4. 物流服务的质量由客户的感受决定

由于物流企业提供产品的特殊性，它所提供服务的质量不是由企业决定的，而是由客户接受服务以后的感受决定。物流企业可通过场所规模、服务人员素质、价格水平、供应链整合能力、先进的设备及信息管理等方面反映出物流企业的服务能力，从而让客户感受到物流企业服务水平的状况，客户以此决定物流企业的服务质量。

（四）物流服务营销的作用

物流服务营销是联结社会需求与企业的中间环节，是企业把社会需求变为企业机会的手段，是物流服务中一个极为重要的组成部分，对物流企业的生存与发展起着决定性的作用。

1. 提高物流服务能力

客户需求是推动物流服务发展的根本动力，物流服务营销必须以市场为导向，重视客户的实际需求。物流服务营销可以有效地为物流企业收集客户需求、市场开发和产品状况等方面的信息，使物流服务迅速地进行市场定位，提高物流资源配置的能力，提供灵活多样的物流服务，最大限度地满足客户的物流服务需求。

2. 降低物流服务成本

物流技术平台、运输设备、仓库、配送中心和信息系统等设施设备所需的投入较大，加上物流需求的不确定性和复杂性，投资风险很高。物流服务营销进行的市场调研、细分，可以大大降低盲目投资的风险，同时，还可将原来的各个物流节点组成结构稳定、高效运作的物流网络，并放大各个物流节点的功能，提高整个物流服务网络的收益，从而有效地降低物流服务的成本。

3. 提升企业形象

物流服务营销与企业形象有着密切的联系。良好的物流服务营销有助于扩大企业知名度，树立稳定可靠的社会形象，为企业开展各项经营活动提供有利条件，同时，良好的企业形象也可以长时间地影响客户的消费心理和行为，使之不断地涌现出新的消费需求，从而进一步促进物流服务营销人员的工作，增加物流服务业绩。

一个企业在公众心目中的形象主要包括商品形象、管理者形象、员工形象和服务形象等。而物流服务营销正是对企业，特别是物流企业形象的最直接的设计和宣传，以企业的形象和广告增加物流服务的竞争力。

四、物流服务营销三角形

物流企业要提供优质的物流服务，涉及物流企业的各管理层、物流服务实际提供者、客户三个方面，他们之间构成了一个三角形，如图 1-2 所示。三角形的任意两点间构成了三种形式的营销：外部营销、内部营销及互动式营销。对物流服务来说，这三种营销活动都是建立及维护与客户关系所需的基本活动。

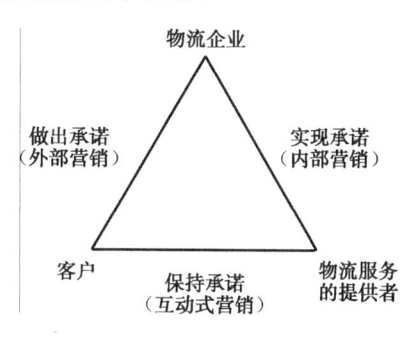

图 1-2　物流服务营销三角形

（一）做出承诺（外部营销）

物流企业通过市场调查，了解客户的需求、期望及提供方式，并向客户作出承诺。可以通过广告、促销、价格等传统的营销方式传递承诺信息，也可以通过物流服务营销所特有的物流服务人员、物流服务设施、物流服务过程本身进行信息的传递。物流企业应根据自身的条件及同行业标准向客户提出物流服务保证。为了使企业的物流服务更加贴近客户，物流企业可通过与客户的双向交流，了解客户期望，使物流服务承诺更加可行。

（二）实现承诺（内部营销）

内部营销发生在实现承诺的过程中。为使物流服务提供者和物流服务系统按照作出的承诺提供物流服务，他们应具备提供服务的技艺、能力工具和动力。这些基本的营销活动称为内部营销。物流企业作出承诺是很容易的，但只有对物流服务提供者进行培训、挑选，提供相应的物流服务设施、建立内部管理制度、管理标准、加强奖惩，才能实现所做的承诺。

（三）保持承诺（互动式营销）

物流企业所作的承诺应在实际物流服务中得以实现。由于物流服务是物流服务的生产

物流服务与营销

与消费同时进行的，物流服务一线的职员直接向客户提供或销售物流服务，在物流服务过程中的表现及与客户的互动情况均是对物流企业服务质量的检验。

案例：美国联邦快递公司是使三角形三条边很好结合的一个例子

在外部营销方面，联邦快递是行家，它理解自己的客户。公司每季度进行 2400 项的客户调查，每天都测试客户的满意度并倾听客户的意见。公司通过获奖广告信息以及员工所做的宣传，有效地向市场传达承诺。"互动营销——保持承诺"是联邦快递经营战略的核心。公司发给每位联邦经理人员的一本《经理人员指南》强调"每一次与客户接触都是一个展示联邦快递形象的关键时刻。"公司内的一个共同目标是使客户感到"这些服务过程中的每一环节都是无懈可击的。"直接提供联邦快递服务承诺的人（司机、前台人员、业务后勤顾问）都知道达到 100% 的互动式营销是成功的标志。联邦快递公司也知道，除非服务提供者具有提供优质服务所需的奖励支持系统，否则，100% 的成功是不可能的。另外，与员工的广泛沟通也是全体员工发挥积极性和创造性的关键。对员工的支持和公平对待换来联邦快递员工的高度忠诚，并保持对客户的承诺。

分析： 对于物流服务来讲，外部营销、内部营销和互动式营销都是物流服务营销成功的关键。在物流服务营销三角形中缺少任何一边，整个营销活动都不能获得有效的支撑。

Mission 任务 3　物流客户服务的基本认知

任务导读

为期一个月的营销部门实习结束之后，李华被安排到该企业客服部门继续进行轮岗实习。在入职培训中，培训部张老师曾反复强调，客户是企业的利润来源，满意的客户服务是形成和保持客户忠诚的有力保障。要做好在该部门的岗位工作，李华需要对物流客户服务有基本的认识，以便成为一名合格的正式员工。

1. 如何理解物流客户？
2. 哪些因素会影响物流客户服务水平？
3. 如何为不同类型的客户提供满意的客户服务？

一、物流客户及其分类

（一）客户

1. 客户的定义

一般来说，客户的概念有外延和内涵之分。外延的客户是指市场中广泛存在的、对企业的产品或服务有不同需求的个体或消费群体；内涵的客户是指企业的所有服务对象（公司股东、雇员、顾客、合作者、政府官员、社区的居民)。

总之,客户是相对于产品或服务提供者而言的,无论是个体的客户还是组织的客户都是接受企业产品或服务的对象,个体的客户和组织的客户都统称为客户。

2. 客户需求的特性

(1) 客户需求具有无限扩展性。应该说,客户的需求是无止境的,永远不会停留在一个水平上。随着经济、技术的发展,客户的需求也不断地向前发展。

(2) 客户需求具有多层次性。尽管客户有多种多样的需求,但不可能同时得到满足,需要我们按照个体的经济实力、支付能力和客观条件,根据轻重缓急,有序地逐步实现。

(3) 客户需求具有可诱导性。客户需求的产生有些是必需的、最基本的,有些是与外界的刺激诱导有关的,如经济政策的变动、各类营销活动的影响、社会交际的启示、广告宣传的诱导等,都会使客户的需求发生变化或转移,潜在的需求也可以变为现实的需求。

(4) 客户需求具有分散性。我国加入世贸组织以来,由于竞争的不断加剧,民营企业的飞速发展,各类企业的市场占有率不断下降,因此客户需求具有分散的特性。

(二) 物流客户

1. 物流客户的定义

物流客户是指物流公司所有的服务对象,包括公司股东、雇员、顾客、合作者、政府官员、社区的居民。物流客户有两个显著的特性:

(1) 物流客户是物流企业最重要的战略资源。

物流客户是物流企业交易的对象,物流客户通过购买物流企业提供的产品和服务,获得了需求上的满足,而物流企业则获得了利润,使企业得以生存和壮大,因此客户是企业"唯一"的利润中心,是企业生存发展的"衣食父母",是企业的无形资产,也是企业不可忽视的最重要的战略资源。

(2) 物流客户不同于顾客。

顾客是企业服务对象的泛指,代表着一个被服务的群体,是所有可能成为该企业客户的统称;而物流客户是指物流企业拥有具体名称、地址、具体需求、经营特性等详细资料的服务对象。

客户与企业之间的关系比一般意义上的顾客更加密切。物流客户是针对物流市场某一特定人群或细分市场而言的。顾客可以由任何人或机构来提供服务,而物流客户则主要由专门的企业、专门的人员或部门来提供服务。

2. 物流客户的内涵

在现代营销观念日益普及、客户意识日趋增强的今天,人们对物流客户的理解已经不仅仅局限于物流企业的服务对象这样传统意义上的客户概念,而是从供应链的角度,把物流客户内涵扩大化,还包括物流企业内部下游流程对上游流程的需求等环节,其内涵要点包括以下两点:

(1) 物流客户一般是物流产品或服务的最终接受者,体现为供应链客户关系。

从现代物流的角度分析,产品从供应商、生产商到批发商、零售商,再到最终消费者手中,整个生产流通过程就是一条供应链,它将供应商、生产商和经销商的生产经营活动紧密联系起来,而物流过程则是这些环节的联系桥梁。处于供应链上的上下游企业等都是物流企业的服务对象,因此,物流企业的客户可能是供应商、生产商,也可能是一级批发商、二级批发商、零售商，也可能是其他的物流企业，还可能是个人或其他组织。

什么是供应链？供应链（Supply Chain）是围绕核心企业，通过对信息流、物流、资金流的控制，从采购原材料开始，然后制成中间产品以及最终产品，最后由销售网络把产品送到消费者手中的，将供应商、制造商、分销商、零售商直到最终用户连成一个整体的功能网链结构。

（2）物流客户不一定局限于企业之外，也体现为企业内部客户关系。

从供应链的角度来看，物流企业内部上下流程也是服务与被服务的关系，即物流企业内部下流程是上流程的客户。但是从传统的角度来看，人们习惯于认为企业内部各部门或各环节是平行关系或合作关系，从而淡化了服务意识和市场意识，造成服务的内外脱节，影响物流企业的运营效率。

物流企业内部客户包括企业内部的从业人员、基层员工、主管及股东。这部分客户符合物流客户定义，他们满足一般性客户的特性。对企业来说，他们具有双重身份，也是需要首先满足的群体。

企业内部客户关系类型按照工作关系的不同可以分为三种：一种是水平支援型。彼此独立工作，如遇到困难则互相帮助，这种组织常见于一般的服务业，物流企业也一样。二是上下流程型。物流企业许多工作需要各个部门前后合作才能完成，如流通加工、分拣、包装、配送等。三是小组合作型。它是以上两种形式的综合，一般按主从位置划分。

（三）物流客户的分类

1. 物流客户分类的方式

（1）按照服务对象的性质分类。

按照服务对象的性质可将物流客户分为个体型客户和组织型客户。

个体型客户是指由于个人或家庭的需要而购买物流产品或服务的最终消费者，它主要是由个人或家庭购买者构成的。

组织型客户是指一定的正式组织机构，以组织的名义，因组织的运作需要而购买某种物流产品或服务的对象，它一般由一系列组织单位或团体机构等构成。

（2）按照业务关系分类。

按照业务关系可将物流客户分为交易型客户、合同型客户和联盟型客户。不同类型的客户对物流服务有不同的需求，因此，对他们的管理方式也应有所区别。

交易型客户是指物流企业与客户的关系是建立在一次交易或一系列独立交易的基础上，这种关系的客户数量较多且需求具有随机性，需求的数量和水平难以准确预测。因此在管理这类客户时第三方物流企业应强调客户服务能力的柔性化，在顾客满意和物流成本之间寻找良好的平衡。

合同型客户是指物流企业与客户的关系是根据一种具体的情况确立的合同关系，并在合同的指导下满足客户的要求。由于这种关系具有合同的具体指导，使得客户需要的服务水平和数量可以比较准确地预测，因此，为这类客户服务时，第三方物流企业只要确保服务过程的稳定性和可靠性，就可以使客户满意。

联盟型客户是指物流企业与客户的关系是一种为实现共同的利益、目标和战略的有计划的持久性合作关系。在管理这种客户关系时，第三方物流企业应该加强与客户的互动沟通，充分认识和发掘客户深层次的需求，为客户提供个性化的服务，帮助客户达到预定的战略目标。

（3）按照客户成熟度分类。

按照客户成熟度可将物流客户分为现实客户和潜在客户。

现实客户，又称为显性客户，是指有购买能力和购买动机的客户，能为企业创造现实利益的个人或群体。这类客户一般具备四个条件：有购买动机或需求；有足够的消费能力；了解物流产品或服务的购买途径；能为物流企业带来即时收入。

潜在客户，又称准客户或隐性客户，由于各种原因暂时不能接受物流产品或服务，但是能为物流企业创造潜在收益的个人或群体。这类客户一般有以下四个特征：目前预算不足，暂时不具备消费能力；可能具有消费能力，但暂时还没有购买某种物流产品或服务的需求或动机；可能具有消费能力，也可能具有消费需求，但缺乏商品信息或购买渠道；此类客户会随着环境或需求的变化，成为个体型客户或组织型客户。

（4）按照重要程度分类

按照重要程度可将物流客户可分为 A 类客户、B 类客户和 C 类客户。

A 类客户，又称重点客户或关键客户。这类客户的数量一般占企业总数的 5%左右，而为企业带来的业绩（销售额、利润）却占企业总数的 80%左右。

B 类客户，又称为合适客户。这类客户的数量一般占企业总数的 15%左右，而为企业带来的业绩（销售额、利润）只占企业总数的 15%左右。

C 类客户，又称一般客户。这类客户的数量一般占企业总数的 80%左右，而为企业带来的业绩（销售额、利润）只占企业总数的 5%左右。

2. 客户分类的意义

（1）任何一个企业的资源都是有限的，因此不可能为所有客户提供同等的满意的产品和服务。

（2）一个企业的有限资源能否为客户提供满意的产品或服务，或只能满足一小部分客户的服务要求，以此来扩大合适客户和关键客户的范围。

（3）有利于企业根据关键客户和合适客户的需要，进行客户化设计、制造和服务，使客户的个性化需求得到满足，使客户价值最大化，这是客户的需要，也是营销管理的动力之源。

二、物流客户服务的概念

（一）客户服务

客户服务是根据客户本人的喜好使其获得满足，而最终使客户感觉到自己受到重视，把这种好感铭刻在心里，进而成为企业的忠实的客户。

国际物流学界对客户服务有一个较全面的、广为接受的定义：客户服务是发生在买方、卖方及第三方之间的一个过程，这个过程使交易中的产品或服务实现增值。这种发生在交易过程中的增值，对单次交易来说是短期的；但当各方形成较为稳定的合同关系时，增值则是长期的、持久的。同时，这种增值意味着通过交易，各方都得到了价值的增加。因而，从过程管理的观点看，客户服务是通过节省成本费用为供应链提供重要的价值增值的过程。

（二）物流客户服务

物流客户服务是指物流企业为其他需要物流服务的机构与个人提供的一切物流活动（强调的是结果）。它是在生产和科技的进步、世界各国经济的发展、企业之间竞争的加剧、买方市场形成的情况下产生和深化的。随着物流业的发展，人们对物流客户服务重要性的认识不断提高，物流企业更加明确地确立了"以客户为中心、以满足客户需求为己任"的经营理念，将物流客户服务列为企业经营管理过程中的重要组成部分加以实施，对物流营销、物流成本、服务水平和企业竞争力都产生了重要的影响。建立良好的客户关系，以优质的服务为客户提升价值，已成为物流企业不可忽视的主要环节，并以此作为竞争的主要手段。

物流客户服务是赢得竞争性优势的重要源泉，企业通过对物流的计划、实施和控制，可以使企业在与竞争对手的争夺中脱颖而出，从而创造价值和增进客户满意度。现代物流客户要求企业将恰当的商品、在恰当的时候、用恰当的方式、以恰当的数量送达客户，在这个过程中，物流客户服务是至关重要的。越来越多的消费者要求提高物流质量、降低物流价格、改善服务水平，同时不少大客户对特殊物流需求和相应的物流网络提出了更高的要求，成功的物流企业逐渐采取了客户服务导向的策略，并逐渐做到客户化信息系统、客户化快速反应、客户化企业组织结构、客户化企业组织运营。

总之，一切以满足客户需求、开发客户需求和创造客户价值为基本出发点和终极目标，这就是现代物流客户服务。

三、物流企业客户服务的内容

客户服务是物流企业最关键的业务内容，是企业的赢利来源，必须积极主动地处理客户各种不同类型的信息咨询、订单执行查询、投诉及高质量的现场服务等。

（一）核心服务——订单服务

订单服务是构成物流客户服务的主要部分，物流企业的所有业务都是围绕客户的订单而开展的，它是从接到客户的订单开始发货到将货物送达客户手中的一系列物流过程。订单服务包括订单受理、订单传递、订单处理、订单分拣与整合、订单确认、退货处理等过程。

（二）基础服务——储存、运输与配送服务

在完成客户订单的业务中，需要有储存、运输与配送这些基础服务来配合。没有物流的基础服务就没有物流的延伸服务。物流企业只有认真、扎实地做好储存、运输和配送服务，才能使企业在竞争中立于不败之地。

（三）辅助服务——包装与流通加工服务

在物流基础服务做好以后，还必须做好包装和流通加工服务。包装和流通加工服务是促进销售、维护产品和提高物流效率的关键。

（四）增值服务——延伸服务

随着行业内竞争的加剧，物流企业在完成基本服务的同时，必须为客户提供增值化的延伸服务。物流企业需要根据客户的个性化需求为客户提供多样化的延伸服务业务，不断开拓新颖独特的增值服务，使企业的客户服务技术和水平有一个质的提高，对客户来说更具有竞争力和吸引力。

物流的延伸服务可以在基本服务的基础上向上、向下延伸，如需求预测、货款回收与结算、物流系统设计、物流方案规划制作与选择、物流教育与培训及物流咨询等，这些服务能够为客户提供差异化的增值服务，使物流企业的服务更具竞争力，物流客户部门必须认真对待，仔细分析客户的需求内容及层次，满足客户的需求，在竞争中超越对手。

四、影响物流客户服务水平的因素

物流客户服务涉及企业的许多部门，影响客户服务水平的有四个传统要素：时间、可靠性、沟通与方便。下面探讨这些要素对物流服务的买卖双方的影响。

（一）时间

从卖方的角度，时间因素通常用订单周期表示，而从买方的角度则是备货时间或补货时间。不管是从什么角度及采用什么术语，影响时间因素的有几个基本变量。当今成功的物流作业具有对备货时间的基本变量高度控制的能力，包括订单处理、订单准备、货物发送，通过对这些活动的有效管理，保证了合适的订单周期及一致性，由此卖方公司对买方的客户服务水平得到了改进。

订单传送包括订单从客户到卖方传递所花费的时间，少则几秒（用电话），多则几天（通过信函）。卖方若能提高订单传送的速度，就可减少备货时间，但可能会增加订单传送的成本。

计算机与互联网使订单传送产生了根本性的变化，通过买卖双方的计算机连接，卖方可以登录到买方的计算机，在实时系统中，买方可以知道有关产品的供货可能性及可能的装运日期等信息。买方也可以通计算机来挑选所需要的商品，并通过电子信息交换传送给卖方。例如，EDI自动订货系统已广泛应用于买卖双方。

卖方需要时间来处理客户的订单，使订单准备就绪和发运。这一功能一般包括调查客户的信誉、把信息传送到销售部做记录、传送订单到存货区、准备发送的单证。这里的许多功能可以用电子数据处理同时进行。一般来说，卖方的作业成本的节约量比实施现代技术的资本投资量要大，这是因为当今计算机硬件与软件的成本已大大降低了。

订单准备时间包括订单的挑选和包装发送。不同种类的物料搬运系统以不同方式影响着订单准备工作，物料搬运系统可以从简单地靠人力操作的系统到复杂的高度自动化的系统。两种系统中订单准备时间相差很大。

订单发送时间是从卖方把指定货物装上运输工具开始至买方卸下货物为止的时间。当卖方雇用运输公司时，计算和控制订单发送时间是比较困难的。要减少订单发送时间，买方必须雇用一个能提供快速运输的运输公司，或者利用快速的运输方式，这时运输成本会上升。

若对以上所有的四个组成部分进行改进来减少备货时间，其费用可能太高。为此，物流公司可以在某一项目上进行改进而其他项目仍保持不变。如投资自动化物料搬运设备可能在财务上不合算，为弥补人工操作带来的较长的订单处理时间，公司可以采用以电话订货代替信函订货，以及用公路运输代替铁路运输。这将可使公司减少备货时间而不用在自动物料搬运设备上投资。

（二）可靠性

可靠性包括订单的正确性。正在焦急等待紧急货物的客户，可能发现卖方发错了货；没有收到想要的货物的客户可能面对潜在的销售或生产损失；不正确的订单使客户不得不重新订货，或者客户会气愤地从此找另一家供应商订货。如果客户是营销渠道的中间商，缺货状态也会直接影响卖方。

对有些客户，可靠性比备货时间更重要。如果备货时间一定，客户可以使存货最小化。也就是说，若客户百分之百地保证备货时间是 10 天，则可把存货水平在 10 天中调整到相应的平均需求，并不需要用安全存货来防止由备货时间引起的波动所造成的缺货。因为备货时间的可靠性直接影响客户存货水平和缺货成本，提供可靠的备货时间可以降低客户面临的这种不确定性。卖方若能提供可靠的备货时间，可使买方尽量降低存货与缺货成本，以及订单处理时间和优化生产计划。

可靠性不仅是备货时间上的一致性，还要求在安全和质量的均一性等条件下送达客户所订购的货物。安全交货是所有物流系统的最终目的，如前所述，物流功能是销售功能的终点。如果货物到达时受损或丢失，客户就不能按期望使用，从而加重客户方面的成本负担：存货、生产和营销成本。如果所收到的货物是受损的货物，就会破坏客户的销售或生产计划，这会产生缺货成本，导致利润或生产损失。因此，不安全的交货会使买方发生较高的存货成本或利润和生产损失。这种状况对于致力于实施一定程度的零库存计划以尽量减少存货的公司是不能接受的。

（三）沟通

对订货供应活动极其重要的两个活动是客户订购信息与订单供应和实际存货、拣货过程的沟通。在订货信息阶段，用 EDI 能减少订单信息传递到仓库接收时的错误，卖方应简化产品标识，如使用条形码，以减少订单挑拣人员的错误。然而，经常与客户保持接触与采用 EDI 同样重要。与客户进行沟通对监控与可靠性相关的客户服务水平来说是非常重要的。与客户沟通对物流服务水平的设计来说是基本的。交流渠道必须永远畅通，这只是主要的卖方对客户物流要求的外部限制条件。没有与客户的接触，物流经理就不能提供最有效和最经济的服务，这就等于打球时物流经理不知道比赛规则。然而，沟通是一个双向的过程，卖方必须能够传达客户重要的物流服务信息。例如，如果采购方潜在的服务水平下降，供应商应很好地通知使采购方做出必要的操作调整。此外，许多客户要求得到货物的物流状态信息，如有关发运时间、承运人或线路等问题。客户需要运输信息以便计划作业。从以上分析可以看出，物流客户服务中的良好沟通具有重要意义。

（四）方便

方便是对物流服务水平必须灵活的另一个说法，方便或灵活性是客户的不同要求，要努力以经济的方式来满足这些要求。

物流中客户服务表现的量度从物流角度看，有四个传统的客户服务因素：时间、可靠性、方便和信息的沟通是制订有效客户服务计划的基本考虑因素。这些客户服务因素也是在物流领域中建立客户服务表现标准的基础。客户服务的供应链环境已经导致更严密的量度标准的产生，现在，越来越认识到表现量度需要从客户角度来进行。

知识点延伸

市场营销发展史

1923 年：市场研究之始——开辟理性营销之路

1923 年，美国人 A·C·尼尔森开始创建专业的市场调查公司，研究食品店和杂货店的货架，以计算货物的流动情况。以此来估计整个市场的销售规模和各个品牌或公司的市场占有份额。市场研究使企业的一切营销决策不再凭感觉、经验，而是不断进行调查、收集信息，不断跟踪营销活动的结果，不断对营销进行诊断。从此，市场调研建立营销信息系统的工作就成为营销活动不可分割的有机体。

1931 年：品牌经理制——管理创新

1931 年，麦克尔罗伊引发了宝洁品牌竞赛的机制。这种破天荒的管理使得传统的职能管理形式在包装消费品行业受到很大的挑战。从此，产品或品牌管理方式成为众多公司品牌成功的重要因素。

20 世纪 50 年代：营销管理——从经济学母体中分离

营销走向管理导向是一个历史飞跃，因为传统上营销属于经济学研究范畴，但是经济学往往着重于效用、资源、分析和生产等研究，其核心是短缺。所以，经济学中对营销的研究是片断的。而营销研究侧重于企业的活动，其核心是交换。科特勒说过"经济学是营销学之父，行为科学是营销学之母；数学乃营销学之祖父，哲学乃营销学之祖母。"

20 世纪 50 年代以后：市场研究发展为专业服务产业

50 年代以后，市场研究业逐渐繁荣并成熟，其标志是市场研究已发展为一个专业服务产业，与广告公司、公共关系公司、管理咨询公司、会计师事务所和律师事务所等专业机构一样，成为公司成长的服务伙伴，从事消费者行为、零售商审计、媒介监控等研究服务。

1956 年：市场细分的思想和方法

1956 年，温德尔·史密斯正式提出"市场细分"。他认为，一个市场的顾客是有差异的，他们有不同的需要，寻求不同的利益。这就要求公司对市场进行细分，而不仅仅停留在产品差异上。哈佛大学的泰德·李维特在《营销近视病》一书中说道"根本没有所谓的成长行业，只有消费者的需要，而消费者的需要随时可能改变"。

1957 年：市场营销观念——企业活动的新思维

1957 年，通用电气公司的约翰·麦克金特立克阐述了所谓"市场营销观念"的哲学，声称该观念是公司效率和长期盈利的关键。他认为，当一个组织脚踏实地地从发现顾客的需求出发，然后给予各种服务，到最后使顾客得到满足，这便是以最佳方式满足了组织自身的目标。这是何等不同凡响的见解，从"以产定销"到"以销定产"是公司经营观念或市场观念的一次重大史诗般的飞跃。

市场营销观念提出了企业市场制胜在思想上的"四大法宝"。"顾客需求"是公司一切活动的中心，所以，发现需求成为公司生产的前提。"目标市场"是其又一法宝，公司要有所为又要有所不为，必须在大市场中寻找符合自己资源，而得以发挥优势的细分目标市场。"协调营销"强调以最佳方式将公司营销活动付诸实施，要求各种营销活动在预算、时间投入、规划方面做到有效整合，产生合力。通过满足顾客需要创造公司利润，强调公司实现组织目标的方式。这一观念事实上是顾客与公司双赢的关系，在满足顾客需求的同时也实现公司自身的目标。

1960年：营销组合——创新源于综合

1960年，美国密歇根大学教授麦卡锡提出的"4Ps"理论，横扫了授予企管硕士学位的商学院。麦卡锡著名的"4Ps"组合就是：产品（Product）、价格（Price）、渠道（Place）和促销（Promotion）。

因为服务业在20世纪70年代迅速发展，传统的组合不能很好地适应服务业的需要，有学者又增加了第5个"Ps"，即人（People）；又因为包装在包装消费品营销中的重要意义，而使"包装（Packaging）"成为又一个"Ps"；科特勒在强调"大营销"的时候，又提出了两个"Ps"，即公共关系（Public Relations）和政治（Politics）。

在20世纪70年代，当营销战略计划变得更重要的时候，科特勒又提出了战略计划中的"4Ps"过程，即研究（Probing）、划分（Partitioning）[即细分（Segmentation）]、优先（Prioritizing）和定位（Positioning）。这样，营销组合至今已演变成了"12Ps"。

1963年：生活形态——破译消费者的新工具

1963年，威廉·莱泽引起了营销界的重视，他引入了令人着迷的"价值观"与"生活形态"。营销学从此告诉企业：采取某种生活方式的人，他们的购买行为是什么，他们会选择什么样的品牌，应该用生活方式来推导其购买与消费行为。生活方式的引入更新了营销的内容，促使市场研究人员强化消费者态度与习惯的研究，从态度与习惯来判断其生活方式。

1969年：营销泛化——非盈利营销

科特勒和西德尼·莱维在1969年提出了"扩大的营销"的思想。他认为，营销学不仅适用于产品和服务，也适用于组织、意识形态、政府、学校、政党和政治等。不管这些组织是否进行货币交易，事实上都在搞营销。这一点，使得营销的适用范畴变得"无孔不入"。

20世纪70年代：定位时代

1969年，两位美国年轻人屈特和里斯提出定位论；1979年，出版专著《定位：攻心之战》；定位论强调随着竞争激化、同质化、相似化严重，所以需要创造心理差异、个性差异。

20世纪70年代：社会营销观念——企业的社会责任与新价值观

70年代，企业开始反思其传统的营销活动，感觉到企业的营销应负有一定的社会责任。于是，出现了社会营销观或道德营销观，也有人称为生态营销观。这些观念的提出，要求企业在营销时不但要考虑消费者的需要和公司的目标，更要考虑消费者和社会的长期利益。所以，企业的广告、价格策略和分销活动都要兼顾社会利益与公司利益。如果做不到这一点就不会被社会推崇，甚至会受到社会的批评。

1977年：服务营销——挑战传统营销

20世纪70年代后期，一个非常引人注目的变化是美国经济的服务化，即服务业在经济与贸易中的地位越来越重要。1977年，美国花旗银行副总裁列尼·休斯旦克写了一篇文章《从产品营销中解脱出来》，由此拉开了服务营销研究的序幕。在成功经营服务业的公司，传统的"4Ps"是不够的，还要加上"人"这一关键因素。瑞典服务营销学者克里斯蒂·格鲁诺斯认为，"内部营销"在培养公司经理层和员工接受以顾客为导向的概念时有重要价值，而这一点是服务性公司成功营销的关键。

20世纪80年代：顾客满意度

80年代以来，一种新的营销战略观念在日本、欧美各国兴起，那就是顾客满意度。科特勒认为，"满意是一种感觉状态的水平，它来源于一件产品所设想的绩效或产出与人们的期望所进行的比较"。所以，公司营销的目标就是提高期望，同时提升绩效，两者相结合，追求所谓的"整体顾客满意"。

1989年：品牌资产理论

20世纪80年代末以来，西方营销界一个广为流传的理论是"品牌资产（Brand Equity）"，它将古老的品牌思想推向新的高峰，其主要贡献者是品牌专家大卫·艾克等人。该理论比品牌形象更进一步说明了品牌竞争制胜的武器是建立起强势的品牌资产。构筑品牌资产的五大元素是：品牌忠诚、品牌知名度、心目中的品质、品牌联想和其他独有资产。品牌战略由此成为公司一种新的战略管理，并在20世纪90年代开始构成新的热点学术研究领域。

1980年：全球化营销之道——全球化与本地化并举

1983年，著名营销学者西奥多·莱维特写了一篇里程碑式的论文，提出了"全球营销"的理想。他呼吁跨国公司向全世界提供一种统一的产品，并采用统一的沟通手段。他发现，如果一味强调各个地方的适应性，将导致生产、分销、广告方面的规模经济损失。他的观点激起了一场暴风雨式的争论。它的影响之大源于跨国公司在全球无孔不入，争论的焦点在于，究竟是应该提供一个标准化的产品还是要经过改进来适应当地的市场需求。营销学从个别国家走向全球市场，从而延伸出一个新的分支学科——"国际营销"及"全球营销"。

20世纪80—90年代：关系营销

西方关系营销是指建立维系和发展顾客关系的营销过程，其目标是致力于建立顾客的忠诚度。当服务在产品交易中的作用越来越突出的时候，关系营销更优势于交易营销。关系营销强调的是营销活动中人的关系，即营销的人文性。

20世纪90年代："4Cs"挑战"4Ps"

虽然"4Ps"横扫近半个世纪，但到20世纪90年代，随着消费者个性化日益突出，加之媒体分化、信息过载，传统"4Ps"渐渐受到"4Cs"的挑战。

20世纪90年代：整合营销传播（IMC）——新的策略

首先，整合营销传播是整合各种营销工具，如把广告、公关、促销和直效营销等现存的传播工具结合在一起，使其发挥更大的功效。其次，整合营销传播还包括公司内部管理运作与营销传播的协调问题，也就是说，光有各种营销工具的结合还不够，没有与传播所对应的企业形象的确立、产品优势、企业内相应的组织架构的变化，整合营销传播效果仍很有限。

20世纪90年代末：互联网营销

物流服务与营销

利用全球网络为平台展开营销活动，是有史以来营销领域的最大创新。21世纪，营销领域的创新焦点是互联网营销。我们在新世纪中将充分感受到这个营销"新世界"。

资料来源：卢泰宏，王海忠营销百年，思想创新之光[J]．销售与市场，2000（1）．

项目思考题

一、不定项选择题

1. （　　）是指为生产企业提供原材料、零部件或其他物品时，物品在提供者与需求者之间的实体流动。
   A．销售物流　　B．供应物流　　C．生产物流　　D．回收物流

2. （　　）是指在生产过程中的原材料、在制品、半成品及产成品等在企业内部的实体流动的过程。
   A．销售物流　　B．废弃物物流　　C．生产物流　　D．回收物流

3. 对物流企业的分类可根据物流企业以某项服务功能为主要特征，并向物流服务其他功能延伸的不同状况来划分物流企业类型。具体可分为：（　　）。
   A．运输型物流企业　　　　　　B．仓储型物流企业
   C．综合服务型物流企业　　　　D．管理型物流企业

4. 物流配送业务中的客户服务主要集中在（　　）配送运输、配送加工、送达服务七个方面。
   A．集货　　B．分拣　　C．配货　　D．配装

二、判断题

1. 物流客户服务不像有形产品那样可以长期储存，服务是无法储存的，因此当出现物流客户服务需求的高峰或低谷时，容易出现供求矛盾，从而影响服务水平和客户满意度。（　　）

2. 对于物流企业来说，它提供的产品仅仅是简单的运输、仓储、装卸等环节的空间组合。（　　）

3. 物流营销不能降低企业的运行成本。（　　）

4. 流通加工是物品从生产地到使用地的过程中，根据物流客户的需要施以包装、分割、计量、分拣、刷标志、拴标签、组装等简单作业的总称。（　　）

5. 在物流客户生命周期的成熟期，物流企业应采取特别对待计划。（　　）

三、思考题

1. 物流服务的性质有哪些？
2. 物流营销的特点有哪些？
3. 国际物流客户服务水平应当从哪几个方面来加强？

4. 在物流客户关系的稳定期，该怎样管理物流客户？

实训实践体验

体验一：物流企业所提供的物流服务调查

体验目标：通过该体验，熟悉物流企业的物流服务运作方式、物流业务的组织过程、物流服务的运作流程，培养学生调查、收集、整理相关信息的能力，掌握一定的调研与分析方法，培养团队合作精神。

情景设计：联系一家物流企业，对该企业的基本信息、物流业务经营方式和组织过程、网点分布、所能提供的物流服务等作出调查，最好能对某一单物流业务处理过程进行跟踪，提出分析意见。

体验实施：

1. 指导老师给出具体任务的要求，调研报告的格式，评分标准。
2. 以小组为单位到企业进行调查，注意做好调查记录。
3. 了解物流服务组织方法和物流业务操作流程。

成果与检验：

1. 以小组为单位，分析某物流企业所能提供的物流服务，撰写某单物流业务的完整流程。
2. 指导教师组织各组间互评讨论，根据各组的提交意见及总结的质量情况，以及各组在模拟训练中的表现，按照评分标准进行成绩评定。

体验二：模拟组建物流企业

体验目标：通过该体验，理解物流企业的物流服务理念、物流客户服务的内容，培养学生的组织能力，培养团队合作精神。

情景设计：通过网络或其他途径，查找三个以上的物流企业，分析他们为客户提供的物流服务，了解这些物流企业的营销观念、营销策略、客户分类及服务内容。

参考以上分析内容，分组成立一家物流公司。

体验实施：

1. 给自己小组的物流公司起一个名字。
2. 制定该物流公司的发展目标。
3. 制定该公司的服务理念。
4. 分析该公司的客户分类及服务内容。

成果与检验：

1. 以小组为单位，撰写模拟组建物流企业的策划书。
2. 指导教师组织各组间互评讨论，根据各组的提交意见及总结的质量情况，以及各组在模拟训练中的表现，按照评分标准进行成绩评定。

Project 2 项目 物流服务市场调研与市场定位

项目学习目标

1. 了解物流服务营销环境的含义；
2. 掌握物流市场需求调查的方法与步骤，熟悉市场需求预测的方法；
3. 熟悉物流市场细分的方法；
4. 理解物流服务市场定位的方式。

项目能力标准

能 力 模 块	能 力 要 求
任务1：物流服务营销环境的含义	能应用SWOT分析法进行物流服务营销宏观环境和微观环境的分析
任务2：物流市场需求调查与预测	会设计物流服务市场调查问卷，能依据市场调查步骤开展市场调查活动
任务3：物流市场细分与目标市场选择	会依据物流市场细分的方法分析物流企业面对的市场，能根据企业情况及其他要素选择适宜的目标市场
任务4：物流服务市场定位	能依据物流企业自身情况和目标市场的特点进行适宜的市场定位

项目知识点、能力（技能）点

物流服务营销、SWOT分析法、市场预测、市场调查、市场细分、营销环境、评估、目标市场选择策略、无差异营销、差异化营销、集中营销、定制营销、物流服务生命周期、市场定位。

项目导读

天津市滨海新区物流企业市场调研

调查目的：通过实地调查和认真研究滨海新区的物流环境与状况，了解滨海新区物流行业的发展方向与需求，熟悉并掌握滨海新区物流行业的具体情况，以及滨海新区交通资源的分布状况。

地理环境分析：滨海新区位于我国华北、西北和东北三大区域的结合部，地处环渤海地区的中枢部位，京津和环渤海湾城市带的交汇点，与日本、韩国隔海相望，是我国北方地区进入东北亚、走向太平洋的重要门户和对外通道，也是连接我国内陆与中亚、西亚和欧洲的亚欧大陆桥的东起点，拥有"三北"辽阔的辐射空间，这样的地理位置使得新区拥有极大的物流需求。

交通环境：滨海新区海、陆、空立体交通网络发达。陆运方面通过京沈、京沪、京九、大秦等国家主干铁路与全国铁路网相连，京津塘、津晋、唐津等高速公路与国家干线公路网沟通；海运方面有吞吐量世界第五的天津港作为支撑；航空方面则有天津滨海国际机场。

政策优势：国家鼓励天津滨海新区进行金融改革和创新。在金融企业、金融业务、金融市场和金融开放等方面的重大改革,原则上可安排在天津滨海新区先行先试。本着科学、审慎、风险可控的原则,可在产业投资基金、创业风险投资、金融业综合经营、多种所有制金融企业、外汇管理政策、离岸金融业务等方面进行改革试验(国务院 20 号文件)。同时天津市政府积极响应国家的号召,给予滨海新区建设极大的重视,让其优先发展,成为带动天津乃至整个华北区域的先锋。

供需状况分析: 目前天津有大中小各类物流企业近两万家,但是上规模的并不多,能达到区内企业合作要求的物流企业更是寥寥无几。目前进驻区内的 500 强企业已达 100 多家,传统企业自营物流已逐渐剥离。区内的物流需求呈井喷式发展。

竞争状况分析: 物流企业准入门槛低、投资少、效益回收快,越来越多的人投资发展物流业,但也暴露出这些中小物流企业服务内容单一、物流手段落后、信息化程度低等众多问题。虽然新区内工商企业林立,但随着信息技术的不断发展,他们对第三方物流企业的资质也有了更高的要求。随着一大批国际知名物流企业进驻区内,使得本土中小物流企业的传统业务遭受到强烈冲击。

客户分析: 滨海新区已经形成了优势比较突出的七大主导产业电子信息、石油开采及加工、海洋化工、现代冶金、汽车及装备制造、食品加工和生物制药,具备了比较雄厚的产业基础,形成了高新技术产业群。这些产业科技含量高、产业链长、辐射功能强,因此对第三方物流企业资质要求高,业务量需求巨大。

经济效益分析:

略。

优势分析: 滨海新区具有集港口、经济技术开发区、高新技术园区、出口加工区和保税区于一体的功能聚集优势。

劣势分析: 滨海新区拥有的多是"比较优势"而缺乏绝对优势。以上这些优势在环渤海其他省市并不鲜见,如拥有海域、油气资源、腹地等共享的资源条件。新区的现有优势多为受资源约束的硬优势,而缺乏可持续利用的软优势。

机遇分析: 经济全球化给滨海新区开发和开放带来了新契机。我国经济结构的战略转型为新区开发和开放营造了良好的国内环境。

威胁分析: 环渤海地区区域经济联系不够密切。到目前为止,环渤海更多的是一个地理上的区域概念,还不能构成环渤海经济圈,这主要是因为京津冀是地理上的区域概念,还没有构成环渤海经济圈。

调研结果

一、滨海新区现代物流业发展的有利条件

(一)区位优势

天津良好的区位环境,使其具有比较强的对内吸引和向外输出的双重的有利条件,正成为中西部地区进入国际市场的"绿色通道"。天津拥有京津、西北和华北十二个省、自治区、直辖市的腹地,服务两亿多人口。是华北、西北地区通向世界各地最短最好的出海口,也是国外客商进入中西部市场的最佳通道。目前,已经基本形成了海空兼备的综合运输体和天津港集装箱物流中心等六大物流基地,形成了海空港一体的国际物流运作体系,大批国际资本通过天津进入腹地。另外,天津还拥有我国北方最大的港口和进出口货值最大的海关。

(二)政府部门的高度重视,极大地推进了新区现代物流业的建设

物流服务与营销

滨海新区领导已经充分认识到现代物流业对提高工商企业和全社会效益，更好地配置和使用社会资源的重要性和紧迫性，因此，大力发展滨海新区的现代物流业的建设。目前，海港、空港和信息港的同步建设，已经取得了巨大成就。

（三）海滨新区第二产业增长势头旺盛，物流市场容量乐观

世界经济一体化的发展、物流需求的增加为新区物流业的发展提供了强大的需求动力，致使国际性的跨国企业在滨海新区的投资和国际贸易额大幅度上长，2011年超过300亿美元。这给滨海新区带来了国际物流市场和需求，这种需求大大推动滨海新区迈向国际化物流中心的进程。同时大量先进的现代物流企业进入滨海新区，也为滨海新区现代物流产业提供了先进的发展经验，以此为滨海新区的现代物流业的发展产生了更大的推动和促进作用。

二、滨海新区现代物流业发展的不利因素

（一）与其他经济发达区域相比，经济总量较低

滨海新区的物流业与国内的同行业相比，滨海新区的物流业发展还不够快，规模还不够大，处于第一集团军的尾部，而滨海新区的总体经济连续多年保持快速增长。其中现代物流业的规模还比较小，其增加值占生产总值的比重不足发达国家的1/3，物流成本却是发达国家的2倍。

（二）周边城市物流的发展对滨海新区构成威胁

滨海新区的周边城市的发展正在不断地分割传统物流市场，周边空港、海港、路港的建设和发展都会对滨海新区的物流业市场构成威胁。较远的有比较完善的物流发展计划的上海和深圳，同时还有周边的港口竞争，如青岛、大连、秦皇岛等，都会给天津港带来挑战。

滨海新区要想成为国际物流中心，同时也会受到邻近港口城市的激烈竞争与挑战。对天津港有影响的国际性港口主要有环太平洋地区的港口，如香港、新加坡、高雄釜山等港口。天津港和釜山港的硬件设施相当，与香港等其他港口相比，差距更大。

（三）在内部整合方面

与深圳和浦东不同，滨海新区包括天津港、开发区、保税区三个功能区和塘沽、汉沽、大港三个行政区以及海河下游工业区。是先有这些行政区，后才有功能区和滨海新区管委会，到现在为止，管委会只是天津市委、市政府的一个派出机构。这种相互平级、各自为政的管理体制，使得每个区都有自己的发展战略，在协调利益分配、规划落实、重点项目设置等方面，的确有一定的困难。滨海新区对周围的带动和辐射力并没有得到充分发挥的空间。这些年影响滨海新区充分发挥其作用的因素中，最大的障碍是条块分割，这种情况使得区域内的整体优势不能发挥。

（四）天津港对外联系通道不畅

这几年天津港的发展速度很快，但还没有形成以港口为中心的便捷的对外交通网络，这使港口发展受到限制。天津港公路集疏运通道能力不足，高速公路尚不能直接进港。天津港没有直通中西部腹地的铁路干线和与能源基地直接相连的铁路煤炭运输专用通道，也未设立海铁联运集装箱办理站。这种状况，势必影响港口吞吐、拆装箱、流通加工等物流功能的发挥。但是上海港就没有这种情况，它的最大优点在于可以从水路进出，而天津港水路中转的情况几乎没有，公路运输占了集疏运货量的60%~70%，其他的只是靠管道和水路运输。

（五）天津空港聚集功能不强

航班航线少，对适应航线货物吸引力小，高附加值产品绝大部分从北京机场转运，航

空物流量增长缓慢，直接导致天津空港作为全国四大货运基地的地位在下降。

思考题：
1. 市场调研真有那么重要吗？
2. 针对滨江新区物流市场调研的结果，你有什么好的解决措施吗？

Mission 任务 1 物流服务营销环境分析

任务导读

李华在杭州××物流企业通过为期三个月的入职培训和轮岗实习之后，被安排到该企业营销业务部进行工作。工作半个多月之后，李华发现该企业近期业务量并不高，很多老业务员的业绩也在下滑，因此常常受到营销经理的苛责。根据李华对这些同事的了解，他们工作中非常尽心尽力，李华认为业绩下滑的原因可能和整个经济形势有关，因此准备了一份简短的报告，向营销经理说明他的想法，希望对企业的营销环境做个调查分析，以便企业做出相应的应对措施。营销经理认真听取了李华的阐述，认为颇有道理，要求由李华负责对企业营销环境进行分析，并特别指出近期竞争对手的一些举措，希望李华能给出一份较好的应对策划。

1. 物流企业的营销环境包括哪些方面？
2. 可以采用什么方法对物流企业的营销环境进行分析？如何分析？

一、物流服务营销环境的含义

任何物流企业都是在一定的环境中生存的，企业的营销活动除受自身的影响外，外部环境对营销行为的影响也不容忽视。因此，重视研究市场环境及其变化，善于分析和识别由于环境变化而带来的机会和威胁，并采取适当的方法，是物流企业营销活动最基本的任务。

物流市场营销环境可以定义为：与物流企业市场营销活动有关的各种外界条件和因素的综合。任何物流企业从事营销活动，都会受到来自企业内部及企业外部诸多因素的影响。物流市场营销环境一般分为宏观环境和微观环境。

二、物流服务宏观营销环境的分析

物流市场营销的宏观环境是指影响物流企业营销活动不可控制的主要社会力量，包括政治法律环境、经济环境、技术环境、社会文化环境和自然环境等方面。

（一）政治法律环境

政治法律环境是指影响物流企业营销活动的外部政治制度和政党制度、基本方针路线和国家法律法规。政治法律环境主要包括政治环境和法律环境。政治环境是引领物流企业营销活动的方向，法律环境则是企业规定经营活动的行为准则。政治环境与法律环境相互联系，共同对物流企业的市场营销活动产生影响。

政治环境是影响企业营销活动的外部政治形势，包括国家政局的状况以及政府所制定的方针政策。如果国家稳定，人民安居乐业，就会给物流企业营造良好的营销环境。相反，国家局势不稳，战乱频发，必然会影响物流企业的发展和营销活动的开展。当物流企业进行跨国经营和开展营销活动时，一定要考虑到该国的政治环境和社会稳定情况等因素可能造成的影响。

法律环境是国家或地方政府所颁发的各种法规、法令和条例等，是企业营销活动的准则。现代物流业的发展和兴盛依赖于统一、透明、公平和高效的法律制度环境。

（二）经济环境

经济环境是指影响物流企业营销活动的各种外部经济因素，如国家和地区的经济发展阶段、经济周期、经济形势、产业结构、物价水平、消费者的收入和支出、能源供给、失业率等。国际或国内的经济形势是复杂多变的，机遇与挑战并存，物流企业必须认真研究，力求正确认识与判断，制定相应的营销战略和计划。

物流企业的经济环境是指物流企业面临的社会经济条件及其运行状况、发展趋势、产业结构、交通运输、资源等情况。这些是制约企业生存和发展的重要因素。

（三）技术环境

技术环境是指物流业所在国家或地区的技术水平，以及政府的研究投入、政府和行业对技术的重视情况、新技术的发明和进展、技术传播的速度、技术折旧和报废速度等。科学技术的发展对物流业的发展产生了巨大的影响。以电子技术、信息技术、网络技术为一体的电子商务平台，实现了数据的快速、准确地传递，提高了仓库管理、半年运输、采购、订货、配送发运、订单处理的自动化水平，使包装、保管、运输、流通、加工实现一体化以及提高了进行结算、需求预测、物流系统设计咨询、物流教育与培训方面的服务能力。在海运方面，船舶的大型化、高速化和自动化、运输方式的集装箱化、大宗货物的散装化也前所未有地提高了海洋运输能力。

（四）社会文化环境

社会文化环境是指一个国家、地区的民族特征、价值观念、生活方式、风俗习惯、宗教信仰和教育水平等对物流企业营销活动可产生影响的因素。社会文化环境是影响企业营销诸多变量中最复杂、最深刻、最重要的变量。社会文化是某一特定的人类社会在其长期发展的历史过程中形成的，它主要由特定的价值观念、行为方式、伦理道德规范、审美观念、宗教信仰以及风俗习惯等内容构成，它影响和制约着人们的消费观念、需求欲望及特点、购买行为和生活方式，对企业营销行为产生直接影响。

任何企业都处于一定的社会文化环境中，物流企业也不例外。物流企业营销活动必然受到所在区域社会文化环境的影响和制约。为此，企业应了解和分析社会文化环境，针对不同的文化环境制定不同的营销策略，从而组织不同的营销活动。

（五）自然环境

自然环境是指物流企业赖以生存的基本环境，包括自然条件、自然资源、地理位置、气候和环境污染程度等。自然环境及其发展变化会影响到物流企业的运输成本和获取资源的难易程度，影响到市场营销组合的设计，所以在进行市场营销活动时自然环境的状况是不容忽视的。

三、物流服务营销微观环境的分析

物流市场营销微观环境的分析主要包括对物流企业、供应者、营销中介、顾客、竞争者和社会公众等方面的分析。

（一）物流企业

物流企业开展营销活动要充分考虑到企业内部的环境。物流企业本身包括最高领导层、市场营销部门、财务部门、供应部门、仓储部门和维修部门等。物流企业的营销部门在制定和实施营销计划、开展营销活动时，必须要考虑到与企业其他部门的协调。只有企业内各部门协调一致，营造良好的微观环境，整个企业才能取得更为良好的业绩。

（二）供应者

供应者是指向物流企业提供其所需各类资源和服务的供应者，包括为物流企业提供设备、工具、能源及土地和房产的各类供应商，提供信贷资金的各类金融机构，以及在各类人才市场上为物流企业提供人力资源的中介机构等。

（三）营销中介

营销中介是指协助物流企业把物品从供应地运送到接受地的活动过程中的所有中介机构，如货运代理机构和营销服务机构，是物流市场营销活动不可缺少的一部分，营销中介机构凭借自己的经验、专业知识以及活动规模，为物流企业提供了大量的货源，拓宽了物流企业的营销渠道，并为物流企业提供市场调研、咨询、广告宣传、塑造企业形象等方面的服务。

（四）顾客

市场是由人构成的。物流市场营销活动的成败关键，在于物流企业的产品或服务能否被消费者所购买。因此，对顾客进行分析就是企业营销活动的出发点和归宿点。顾客是物流企业最重要的环境因素，物流企业的服务如果能得到顾客的认可，就能赢得市场。因此，物流企业应识别和分析顾客的需求特征，为顾客提供最为优质、高效、便捷的物流营销服务。

（五）竞争者

在物流市场上，竞争者通常是指那些与本物流企业旗鼓相当，提供的产品或服务相类似,并且有着相同目标顾客和相似价格的企业。一个企业规模再大、功能再齐全也不可能独占物流市场,它要面对形形色色的竞争对手。企业要成功,就必须比竞争对手做得更好。物流企业的营销活动总是被一群竞争对手包围和影响着,因此必须战胜竞争对手,才能确立其在顾客心目中的地位。影响行业竞争的有五种力量:新进入者的竞争、现有竞争者之间的竞争、替代品的压力、顾客讨价还价的能力以及供方讨价还价的能力。

四、物流营销环境的 SWOT 分析法

营销环境的不断发展和变化给物流企业的经营带来了极大的不确定性,故而物流企业只有对环境变化做出积极的反应才能够求得自身的生存和发展。因此,环境分析就成了物流企业制定经营战略和营销策略的先决条件。

那么,企业如何进行环境分析呢?一种相对简单易行的方法就是 SWOT 分析法。SWOT 分析思路是安索夫于 1956 年提出的,后来经过多年的发展成为了一个常用于企业营销战略分析的实用方法。SWOT 四个字母所代表的含义分别是:优势(Strengths)、劣势(Weaknesses)、机会(Opportunities)和威胁(Threats)。所谓 SWOT 分析法,就是将企业面临的外部机会、受到的外部威胁以及自身的优劣等方面因素互相结合而进行的综合分析和概括。

SWOT 分析法主要的分析方法如下:

(一)优势(Strengths)和劣势(Weaknesses)的分析

优劣势的分析主要是着眼于企业自身的实力及其与竞争对手的比较。当两个物流企业处在同一市场,或者它们都有能力向同一物流顾客群体提供产品和服务时,如果其中一个企业有更高的盈利率和盈利潜力,那么,就认为这个企业比另一个企业更具有竞争优势。竞争优势可以指顾客眼中一个企业或它的产品有别于其竞争对手的任何优越的东西,它可以是产品的宽度、大小、质量、可靠性、适用性、风格和形象以及服务的及时性和热情度等。衡量一个物流企业及其产品是否具有竞争优势,只能站在现有用户和潜在用户的角度上,而不应站在企业自身的角度上。

(二)机会(Opportunities)和威胁(Threats)的分析

机会和威胁的分析将注意力放在外部环境的变化及对企业可能产生的影响上。环境发展趋势对物流企业的影响可能既有威胁的一面,也有机会的一面。物流企业要善于把握环境给企业带来的机遇,而对环境带来的威胁要采取果断的战略行为。否则,极有可能削弱企业现有的竞争地位。当然,在进行环境分析时,也应具体问题具体分析,深入地比较分析各种机会和威胁的现实可能性及其对企业的影响程度,从而找出那些最重要的环境机会和威胁,并按轻重缓急或影响程度予以排序,即通常要将那些对组织发展有直接的、重要的、重大的、迫切的、长远的影响因素排列在前,优先考虑对应之策。

Mission 任务 2 物流市场需求的调查与预测

任务导读

李华查阅了大量的资料，采用SWOT分析法对该企业的经营环境做出了分析报告，在报告中，李华同时指出目前物流市场上，竞争者众多，对于该企业来说，需要选准市场和顾客，才能有的放矢。营销经理对李华的营销环境分析报告很是赞赏，并在部门经理例会中向总经理汇报，总经理要求营销业务部依据该报告，对该企业物流服务市场需求进行调查和分析，并根据以往业务数据和该调查结果，对企业今年的业务量做出预测分析。

1. 物流市场需求的调查步骤是怎样的？
2. 该企业可以采用什么样的调查方法？
3. 如何做出市场需求的预测？

一、物流市场调查概述

（一）物流市场调查的含义

物流市场调查就是物流企业针对特定的营销问题，运用科学的方法，对有关市场信息进行系统的收集、整理、分析和判断，并提出解决问题的建议的活动。其目的是为了让营销管理人员了解营销环境，发现机会与问题，作为市场预测和营销决策的依据，为营销决策提供参考。

（二）物流市场调查的内容

通常，物流市场的调查活动包括以下五个方面的内容：

1. 物流服务市场宏观环境的调查

任何企业的生存和发展都离不开宏观环境。对宏观环境的调研主要是针对政治法律环境、经济技术环境、社会文化环境、自然环境等宏观环境变化对物流企业的影响进行调研，从而跃过最新的环境发展动态，寻找企业新的发展机会，同时及早发现可能出现的威胁并做好准备。

2. 物流服务市场需求的调查

物流服务市场需求的调查主要包括：物流市场消费结构的变化情况、分布情况、消费量及潜在客户情况；了解客户的购买偏好和差异；了解市场的变化趋势；等等。

3. 物流服务市场竞争者的调查

物流服务市场竞争者的调查主要包括：对竞争者的数量、竞争者现有的物流资源和用户资源以及竞争者的营销策略的调查。通过对竞争者的调查与分析，了解竞争者的营销战略及未来的发展方向，做到知己知彼，百战百胜。

4. 物流服务产品和价格的调查

物流服务产品和价格的调查主要包括：同类物流服务的数量、品质、价格，物流服务的成本及其变动情况，物流服务的供求变化情况，物流服务替代品的价格、品质以及特有物流服务价格的未来趋势。

5. 物流服务销售状况的调查

物流服务销售状况的调查主要包括：调查物流服务销售的现状、销售机构和人员的基本情况、销售渠道及其利用情况等。

二、物流服务市场调查的步骤

市场调研是一项复杂而细致的工作，不论采取哪种形式及进行哪些方面的调查，都是一次有组织、有计划的行动，都要经过一定的程序和步骤，才能达到预定的目标。对目标市场进行调查一般按以下几个步骤进行，如图2-1所示。

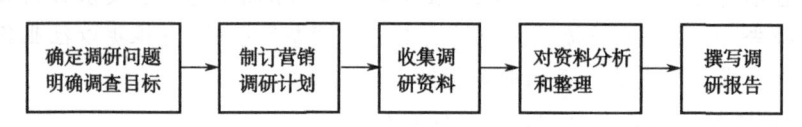

确定调研问题明确调查目标 → 制订营销调研计划 → 收集调研资料 → 对资料分析和整理 → 撰写调研报告

图2-1 物流服务市场调查程序图

（一）确定调研问题，明确调查目标

在进行物流服务市场调查前，首先要明确市场调查的目标。确定调研问题，明确调查目标需要用科学的方法和严谨的态度。如果没有一个明确的调查问题和统一的调查目标，就无法协调整个调查工作，造成调查的盲目和混乱状态，最终导致调查结果与决策要求不相符。而这些错误和不符合要求的信息资料，还有可能给决策者带来决策上的重大失误，以致最终造成更为严重的后果。

提出问题之后，就需要确定研究目标。一般情况下，市场营销调查目标可分为四大类。我们以美国通用汽车公司为例来说明市场营销调查目标是如何确定的。

（1）调查目标是为了探求问题即搜集一些原始资料用以说明不明确的问题。在有些情况下，还可能提出一些假设，也就是在正式调查之前，为找出问题的症结、确定调查重点而进行的调查，也称为非正式调查。例如，调查通用汽车公司配送路线为何不是最优，是为了探求问题，寻找其原因。

（2）调查目标是为了描述问题，即说明某些具体情况，针对专门问题进行调查，并搜集整理说明这些问题的事实性材料。例如，通用汽车公司原配送路线是怎样的就属于描述性调查。

（3）调查目标是为了探索因果关系，即检验某种假设或某一问题现象的因果关系。也就是在描述性调查的基础上，进一步调查、分析各种现象之间的因果关系。

（4）调查目标是为了预测，即为预测未来市场发展趋势而作的调查。它就是利用各种情报资料，运用一定的计算方法，对未来市场需求及其变化进行预算估测。例如，调查未来要购买通用汽车公司汽车的客户有多少、该公司未来半成品配送量如何，都属于预测性调查。

（二）制订营销调查计划

营销调查工作计划通常包括资料来源、调查方法、调查费用等。

1. 资料来源

资料一般有两方面的来源：实地调查及文献资料查询。实地调查是为了特定的研究目的，调查人员依照调查方法直接向被访问者收集第一手的信息资料。而文献资料查询的方法主要是市场调研人员在对现有的数据、报告和文献等信息资料进行收集、分析、研究和利用的一种市场营销调查研究的方法，这种方法经常被用于探索性的调查研究阶段。

2. 调查方法

调查方法是保证调查目的实现的基本手段，调查方法通常有：询问法、观察法、实验法和问卷调查法。每种方法都有各自的特点和适用条件，使用时应考虑所需资料的性质、精确程度、调查工作时间安排状况、参与调查的人员的状况、调查的费用等。

3. 调查费用

进行物流服务市场调查活动应以最少的费用获得最优的调查效果。在调查内容既定的情况下，采用不同的方案和方法花费的费用会有所不同。由此可见，合理的开支表是保证调查顺利进行的重要条件。因此，在制订调查计划时，要确切地预算调查经费，再严格按预算开展调查活动。

（三）收集调查资料

市场资料的范围很广，因资料的来源不同，可分为第一手资料和第二手资料。第一手资料是调查人员通过对现场实地调查所搜集的资料，如通过询问法、观察法、实验法所了解到的竞争者的状况，物流客户的感受、意向和想法。这些资料是直接接触和感受到被调查对象的产物，也是进行物流市场调查的直接结果。第二手资料是经过他人收集、记录或已经整理过的资料。它反映已经发生过的客观现象和存在的问题，可以直接或间接为市场调查提供必要的依据。由于资料收集过程的复杂性，这一阶段的花费最大且又最容易出现失误，尤其是在取得第一手资料时更为突出。因此，在组织物流服务市场调查时要注意收集资料的每一个环节，正确选择调查人员和调查对象，确保资料来源的准确性和可靠性，保证调查的质量。

（四）对资料的分析和整理

搜集到信息资料后，就进入到分析和整理资料阶段，即把所调查了解到的有关情况进行提炼，去伪存真、去粗取精。具体的方法和步骤如下：

（1）分类。主要是将调查了解到的相关情况的资料分门别类、归类编号，把性质相同的资料整理在一起。

（2）编辑。主要是对已筛选过的资料进行认真核对校验，从中发现并剔除资料中有谬误和含糊不清的成分，选取有价值的东西，并编号归档。

（3）制表。主要是将已经分类的资料系统地制成各种统计图表，以便让看图表的人能缩短了解的时间，从而有效地对资料加以分析和利用。

（五）撰写调查报告

调查人员根据资料的分析情况编写调查报告，将调查成果提交给企业决策人。调查结果是制定营销决策的重要依据，所以说是组织物流市场营销调查的主要目的。

三、物流服务市场调查的方法

物流市场调查是一个搜集、整理、加工和处理信息的系统工作。调查方法有很多，而所采用的调查方式是否得当，直接影响调查结果的质量，是调查成败的关键。

（一）询问法

询问法是指以当面、书面、电话或发电子邮件等方式，将所要调查的事项向被调查者提出询问，以获得所需要的第一手资料的方法，这是市场调查中最常见的一种方法。通常，询问法应该事先设计好询问程序以及调查表或调查问卷，以便有条理地进行询问。

询问法主要有以下种方式：

1. 面谈调查法

面谈调查法是指派出专门的调查人员直接向被调查对象当面询问以获得所需资料的一种最常见的调查方式。询问的问题按事先设计好的问卷或者提纲进行，询问的方式可以是自由交谈，使被调查者充分发表意见和互相讨论；也可以是问答式交谈，即调查者按事先拟好的调查项目依次提问，由被调查者回答。这种方式具有回答率高，能深入了解情况，可以直接了解被调查者的反应，可能通过调查人员的解释和启发帮助被调查者完成调查任务等特点，因此在进行过程中有较强的灵活性。但也存在调查成本高，对调查人员的素质要求较高，调查结果的质量易受调查人员的工作态度和情绪的影响等局限性。

2. 电话调查法

电话调查法是指调查人员利用电话与被调查者进行语言交流，以获取信息、采集数据的一种调查方式。电话调查需采用精心设计的问卷进行，提问要简单明了，便于回答，问题不要过多，要求尽可能不会引起语音上的歧义。这种方式的主要优点是：收集资料快、成本低、电话簿有利于分类。其主要缺点是：只限于简单的问题，难以深入交谈；被调查人的年龄、收入、身份和家庭情况等涉及个人隐私的部分不便进行询问。

3. 邮寄（信函）调查法

邮寄（信函）调查法是指调查者通过邮局把事先设计好的调查问卷或表格寄给被调查者，要求被调查人按问卷上的要求逐项填写后再寄回的一种调查方式。这种调查方式的好处是：调查范围大，成本低，被调查者有充分时间独立思考问题，可以让被调查者以匿名的方式回答一些个人隐私问题，调查结果不受调查人员主观意志的影响。但它的缺点也很明显：需要的时间长，易出现答非所问的情况，而且由于回寄很麻烦，这种调查的问卷回收率是很低的。对此，企业通常采用有奖、有酬的刺激方式增加问卷回收率。

4. 网上调查法

网上调查法是指调查者将需要调查的问题制作成问卷，然后通过网址或是 E-mail 的形式传给被调查者，请被调查者按问卷上的要求逐项填写后提交或发回的一种调查方式。现在这种调查方式越来越被企业关注并采用。

除此以外，询问法还包括街头随机拦截访问等诸多方法，在此不一一赘述。

（二）观察法

观察法是由调查人员有目的、有针对性地对所调查的客户或者事件发生的场所进行观察，从而搜集所需要的资料的方法。这种调查方法多是在被调查者不知道的情况下进行的，调查者只能通过对被调查者的行为、态度和表现的观察来推断问题的结果。常用的观察法有：直接观察法、实际痕迹测量法、行为记录法等。观察法除用人员观察外，也可以用机械设备进行记录。这种调查方法的优点是：收集的资料比较客观真实，准确度高，实用性也较强。但是也有其局限性：调查所耗费的时间很长，花费资金较多，而且需要具备一定的调查工具才能进行相应的调查，更重要的是，这种调查方法只能了解一些表面情况，无法深入调查问题的实质。

（三）实验法

实验法是指市场调研者有目的、有意识地改变一个或几个因素，进行小规模的实验，来观察市场现象在这些因素影响下的变动情况，然后进行分析判断，最后做出决策或是为物流企业的营销决策提供参考依据。实验的目的在于寻找变量之间的因果关系。

这种方法的优点是：便于分析寻找某些市场变量之间的内在联系，所取得的资料、数据较为可靠、真实。其缺点是：一方面市场因素变化大，有时难以控制而影响实验结果；另一方面，实验的市场条件不可能与其他市场条件完全相同，在实验市场成功的策略，不一定适用于新市场。实验法在搜集市场研究资料中应用很广，特别是在因果关系的研究中，实验法是一种非常重要的工具。

（四）问卷调查法

问卷调查法是指以向被调查者发放调查问卷的方式来搜集所需信息的方法。采用问卷调查法可以了解物流客户的认识、看法和喜好程度等，并可以分析处理这些数据，得出结论。

四、物流服务市场预测的步骤

（一）物流服务市场预测概述

市场调查是营销决策的出发点，市场营销预测是市场调查的继续和发展，是市场营销决策的基础和前提。物流市场营销预测是物流企业根据具体的决策需要，结合企业历史统计资料和市场调查获得的市场信息，对市场供求变化等因素进行细致的分析研究，运用科学的方法或技术对市场未来的发展趋势做出估计和推断，从而为企业制定正确的市场营销决策提供依据。物流企业只有通过准确的市场预测，才能把握市场机会，明确市场目标和制定相应的价格策略、销售渠道策略和促销策略等，从而使物流企业扬长避短，适应市场变化，提高企业的竞争能力和应变能力。

（二）物流市场预测的步骤

市场预测的全过程是调查研究、综合分析和计算推断的过程。一个完整的市场预测，其基本程序是相同的，一般都要经过以下几个步骤。

1. 确定预测的目标

确定预测目标是进行市场营销预测要解决的首要问题。预测目标决定着预测的一系列环节，如需要搜集的资料、搜集资料的途径、采用的预测方法等。只有目标明确，才能使预测工作有条不紊地进行。

2. 搜集、整理资料

资料是进行市场营销预测的重要依据，必须做好资料的搜集工作。搜集什么资料，是由预测的目标所决定的，要根据预测目标的要求，调查、收集与预测对象相关的、历史的和当前的数据资料，掌握事物发展的过去和现状。调查提供的资料数据只有准确可靠，才能对市场、技术等发展趋势做出科学的预测。为了保证资料的准确性，要对所搜集到的资料认真地审核，以保证资料的准确性、系统性、完整性和可比性。资料的整理主要包括：对不准确的资料进行查证核实或删除，将不可比的资料调整为可比，对短缺的资料进行估计推算，对总体的资料进行必要的分类组合。对经过审核和整理的资料还要进行初步分析，观察资料结构的性质，进而作为选择适当预测方法的依据。

3. 选择预测的方法

市场营销预测的方法很多，主要可分为定量的和定性的两大类。各种方法都有自己的适应范围和局限性。预测的方法选择是否恰当、正确，对于预测的准确性有很大的影响。因此，应根据预测项目的不同，选择不同的、适用的预测模型。物流企业通常采用定量的和定性的方法同时进行预测，或以多种方法相互比较印证来提高预测结果的准确性。

4. 进行预测

在对预测的方法进行选择后，我们就可以对预测的对象进行预测。如果是定量的预测，就要选择合适的数学模型，进行运算并求得最终结果；如果是定性的预测，就要建立逻辑推理的模型来进行进一步分析。

5. 分析评价预测结果

市场预测毕竟只是对未来市场的一种估计和设想，由于市场特有的动态性和多变性，预测值同未来的实际值总是有差距的。在进行分析评价时，通常是把定量预测的结果与定性预测的一般性结论进行对照，同时要充分考虑到企业的外部影响因素，找出造成误差的原因。分析造成差距的原因，看其是由于预测方法选择不当，建立的预测模型与产品实际需求规律不符合引起的，还是由于历史资料不完整，虚假因素等造成的，或是由于外部政治、经济、技术条件发生了重大变化，致使市场需求发生了重大变动，还有可能是因为预测人员的经验、分析判断能力的局限性造成了这种偏差。

6. 编写预测报告

预测后，要及时写出预测结果的报告。报告要把历史和现状结合起来进行比较，既要进行定性分析，又要进行定量分析，尽可能利用统计图表及数学方法予以精确表述。要做到数据真实准确，论证充分可靠，建议切实可行。

五、物流市场预测的方法

物流市场预测的方法很多，但不同的方法有不同的适用范围，按方法本身的性质划分，可以将预测方法分为定性预测法和定量预测法两大类。

（一）定性预测法

定性预测法是指通过判断事物所具有的各种因素和属性进行预测的方法。该方法是预测者依靠那些熟悉业务知识、具有丰富经验和综合分析能力的人员与专家，运用个人的经验和分析判断能力，对事物未来状况进行预测。然后，再通过一定形式综合各方面的意见，作为预测未来的主要依据。这种方法灵活方便，所花费的人力、物力和财力较少，所需时间较短，时效性较强，因此适用于缺少历史资料的市场现象的预测。但它主要凭借人的经验以及分析能力，易受主观因素的影响，如人的知识、经验和能力的束缚和限制，难以对事物发展做数量上的精确描述。定性预测法有专家会议法、德尔菲法、销售人员意见法、管理人员预测法和群众评议法等。

（二）定量预测法

定量预测法是指通过分析事物各项因素和属性的数量关系进行预测的方法。它的主要特点是：根据历史数据找出其内在规律，运用连贯性原则和类推性原则，通过数学模型对事物的未来状况进行数量预测。定量预测的方法有很多，应用比较广泛的有时间序列预测法、回归分析法等。

Mission 任务 3　物流市场细分与目标市场选择

任务导读

> 根据营销环境分析报告和市场需求调查报告来看，该企业要想实现品牌和市场份额的突破，必须明确自己的目标市场。虽然该企业已形成了一个覆盖全国并开始向美国、澳大利亚、泰国、中国香港等地延伸的国际化物流运作网络和信息网络，并且与国内外近百家著名企业结成战略联盟（包括宝洁、飞利浦、LG、联合利华等企业），为其提供商品以及原辅材料和零部件的采购、储存、分销、加工、包装、配送、信息处理、信息服务、系统规划设计等供应链一体化的综合物流服务。但这种"大而全"的营运方式，可能是导致目前经营业绩不佳的主要原因，营销经理认为该企业应该对物流市场进行细分，明确目标市场，根据企业的各个营运部门和各个分公司的特长，选择合适的目标市场。
> 1. 物流企业如何进行物流市场细分？
> 2. 物流企业如何选择目标市场？

一、物流市场细分的概念

（一）市场细分的概念

市场细分是指企业把消费者的需求、爱好、购买动机、购买行为和购买能力等差异作为标准，将收的顾客划分成若干个顾客群，每一个顾客群构成一个子市场或细分市场。每一个细分市场都是由具有类似需求倾向的消费者构成的群体。

市场细分不是对产品进行分类,而是对消费者的需求和欲望进行分类。这个概念是1956年由美国市场营销学家温德尔·史密斯首先提出的。这一观念的提出及应用的客观基础在于市场需求的差异性和企业生产经营能力的局限性。一方面,企业的市场营销活动必须以消费者为中心,从消费者的需求出发,而市场中消费者的需求又是千差万别的;另一方面,企业拥有的生产经营资源总是有限的,而市场上也找不出标准的顾客群。因此,企业的经营者在制定营销决策时,必须首先确定那些最有吸引力,并有能力为之提供最有效服务的市场作为企业的目标市场,以提高企业市场营销活动的效率。

(二)物流市场细分的概念

物流市场细分又称子市场或细分市场,是指物流企业根据客户需求的不同,将物流市场上的客户划分成若干个客户群,细分为一个个的小市场。针对这些不同的细分市场,采取相应的市场营销组合策略,使物流企业的服务更符合各个不同特点客户的需要,从而在各个细分的市场上扩大市场占有率,提高服务的竞争能力。随着经济的发展,物流市场也不断地趋向丰富化和多元化,在其不断壮大的同时,物流市场需求的差距始终存在并呈现出越来越多样化的态势。为了满足物流市场的需求,提高物流企业的效率,细分物流市场是非常必要的。物流企业应按照一定的分类标准将整个物流服务市场划分成若干个细分市场以后,再根据自身的条件与外部环境、细分市场的规模和竞争情况以及细分市场客户的服务需求、偏好与特点等各种要素确定出企业主攻的细分市场,并努力去开拓和占领这一细分市场。

(三)物流市场细分的作用

对于物流企业来说,进行物流市场细分可以产生几方面的积极作用:

1. 有利于分析、发掘新的市场机会

经过细分的市场要比大众的市场简单得多,相对来说,也便于企业及时了解和认识当前市场的竞争形势。企业往往可以根据对细分市场需求的满足程度的分析,发现那些需求未得到满足或满足不够的客户,不断地寻求到新的市场营销机会,扩大市场占有率。

2. 有利于企业更加准确地了解客户的需求

物流企业通过对市场进行细分,不仅能够了解整个市场的状况,而且还能了解不同细分市场的不同需求及客户的满意度、客户的现实需求及潜在的需求,能够使企业从客户的角度出发,为其提供所需要的服务,以满足客户需求。

3. 可以针对目标市场,集中企业资源取得竞争优势

一个企业的资源总是有限的,物流企业只有通过市场细分,对客户的需求有比较深的了解,发现目标客户的需求特征,集中有限的资源,采取有针对性的营销策略,才可能在市场竞争中取得竞争优势,并在目标市场上获得更大的市场份额。

4. 有利于企业制定市场营销战略时更有目的性

如果企业向大众市场提供一种物流服务产品,就比较容易制定销售战略。尽管这种无差异的服务与销售给企业的计划带来了方便,但是信息反馈却比较迟钝,对市场情况发生变化所做出的反应也很不灵活。而市场经过细分以后,企业与客户之间的距离被拉近了,

企业完全可以针对不同的层面需要，制订不同的服务营销方案，提供不同的服务产品，及时对客户的反应作出评价，一旦市场需求有新的变化，企业马上就可以对营销的有关战略进行调整，采取有效措施。

可以这么说，在细分后的市场上，客户的需求差异相对较小，物流企业的营销活动更能取得满意的效果。

二、物流市场细分的方法与依据

（一）物流市场细分的原则

如果物流企业不研究市场的差异性，就无从确定一个市场有别于其他市场的特点，就会对庞大而复杂的市场感到茫然，不知从何处着手。物流市场细分能使相关物流企业判断自己的客户，选择目标客户，从而可以集中人力、物力和财力开发对自己有利的市场。但是，并不是所有的细分市场都能产生效果，细分市场也并非简单易行的。要对市场进行有效的细分，也有一些原则。

1. 细分物流市场的标准必须是可以衡量的

对物流市场进行细分，标准必须可以衡量，并且要进行现场调查以获得必须的衡量数据。就算是确实存在着差别，但如果用以区别市场的标准很模糊，那么营销部门则不能区分市场。

2. 市场细分应有其实际基础

市场细分的基础表现为在整体市场中确实存在着购买的差别，细分后的各个市场由各自明确的客户构成，这些客户具有共同的特征，表现出类似的行为。

3. 细分出的物流市场应具有一定的规模。

由于对细分市场的开发需要支付大量的资金，因此细分出的市场规模必须足以实现企业的利润目标，而且要有发展的潜力。如果不能实现利润就不值得去占领该细分市场，对市场进行的细分工作也就没有意义了。

4. 细分出的市场必须是企业有能力占领的

企业的资源和市场营销因素组合必须与细分后的市场相适应。如果对市场细分后，企业却无法提供相应的服务，那么营销部门对该市场所做的细分就没有实际意义。

（二）物流市场细分的方法

1. 个别变量因素法

个别变量因素法是指根据客户需求的某一重要因素进行物流市场细分的方法。例如在运输服务需求中可按区域或运输服务的具体需求内容进行市场细分。

2. 变量因素组合法

变量因素组合法是指根据多种影响物流需求的因素进行物流市场细分的方法。例如可以根据企业规模的大小及用户的地理位置等因素的不同来进行市场细分。

3. 系列因素变量法

系列因素变量法是指根据企业经营的特点并按照影响物流需求的各个因素，由粗到细地进行市场细分。该种方法能使目标市场更加细化，有利于物流企业更好地制定相应的营销策略。例如，运输企业可先根据地区和行业进行市场细分，然后按客户的规模进行市场细分，最后按客户的不同产品性质进行市场细分。

（三）物流市场细分的依据

企业用于市场细分的标准，是导致顾客需求出现异质性、多元化的因素。对于物流企业而言，其市场细分的基础也是客观存在的需求的差异性，而且物流市场同其他各类市场一样，差异性很多，究竟按哪些标准进行细分，没有一个绝对正确的方法或固定不变的模式特点。根据物流市场的特点，我们可以从以下几个方面对其进行细分。

1. 按地理区域进行细分

以地理区域为标准细分物流市场，就是根据客户所需物流服务的地理区域的不同来细分市场。由于不同区域的经济规模、地理环境、自然气候、风俗习惯、经济发展水平和需求程度等差异因素的存在，同一地区的客户对物流需求常常会具有一定的相似性，而不同区域的客户对物流企业的要求会各有特点，而且不同区域的客户对物质资料的需求也不尽相同，这就使得物流企业必须根据不同区域的物流需求确定不同的营销手段，以取得最佳的经济效益。因此按地理区域的不同，一般可以细分为：

（1）区域物流。是指在一定时空内，在具有某种相似需求特点的一定区域内进行的物流活动。其中区域大小再根据物流企业的具体规模来划分。

（2）跨区域物流。是指在不同的区域内进行的物流活动。这里的区域不特定指企业，其划分范围根据企业自身来制定。

（3）国际物流。是指国与国之间的物流活动。

2. 按客户行业进行细分

以客户行业为标准细分物流市场，就是按照客户所在的不同行业来细分市场。由于客户所在行业不同，其产品构成也存在很大差异，客户对物流需求也各不相同，但同一行业市场内的客户对物流需求具有一定的相似性。其差异性主要体现在各个行业要根据各自的特点去组织各自的物流活动，其相似性主要体现在每个行业实现物流功能的具体操作活动上。因此按物流服务的对象所属的行业进行细分，可将物流市场分为：服装、家电、医药、书籍、日用品、汽车、电子产品等行业。

3. 按客户规模进行细分

以客户规模为标准细分物流市场，就是按照客户对物流需求规模的大小来细分市场。由于物流需求客户的规模大小不同，需要提供的服务也存在着很大差异，一般可将客户分为如下三类客户群：

（1）大客户。是对物流业务需求最多的客户，这是物流企业的主要服务对象。

（2）中等客户。是对物流业务需求中等的客户，这是物流企业的次要服务对象。

（3）小客户。是对物流业务需求较小的客户，这是物流企业最一般的服务对象。

4. 按物品属性进行细分

按物品属性为标准细分物流市场，就是根据客户所需物流活动中物品的属性或特征来细分市场。由于物品属性的差异，物流企业在实施物流活动中，物流作业的差别会很大，物品属性的差别对物流功能的要求会体现在整个物流活动中，而且物流质量和经济效益也同物品属性有密切联系。按物品属性来细分物流市场主要可分为以下三种：

（1）生产资料市场。即用于生产的物质资料市场，它具有数量大，要求多且高的特点。

（2）生活资料市场。即用于生活消费的物质资料的市场，它对及时性的要求非常高，地点比较分散。

（3）其他资料市场。即上述两个细分市场之外的所有物质资料所在的市场。

5. 按服务方式进行细分

按服务方式进行细分，就是根据客户对所需物流服务功能的实施和管理的要求不同而细分市场。由于客户产生物流需求时对物流功能服务的要求会存在着很大的不同，而物流功能需求的多少与物流成本及效益等会有密切关系，因此，物流企业要以最佳的服务来维护物流市场的客户，就必须以不同的服务方式，服务于不同细分市场的客户，以取得最好的效益。

按各方式细分物流市场可以有如下几种类型：

（1）单一方式物流服务，即需求方只需要某一种方式的物流服务。（如只需运输服务或仓储服务）

（2）综合方式服务，即需求方需要两种以上或多种功能组合成的物流服务。

6. 按客户利益细分

客户能够购买公司的某项物流服务是因为他们能够从中获利。所以我们可以根据客户在购买过程中对不同利益的追求进行物流市场细分。

7. 按促销反应细分

按促销反应细分是根据物流服务对象对促销活动的反应进行物流市场细分的方法。例如对于广告、销售推广等促销活动，不同的客户反应是完全不相同的。

8. 按服务要素细分

按服务要素细分是根据物流服务对象对企业服务的反应进行细分。虽然从某种意义来说它可以归入客户利益细分，但是仍有单独论述的必要。利用服务要素进行细分时通常要考虑如下三个问题：

（1）是否存在拥有同种物流服务要求的物流服务对象群体？

（2）企业能否使自己的物流服务产品差异化？

（3）是否所有的产品都需要同一水平的服务？

通过测定物流服务对象对不同客户服务重要性的看法，物流企业会更加有的放矢地为不同的细分市场提供最佳的服务，满足客户的愿望及要求。

三、物流市场细分的评估

市场细分的最终目的是为了选择和确定目标市场。企业的一切物流服务营销活动，都是围绕目标市场进行的。确定目标市场、实施目标市场策略是目标市场选择的重要内容。

任何企业拓展市场，都应在细分市场的基础上，发现可能的目标市场并对其进行选择。首先，对企业来说，并非所有的细分市场和可能的目标市场都是企业所愿意进入和能进入的。其次，作为一个企业，无论规模多大、实力多强，都无法满足所有买主的所有需求。由于资源的限制，企业不可能有足够的人力、财力、物力、信息来满足整体市场的需求。因此，为保证企业的营销效率，避免资源的浪费，必须把企业的营销活动局限在一定的市场范围内。否则，势必会分散企业的力量，达不到预期的营销目标。鉴于上述原因，企业必须在细分市场的基础上,根据自身的资源优势,权衡利弊,选择合适的目标市场。而选择目标市场之前,必须对细分市场进行评估,以便从中选出最适合企业资源条件和经营范围的目标市场。一般来说,可以从下列四个方面来评估细分市场。

(一)细分市场的规模及潜力

细分市场的规模是指细分市场上在某一时期内现实消费者购买某种产品的数量总额。细分市场潜力是指细分市场上在某一时期内,全部潜在消费者对某种产品的需求总量。这是从目前和未来的角度考察细分市场。企业不仅要调查细分市场的现实消费者的数量及购买力水平,还要调查细分市场潜在消费者的数量及购买力水平。如果某一细分市场的潜力太小,则意味着该市场狭小,没有足够的发掘潜力,企业进入后发展前景将会暗淡。这里要注意的问题是,无论是细分市场目前的规模还是潜在的规模,都必须适度,对企业发展有利的潜在规模才是最适合的细分市场,大企业往往重视销售量大的细分市场,而小企业往往集中经营小的细分市场。

(二)细分市场的吸引力

从长期盈利的观点来看,有适度规模和成长潜力的细分市场未必具有长期吸引力。美国市场营销学家迈克尔·波物认为,细分市场内竞争激烈,潜在的新竞争者的加入、替代产品的出现、购买者议价能力的提高、供应商议价能力的加强,都有可能对细分市场造成威胁,从而失去吸引力。

对于某一细分市场,进入的企业可能会很多,从而导致竞争的加剧。这种竞争可能来自市场中已有的同类企业,也可能来自即将进入市场的其他企业,企业在市场中可能占据的竞争地位是评价各个细分市场的主要方面之一。竞争对手实力越雄厚,企业进入的成本和风险就越大,而与之相比那些竞争者数量较少、竞争者实力较弱或市场地位不稳固的细分市场则更有吸引力。可能加入的新竞争者,是企业的潜在对手,他们会增加生产能力并争夺市场份额。问题的关键是新的竞争者能否轻易地进入这个细分市场,根据行业利润的观点,最有吸引力的细分市场是进入的壁垒高、退出的壁垒低的市场。

此外,是否存在具有竞争力的替代品,也是评价细分市场的因素之一。替代品的存在会限制细分市场内价格和利润的增长,所以,已存在替代品或即将出现替代品的细分市场的吸引力会降低。当然,最终企业自身的竞争实力也决定了其对细分市场的选择,竞争实力强,对细分市场选择的自由度就大一些;反之,受到的制约程度就要高一些。

(三)企业的营销战略目标和资源

企业必须结合其营销战略目标和原来综合评估的细分市场,即使细分市场符合企业长远的营销战略目标,企业也必须考虑是否具备选择该细分市场所必需的资源条件。企业进行市场细分的根本目的就是要发现与自身的资源优势能达到最佳结合的市场需求。企业的资源优势表现在其资金实力、技术开发能力、生产规模、经营管理能力和交通地理位置等方面。如果企业缺乏必要的资源并无法获得,那么就要放弃这一整个细分市场。

（四）细分市场的投资回报水平

企业往往关注细分市场的盈利水平，高投资回报率是企业所追求的，因此，必须对细分市场的投资回报能力做出正确的估测和评价，从中选择最适合企业进入的细分市场。

四、物流企业目标市场选择策略

目标市场的选择策略，即关于企业为哪个或哪几个细分市场服务的决定，通常有五种模式可供参考。目标市场选择的五种模式如图 2-2 所示。

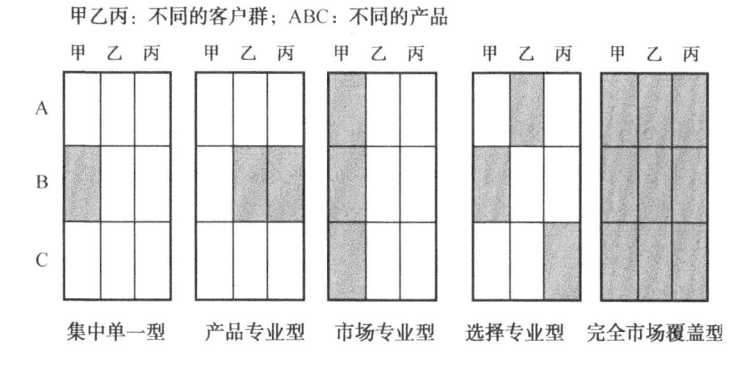

图 2-2　物流企业目标市场选择的五种模式

（一）集中单一型

企业选择一个细分市场，并集中力量为之服务。较小的企业一般选择专门填补市场的某一部分。集中营销使企业能够深刻了解该细分市场的需求特点，采用针对的产品、价格、渠道和促销策略，从而获得强有力的市场地位和良好的声誉。

集中单一模式的主要特点是：
（1）只有一种产品，只为一个顾客群服务。
（2）目标市场范围窄，经营风险大。
（3）适合较小企业或初次入市的企业选择这种模式。

（二）产品专业型

企业集中生产一种产品，并向所有顾客销售这种产品。例如，服装厂商向青年、中年和老年消费者销售高档服装，企业为不同的顾客提供不同种类的高档服装产品和服务，而不生产消费者需要的其他档次的服装。这样，企业在高档服装产品方面就树立了很高的声誉，但一旦出现其他品牌的替代品或消费者流行偏好的转移，企业就将面临巨大的威胁。

产品专业型模式的特点是：
（1）面向各类顾客提供一种产品。
（2）有利于摆脱对个别细分市场的依赖。
（3）产品生产单一，有利于在某些细分市场形成优势，并取得规模效益。

（三）市场专业型

企业专门服务于某一特定顾客群，尽力满足他们的各种需求。例如，企业专门为老年消费者提供各种档次的服装。企业专门为这个顾客群服务，并能建立良好的声誉。但一旦这个顾客群的需求潜力和特点发生突然变化，企业就要承担较大的风险。

市场专业型模式的主要特点是：
（1）向同一顾客群提供多种产品。
（2）面对的市场较小。
（3）有利于利用和发展与顾客之间已形成的关系，降低交易成本。

（四）选择专业型

企业选择几个细分市场，其中每一个对企业的目标和资源利用都有一定的吸引力。但各细分市场彼此之间很少或根本没有任何联系。这种策略能分散企业经营风险，即使其中某个细分市场失去了吸引力，企业还能在其他细分市场盈利。

选择专业型模式的主要特点是：
（1）选择不同的细分市场，提供不同的产品。
（2）如果有相当的吸引力，均能实现一定的利润。
（3）有利于企业分散经营风险。

（五）完全市场覆盖型

企业力图用各种产品满足各种顾客群体的需求，即把所有的细分市场作为目标市场，例如，上例中的服装厂商为不同年龄层次的顾客提供各种档次的服装。一般只有实力强大的大企业才能采用这种策略。例如，IBM 公司在计算机市场、可口可乐公司在饮料市场开发众多的产品，满足各种消费需求。

完全市场覆盖模式的主要特点是：
（1）为所有的顾客提供不同的产品。
（2）实力雄厚的大企业为追求领导地位常常会选择这样的策略。

五、目标市场营销策略

在目标市场选择好之后，企业必须决定如何为已确定的目标市场设计营销组合，即采取怎样的方式，使自己的营销力量到达并影响目标市场。有三种不同的目标市场营销策略可供企业选择：无差异营销策略、差异化市场营销策略和集中营销策略。

（一）无差异营销策略

无差异营销策略是指企业将产品的整个市场视为一个目标市场，用单一的营销策略开拓市场，即用一种产品和一套营销方案吸引尽可能多的购买者。无差异营销策略只考虑消费者或用户在需求上的共同点，而不关心他们在需求上的差异性。

例如，可口可乐公司在 20 世纪 60 年代以前一直以单一口味的品种、统一的价格和瓶装、同一广告主题将产品面向所有顾客，就是采取的这种策略。无差异营销的理论基础是成本的经济性。生产单一产品，可以减少生产与储运的成本；无差异的广告宣传和其他促销活动可以节省促销费用；不搞市场细分，可以减少企业在市场调研、产品开发、制订各种营销组合方案等方面的营销投入。这种策略对于需求广泛、市场同质性高且能大量生产、大量销售的产品比较合适。

对于大多数产品，无差异市场营销策略并不一定合适。首先，消费者的需求客观上来说千差万别并不断变化，并且一种产品长期为所有消费者和用户所接受非常罕见。其次，当众多企业如法炮制这一策略时，会造成市场竞争异常激烈，同时在一些小的细分市场上消费者的需求得不到满足，这对企业和消费者来说都是不利的。再次，易于受到竞争企业的攻击。当其他企业针对不同细分市场提供更有特色的产品和服务时，采用无差异策略的企业可能会发现自己的市场正在遭到蚕食但又无法有效地予以反击。正是由于这些原因，世界上一些曾经长期实行无差异营销策略的大企业最后也被迫改弦更张，转而实行差异性营销策略。例如，被视为实行无差异营销典范的可口可乐公司，面对百事可乐、七喜等企业的强劲攻势，也不得不改变原来的策略，一方面向非可乐饮料市场进军，另一方面针对顾客的不同需要推出多种类型的新可乐。

（二）差异化市场营销策略

差异化市场营销策略是将整体市场划分为若干细分市场，针对每一个细分市场制订一套独立的营销方案。

比如，服装生产企业针对不同性别、不同收入水平的消费者推出不同品牌、不同价格的产品，并采用不同的广告主题来宣传这些产品，就是采用的差异性营销策略。

差异化市场营销策略的优点是：小批量、多品种，生产机动灵活、针对性强，使消费者的需求更好地得到满足，由此促进产品的销售。另外，由于企业是在多个细分市场上经营，一定程度上可以减少经营风险；一旦企业在几个细分市场上获得成功，就有助于提高企业的形象及市场占有率。

差异化市场营销策略的不足之处主要体现在两个方面：一是增加营销成本。由于产品品种多，管理和存货成本将增加；由于公司必须针对不同的细分市场发展独立的营销计划，因此会增加企业在市场调研、促销和渠道管理等方面的营销成本。二是可能使企业的资源配置不能有效地集中，从而顾此失彼，甚至在企业内部出现彼此争夺资源的现象，使拳头产品难以形成优势。

（三）集中营销策略

实行差异化营销策略和无差异营销策略，企业均是以整体市场作为营销目标，试图满足所有消费者在某一方面的需要。集中性营销策略是指在市场细分的基础上，企业以两个乃至全部细分市场为目标市场，分别为之设计不同的物流服务，采取不同的营销组合，满足不同消费者需求的目标市场策略，实行专业化生产和销售。实行这一策略，企业不是追求在一个大市场角逐，而是力求在一个或几个子市场占有较大份额。

例如，生产空调器的企业不是生产各种型号和款式、面向不同顾客和用户的空调机，而是专门生产安装在汽车内的空调机，又如汽车轮胎制造企业只生产用于换胎业务的轮胎，均是采用这一策略。集中性营销策略的指导思想是：与其四处出击收效甚微，不如突破一点取得成功。这一策略特别适合于资源力量有限的中小企业。中小企业由于受财力、技术等方面因素制约,在整体市场可能无力与大企业抗衡,但如果集中资源优势在大企业尚未顾及或尚未建立绝对优势之前生产出某一种适合市场消费者需求的产品占领市场销售份额,就能求得生存与发展。

(四)定制营销策略

差异化市场营销策略和集中营销策略可以根据不同目标市场的需求,来调整自身的物流服务营销策略,但它们并没有根据每一位客户的需求来调整自身的物流服务。定制营销策略是指根据特定客户的需求调整物流服务的营销策略,因此也被称为一对一的营销策略或个性化营销策略。

若将市场细分进行到最大限度,那么一位客户就是一个与众不同的细分市场。由于现代信息技术和物流服务的迅猛发展,使得为客户提供量体裁衣式的物流服务成为可能。定制营销策略在大规模提供物流服务的基础上,将每一位客户都视为一个单独的子市场,通过与客户进行个体的沟通,明确并把握特定客户的需求,并为其提供个性化的物流服务。

定制营销策略的优点是能极大地满足客户的个性化需求,提高企业的竞争力;定制营销策略的不足之处是容易导致营销工作的复杂化,增加经营成本。

六、影响物流目标市场策略选择的因素

物流目标市场营销策略各有特点,企业在选择目标市场策略时,应考虑五方面的因素:

1. 企业实力

如果物流企业实力雄厚、营销管理水平较高,可根据物流服务的不同特性选择实行差异化营销策略或无差异营销策略。如果物流企业资源薄弱、能力有限,则适合运用集中性营销策略。

2. 物流服务的同质性

物流服务的同质性是指物流服务在性能、特点等方面的相似程度。同质的物流服务适宜采用无差异营销策略,而差异性较大的物流服务适宜使用差异性营销策略或集中性营销策略。对物流市场来说,针对客户的物流需求,物流企业可以根据客户对物流功能的取舍调整物流服务,采用差异性营销策略或集中性营销策略,这样能更好地满足客户需求。

3. 物流服务生命周期

物流服务也有生命周期。物流企业应根据所处的生命周期阶段的不同特点,采用不同的目标市场营销策略。一般而言,物流服务处于导入期宜采用无差异营销策略,以便了解客户情况和探测市场需求;进入成长期或成熟期后,市场竞争加剧,则宜实行差异性营销策略,不断扩大市场;在衰退期,应集中资源为少数有利可图的目标市场服务,宜使用集中性营销策略。

4. 市场的类同性

如果客户的物流需求大体相似,对所实施的营销组合的反应基本相同,则应采用无差异营销策略。相反,如果客户的需求偏好、购买行为等有较大差异,那么应使用差异性营销策略或集中性营销策略。

5. 竞争者的策略

物流服务的目标市场营销策略应当与竞争对手不同。如果竞争者使用无差异营销策略,

本企业则宜采用差异化营销策略。若竞争者采用差异化营销策略，本企业选用无差异营销策略则难以获胜。因此企业应通过更有效的市场细分，采用差异性营销策略或集中性营销策略。

Mission 任务 4　物流服务市场定位

任务导读

营销部门对物流市场进行了细分，并根据企业自身经营优势明确了目标市场，另外还需要准确找到客户消费的诉求点，进行准确的市场定位，以便与客户建立情感连接，推广自身的品牌。根据该企业的国际化物流运作网络和信息网络的业务优势，以及与各战略伙伴的良好合作经验，营销经理认为该企业的市场定位应该是：作为一体化物流解决方案（第三方物流提供商）和功能（环节）性物流服务的提供商，为客户提供定制的物流服务，逐步向企业的供应链业务推进。该定位是否准确尚需与公司总经理、各部门经理商榷。

1. 如何理解市场定位？
2. 市场定位的方式有哪些？

一、物流服务市场定位的含义

所谓市场定位，是指企业根据目标市场上同类产品的竞争状况，针对客户对该类产品某些特征或属性的重视程度，为本企业产品或服务塑造强有力的、与众不同的鲜明个性，并将其形象生动地传递给客户，以得到客户认同的方式。

物流市场定位是指物流企业根据市场的竞争状况和自身的资源条件，建立和发展差异化优势，以使自己的服务在客户心目中形成不仅有别于而且优于竞争者服务的独特形象。市场定位为物流服务差异化提供了机会，任何一家物流企业及其服务产品在客户心目中都会占据一定的位置，形成特定的形象从而影响其购买决策。市场定位可以是不经计划而自发地随时间的推移而形成，也可以经过规划纳入营销战略体系，针对目标市场而进行。后者的目的在于在客户心目中创造有别于竞争者的差异化优势，如中邮物流公司的市场定位是：结合国民经济和社会发展需要，以多批次、高时效、高附加值、小批量、小体积和小重量的物品为主，重点为IT、医药、出版、汽车配件、高档消费品、烟草和电子商务等行业的国内外大中型制造企业、品牌流通企业和电子商务企业提供定制化的高层次的精益物流服务。

二、物流企业市场定位的方式

市场定位作为一种竞争战略，显示了一种产品或一家物流企业同类似的产品或物流企业之间的竞争关系。物流市场定位方式不同，竞争态势也不同。物流市场定位方式主要有三种：

（一）避强定位方式

避强定位方式是一种避开强有力的竞争对手的市场定位方式。其优点是：能够迅速在市场上站稳脚跟，并能在客户心目中迅速树立起一种形象，风险小，成功率比较高，常常为多数物流企业所采用。它的缺点是：企业必须放弃某个最佳的市场位置，这样就很可能使企业处于较差的市场位置之中。

（二）迎头定位方式

迎头定位方式是一种与市场上占据支配地位的竞争者"对着干"的定位方式，这是一种危险的战术。也就是说企业根据自身的实力，为占据较好的市场位置，与市场上实力很强的竞争对手发生正面竞争，从而使自己的产品进入与对手相同的市场位置的方式。迎头定位方式的优点是：能够在竞争过程中引起别人的注意，企业及其产品可以较快地被客户了解，从而达到树立市场形象的目的；其缺点是：具有较大的风险性。因此，实行迎头定位方式，企业必须知己知彼，尤其要清醒估计自身的实力。

（三）重新定位方式

重新定位方式是企业为市场上销售的产品重新确定某种形象，以改变客户原有的认识，从而争取有利的市场地位的方式。它通常是指对销路少、市场反应差的物流服务产品进行二次定位。很明显，这种定位的目的在于摆脱困境，重新获得效益增长与市场活力。这种困境可能是企业决策失误引起的，也可能是对手的有力反击或出现新的强有力的竞争对手造成的。不过重新定位有时也并非是因为企业陷入困境，而是由于扩大了销售范围引起的。

物流企业还需要从客户类型上进行相应的定位。从世界范围来看，没有一家第三方物流公司能够在多个地区成为多种行业的物流提供商。从国外情况来看，各物流企业都有各自擅长的领域，如TNT物流业务主要集中在电子、快速消费品、汽车物流三大领域；三井物流则以钢铁物流而闻名；Ryder是著名的汽车物流服务商。像化工物流、家具物流、医药物流等因行业特征明显在国外也都是由专业物流公司来运作的。

三、物流服务市场定位的步骤

物流服务市场定位的基本程序和其他产品市场定位相似，主要有以下四个步骤。

（一）以产品的特征为变量勾画出目标市场的结构图

物流服务产品的特征有：价格（高与低）、质量（优与劣）、能力（大与小）、功能（多与少）等。运用这些变量，两两不同的变量指标组合便可以画出多个平面图。假定有四个竞争者（A、B、C、D），按照价格与质量进行组合，就可形成一个结构图。

（二）明确潜在的竞争优势，并选择相对的竞争优势

在上述的结构分析基础之上，物流企业要明确潜在的竞争优势。为此要弄清楚以下三个方面的问题：

（1）目标市场上竞争对手的产品定位如何？其中包括对竞争者的成本和经营情况的分析。

（2）目标市场上足够数量的顾客确实需要什么，他们的欲望满足程度如何？必须认定目标顾客认为能够满足其需要的最重要的特征是什么。

（3）本企业能为此做些什么？

相对的竞争优势，是一个企业能够胜过竞争对手的能力。这种能力既可以是现有的，也可以是潜在的。准确地选择相对竞争优势是一个企业各方面实力与竞争对手实力相比较的过程，通常从经营管理、技术开发、设施、服务功能、人力资源以及财务指标等方面进行衡量比较。

（三）显示独特的竞争优势

选定的竞争优势不自动地会在市场上显示出来，物流企业要进行一系列的宣传、促销活动，将其独特的竞争优势准确地传播给潜在客户，并在客户心目中留下深刻的印象。

1. 建立与市场定位相一致的形象

（1）让目标顾客知道、了解和熟悉本企业的市场定位。

（2）使目标顾客对本企业的市场定位产生认同、喜欢和偏爱。

2. 巩固与市场定位相一致的形象

（1）强化目标顾客的印象。

（2）保持目标顾客的了解。

（3）稳定目标顾客的态度。

（4）加深目标顾客的感情。

3. 矫正与市场定位不一致的形象

许多时候，目标顾客对企业及其市场定位的理解会出现偏差，如果定位过低或过高，定位模糊与混乱，就容易造成误会。物流企业在显示其独特的竞争优势的过程中，必须及时纠正与市场定位不一致的形象。

（四）进行市场定位

最终的市场定位是在前边的分析、比较后进行的工作，要经过初步定位和正式定位两个过程。初步定位是经过详细论证后，由最高领导层决定。而正式定位是经过调研、试销、校正偏差之后的最终工作。需要强调的是，随着目标市场供求状况的不断变化，企业在目标市场上的定位将不断得到修正。

知识点延伸

市场调查预测的德尔菲法

德尔菲法是采用背对背的通信方式征询专家小组成员的预测意见，经过几轮征询，使专家小组的预测意见趋于集中，最后做出符合市场未来发展趋势的预测结论。德尔菲法又名专家意见法，是依据系统的程序，采用匿名发表意见的方式，即团队成员之间不得互相讨论，不产生横向联系，只能与调查人员产生关系，以反复地填写问卷，来集结问卷填写人的共识及搜集各方意见，可用来构造团队沟通流程，应对复杂任务难题的管理技术。

德尔菲法是为了克服专家会议法的缺点而产生的一种专家预测方法。在预测过程中，专家彼此互不相识、互不往来，这就克服了在专家会议法中经常发生的专家们不能充分发表意见、权威人物的意见左右其他人的意见等弊病，各位专家能真正充分地发表自己的预测意见。

德尔菲法的特征是：吸收专家参与预测，充分利用专家的经验和学识；采用匿名或背靠背的方式，能使每一位专家独立自由地作出自己的判断；预测过程经过几轮反馈，使专家的意见逐渐趋同。由于吸收不同的专家参与预测，充分利用了专家的经验和学识，最终结论的可靠性得到大大的提升；由于采用匿名或背靠背的方式，不会受到其他繁杂因素的影响，能使每一位专家独立地做出自己的判断；最终结论的统一性——预测过程必须经过几轮的反馈，使专家的意见逐渐趋同。

正是由于德尔菲法具有以上这些特点，使它在诸多判断预测或决策手段中脱颖而出。这种方法的优点主要是：简便易行，具有一定科学性和实用性，可以避免会议讨论时所产生的害怕权威而随声附和，或固执己见，或因顾虑情面不愿与他人意见冲突等弊病；同时也可以使大家发表的意见较快收到，参加者也易接收结论，使所综合的意见具有一定程度的客观性。另外，它也可以避免群体决策的一些可能缺点，声音最大或地位最高的人没有机会控制群体意志，因为每个人的观点都会被收集，另外，管理者可以保证在征集意见以后作出决策时，没有忽视重要观点。

德尔菲法的具体实施步骤如下：

（1）组成专家小组。按照课题所需要的知识范围，确定专家。专家人数的多少，可根据预测课题的大小和涉及面的宽窄而定，一般不超过20人。

（2）向所有专家提出所要预测的问题及有关要求，并附上有关这个问题的所有背景材料，同时请专家提出还需要什么材料。然后，由专家做出书面答复。

（3）各个专家根据他们所收到的材料，提出自己的预测意见，并说明自己是怎样利用这些材料并提出预测值的。

（4）将各位专家第一次的判断意见汇总，列成图表，进行对比，再分发给各位专家，让专家比较自己同他人的不同意见，修改自己的意见和判断。也可以把各位专家的意见加以整理，或请身份更高的其他专家加以评论，然后把这些意见再分发给各位专家，以便他们参考后修改自己的意见。

（5）将所有专家的修改意见收集起来，汇总，再次分发给各位专家，以便做第二次修改。逐轮收集意见并为专家反馈信息是德尔菲法的主要环节。收集意见和信息反馈一般要经过三四轮。在向专家进行反馈的时候，只给出各种意见，但并不说明发表各种意见的专家的姓名。这一过程反复进行，直到每一个专家不再改变自己的意见为止。

（6）对专家的意见进行综合处理。德尔菲法同常见的召集专家开会、通过集体讨论、得出一致预测意见的专家会议法既有联系又有区别。德尔菲法能发挥专家会议法的优点：①能充分发挥各位专家的作用，集思广益，准确性高。②能把各位专家意见的分歧点表达出来，取各家之长，避各家之短。

同时，德尔菲法又能避免专家会议法的缺点：①权威人士的意见影响他人的意见；②有些专家碍于情面，不愿意发表与其他人不同的意见；③出于自尊心而不愿意修改自己原来不全面的意见。

德尔菲法的主要缺点是：过程比较复杂，花费时间较长。

项目思考题

一、不定项选择题

1. （　　）是指影响物流企业营销活动的外部政治制度和政党制度、基本方针路线和国家法律法规。
   A．政治法律环境　　　　　　　　B．经济技术环境
   C．社会文化环境　　　　　　　　D．自然环境

2. （　　）是指一个国家、地区的民族特征、价值观念、生活方式、风俗习惯、宗教信仰和教育水平等对物流企业营销活动产生影响的因素。
   A．政治法律环境　　　　　　　　B．经济技术环境
   C．社会文化环境　　　　　　　　D．自然环境

3. 物流市场营销（　　）包括物流企业、供应者、营销中介、顾客、竞争者和社会公众等方面。
   A．微观环境　　B．宏观环境　　C．环境　　D．以上答案都不对

4. （　　）是指派出专门的调查人员直接向被调查对象当面询问以获得所需资料的一种最常见的调查方式。
   A．面谈调查法　　B．电话调查法　　C．信函调查法　　D．观察法

5. SWOT分析主要分析企业的（　　）。
   A．优势和劣势　　　　　　　　　B．机会和威胁
   C．管理理念　　　　　　　　　　D．以上都不对

6. 物流企业的市场微观环境包括（　　）。
   A．物流企业内部环境　　　　　　B．供应商
   C．营销中介　　　　　　　　　　D．客户
   E．竞争者和社会公众

7. 物流市场定位方式主要有（　　）。
   A．避强定位方式　　　　　　　　B．迎头定位方式
   C．重新定位方式　　　　　　　　D．差异竞争方式

8. 企业在选择目标市场策略时，应考虑以下（　　）的因素。
   A．企业实力　　B．物流服务的同质性　　C．物流服务的生命周期
   D．市场的类同性　　E．竞争者的策略

二、判断题

1. 所谓SWOT分析法，就是将企业面临的外部机会、威胁以及自身的优劣等方面因素互相结合而进行的综合分析和概括。　　　　　　　　　　　　　　　　　　（　　）

2. 询问法是由调查人员有目的、有针对性地对所调查的客户或者事件发生的场所进行

观察，从而搜集所需要的资料的方法。（   ）

3．物流企业市场营销环境包括宏观环境和微观环境。（   ）

4．对社会宏观环境的分析，一种颇为简明扼要的方法就是SWOT分析。（   ）

5．如果客户的物流需求大体相似，对所实施的营销组合的反应基本相同，则应采用差异化营销策略。（   ）

6．竞争者是物流企业环境分析中最重要的分析因素。（   ）

三、思考题

1．市场细分、目标市场和市场定位的含义是什么？

2．物流服务市场调查的步骤和方法是什么？

3．如何进行物流市场的细分和评估？

4．影响物流目标市场策略选择的因素有哪些？

5．简述物流服务市场定位的方式与步骤。

6．什么是物流企业的营销环境？它可以从哪些方面加以分析？

实训实践体验

体验一：物流企业环境分析

体验目标： 选择身边的物流企业为对象，联系课上所学的理论，采用实地考察的方法，对物流企业所处的环境做宏观和微观的分析。培养学生观察和分析资料的能力，使学生能利用调研分析后的资料，为企业发展提供具体的战略目标。

情景设计： 采用实地调研的方式，具体采用面对面的访谈了解、问卷调查和侧面行为观察等方式。全组成员合理分工，每人负责不同的内容，协同合作，调查后集体讨论分析，并总结出实训报告。

体验实施：

1．指导老师给出具体任务的要求，具体报告的格式，评分标准。

2．以小组为单位到企业进行调查，注意做好调查记录。

3．针对每个企业的环境状况，各小组成员讨论交换意见。

4．列出SWOT分析表格，逐项填入，为物流企业提出具体的战略目标。

5．完成书面报告。

成果与检验：

1．以小组为单位、分析某物流企业所处的宏/微观环境，做出相关的分析报告。

2．指导教师组织各组间互评讨论，根据各组提交意见及总结的质量情况，以及各组在模拟训练中的表现，按照评分标准进行成绩评定。

体验二：物流市场调查

体验目标： 通过各种调查方法的实际运用，培养学生与陌生人的交际能力。

情景设计：利用课外时间各小组自行进行市场调查活动，进行物流市场定位。
体验实施：
1. **电话调查的步骤**
（1）设计适用于电话调查的问卷，问卷不宜过长，问卷每页以 400 字计，问卷最多不超过 1 页；如以题目计，以不超过 20 题为宜，每个题目选项以不超过 3 个为宜，而且题目内容必须容易回答，并且要设计精彩的开场白。
（2）按随机原则抽出若干个样本户，选择受访者。
（3）打电话进行调查，每人的调查对象不得少于 10 人；每次访问时间不要过长，最好在 10 分钟以内完成。
（4）资料整理，撰写调查报告。
报告内容：成功率；失败的原因。
2. **小组座谈会调查的步骤**
（1）学生进行分组，一般以 5～8 人一组为宜。
（2）进行会场布置（包括桌椅、桌布、茶水、水果、麦克、花、名签、会标等的摆放），在会议室，给每个座位上分发一张空白小卡片、一支笔，以便做简单记录。以小组为单位进行座谈。
（3）小组成员轮流扮演座谈会的主持人，每个主持人自己拟定一个座谈的中心话题和开场白，每个人主持的座谈会不超过 15 分钟。
（4）小组成员互评，指出优缺点（包括着装、声音、语速、肢体语言、主持内容等）。
3. **街头拦截调查的步骤**
（1）根据实训的要求进行调查问卷的设计（包括内容、外观、打印）。
（2）调查前的准备（包括着装、本夹、笔以及赠予被调查者的礼品等）。
（3）拟写几套针对不同被调查者的开场白。
（4）在恰当地点进行街头拦截调查，注意在向被调查者提问题时不要带有倾向性，以免误导被调查者。（被调查者不得少于 15 人）。
（5）撰写调查报告。
成果与检验：
以小组为单位，指导教师组织各组间互评讨论，根据各组提交的调研报告的具体质量，以及各组在模拟训练中的表现，按照评分标准进行成绩评定。

Project 3 项目 3 物流服务营销组合策略分析

项目学习目标

1. 理解物流服务的营销组合策略；
2. 掌握物流服务的定价方法；
3. 熟悉物流服务分销渠道的设计和管理；
4. 掌握物流服务的促销及其作用；
5. 理解物流服务有形展示的管理。

项目能力标准

能力模块	能力要求
任务1：物流服务产品策略分析	能在物流产品生命周期的各个阶段，尝试运用不同的营销策略
任务2：物流服务定价策略分析	能灵活运用定价策略为不同的物流服务定价
任务3：物流服务分销策略分析	能够评价物流企业的分销渠道策略，并进行简单的设计与管理
任务4：物流服务促销策略分析	能进行物流服务人员推销和广告促销
任务5：物流服务有形展示设计	能够进行物流服务有形展示的管理

项目知识点、能力（技能）点

物流产品；物流产品组合；物流服务品牌；物流产品生命周期；物流服务新产品；物流服务价值；物流服务价格；价格三角凳；物流服务分销渠道；特许经营；网络营销；物流服务促销；人员推销；营业推广；物流服务广告；公共关系；物流服务有形展示。

项目导读

联邦快递（FedEx）中国公司的服务营销策略

美国联邦快递公司成立于1973年，总部位于美国田纳西州孟菲斯市。经过30多年的发展，联邦快递的业务现在遍及世界220个国家及地区，全球员工约14万名，每个工作日运送包裹约330万件，是全球最大的国际快递公司之一。

联邦快递是第二个进入中国市场的国际快递公司，20多年来发展迅速，目前，已经在中国设立了58家分公司，拥有近8000名员工。联邦快递最早通过与中外运合作取得了中国的落地权。联邦快递的直行航班有美国至北京、上海等主要城市，中外运则将包裹发送到中国各地。在1995年年底，又与大通国际运输有限公司订下三年合作协议，由联邦快递提供品牌，大通用其在国内的网络和车辆，共同完成快递业务，国外业务则交由联邦快递完成。双方在国内的业务利润按一定比例分成。到1998年年底，联邦快递结束与大通的合作，转而与更加灵活的大田公司结盟。2007年3月，奥凯与联邦快递达成合作协议，奥凯启用3架波音737货机，通过运营国内七城市间的货运航线为联邦快递国内业务提供支持。2008年12月18日，联邦快递与扬子江快运正式合作，扬子江利用旗下两架波音737飞机为联邦快递运送国内快递。

因为不同的快递客户在企业形象、业务流程、产品特征、顾客需求特征、竞争需要等方面有不同的要求，联邦快递专门针对这些不同背景、不同行业的客户，设立了名叫FedEx Service的部门提供个性化服务，为每位客户量身定制一套切实有效的物流解决方案。同时，联邦快递紧跟市场的需求，变通服务。比如，联邦快递刚开始推出快递时，周末没有快递服务，后来发现国内周末也在上班，因此很快推出周末快递服务。在金融危机中，他们发现很多企业对货运的时间要求发生了变化，只要求安全可靠送达，成本低廉，送货时间可以晚一两天，而不必隔夜送达，因此很快就推出经济型快递服务。2007年6月，联邦快递宣布在中国市场启动国内限时服务。国内限时服务包括"次早达"、"次日达"和"隔日达"服务。其中，"次早达"服务覆盖全国30多个主要城市，傍晚取件，在次日中午12点前准时送达。"次日达"和"隔日达"服务也覆盖全国200多个城市。服务区域和范围还在不断扩展。2008年6月又将国内限时服务"提速"一个半小时，并推出"准时送达保证"，真正满足消费者的及时性要求。2008年6月初，联邦快递开始大幅度下调快递费用。联邦快递下调后的价格甚至低于国内其他快递企业。例如"次早达"服务上海到北京1千克需要21.6元，"次日达"是18元，这甚至比民营快递还要便宜。此后，又相继三次降价，而8月份，联邦快递在其6月份大幅降价的基础上，再打7~7.5折。平均每个快件的价格较最初降低了100元左右。联邦快递为使消费者方便获得物流服务，除了自己增加业务网点外，还借助合作伙伴扩大业务网点，并利用合作伙伴增加营业时间。联邦快递最先通过与柯达的门店合作收取快件。通过柯达的快递彩色影像服务网络，先后在北京、上海联合设立自助服务专柜，在增加投递渠道、引进自助理念方面，开创了业内先河。通过这个"服务专柜"，消费者可随时投递2.5千克以下的国际快件，灵活方便。联邦快递对客户服务的信息系统进行技术创新，陆续开发了一系列自动运送软件以及客户服务网上作业系统。联邦快递通过应用这些新技术，客户可在售前、售中、售后都能得到FedEx良好的服务。这些新技术不仅方便公司的内部管理，而且大大提升了客户满意度和忠诚度。

思考题：
1. 分析联邦快递的服务营销策略，如何理解"We live to delivery"的企业宗旨？
2. 总结联邦快递中国公司的成功经验对国内物流企业带来的启示。

物流服务与营销

Mission 任务 1　物流服务产品策略分析

任务导读

李华参与了营销部门的物流服务市场营销战略分析的整个过程，对该企业目前的经营情况和今后的发展目标了解得更为透彻了。根据战略分析的结果来看，该物流企业所选择的目标市场和市场定位都基本正确，符合整个行业的发展趋势。李华和营销部门的同事对该物流企业及其各个分公司目前能提供的物流服务产品进行了分析，建议对于一些经营业绩不佳、处于产品衰退期的服务撤出其细分市场，把企业的资源集中使用在处于成长期的物流服务上（如电子商务物流的专业化服务、国际物流的一站式服务等）来赢得更多利润。企业在下一步的发展中，需要针对目标市场，结合自身的市场定位，开发提供那些客户需求的合适的物流服务。

1. 如何分析物流服务产品的生命周期？
2. 如何开发物流服务的新产品？
3. 怎样建立物流服务的品牌？

一、物流产品与物流产品组合

（一）物流产品的含义

长期以来，人们对产品概念的理解往往局限在质量、式样、性能等物质形态上，这是一种生产观念支配下的产品观念。

现代物流企业营销的核心是满足客户的需要和欲望，从现代物流营销观念来考察产品的内涵，也就是从客户的角度来看，物流企业的"产品整体概念"主要指物流企业提供的各种物流服务，即物流服务就是物流企业"生产"的产品，物流企业服务的本质是满足客户的需求。

物流企业的物流又称合同物流、契约物流、物流联盟或物流外部化，其实质就是物流经营者借助现代信息技术，在约定的时间、空间按约定的价格向物流消费者提供约定的个性化、专业化、系列化的物流服务。物流企业的产品（物流服务）从不同角度说法不同，如从功能上来说有仓储、运输、配送、包装、装卸搬运、流通加工、物流信息技术等。

（二）物流产品的层次

物流产品整体概念把物流服务分为四个层次，即核心产品、有形产品、附加产品和心理产品。

1. 供应物流

核心产品也称实质产品，是指产品能够提供给购买者的基本效用或益处，是购买者所追求的中心内容。现代物流营销理论认为，现代物流服务的核心目标是在物流全过程中以最低的综合成本满足顾客需求，核心产品是整体产品概念最基本的层次，代表物流消费者在使用产品的过程中和使用后可获得的基本利益和效用，是客户购买的核心所在。

2. 有形产品

有形产品是指产品在市场上出现时的具体物流外形。它是产品的形体、外壳，核心产品只有通过有形产品才能体现出来。产品的有形特征主要指质量、功能、款式、品牌、包装。它是核心产品的转化形式，即将核心产品转变为有形的东西，以便售给客户，在这个层次上的产品就是有形产品，即满足客户需要的各种具体产品。

3. 附加产品

附加产品是客户在购买产品时所得到的附加利益的总和。包括产品的说明书、保证、安装、维修、运送、信贷、技术培训、流通加工等增值物流服务。

4. 心理产品

心理产品是指产品的品牌和形象提供给顾客心理上的满足。产品的消费往往是生理消费和心理消费相结合的过程。近年来，由于人们的心理消费需求越来越重要，而满足心理需求不仅靠产品的实用功能，而且还靠由产品形状、色彩、包装、广告、品牌乃至服务场所的装饰等因素所散发和传播的信息。因此，物流企业在制造产品的同时，也在制造信息，这样产品的含义又延伸了，即产品=物品+服务+信息。

上述四个层次的产品相互依存，构成完整的物流产品概念，这十分清晰地体现了以客户为中心这一现代物流营销观念的要求。

（三）物流产品组合

一个物流企业提供给目标市场的往往不是单一的产品，而是产品的组合，尤其在现代社会化大生产和市场经济条件下，多角化经营中目标市场越多，所需要生产经营的产品种类就会越多；市场开发的程度越深，所需生产经营的某种产品的项目也就越多。因此，物流企业应在产品组合方面作出决策。

1. 物流服务要素

物流服务要素是指一项完整的物流服务应该由哪些部分构成。物流服务要素一般包括物流服务的主体、客体和物流服务的内容。

（1）物流服务的主体。

物流服务的主体一般指履行服务的人。对物流企业而言，从事物流服务的人员的经验水平、教育水平、个性特点、交际能力等应当令客户感到满意。要做到这一点，物流企业首先应当招聘有才华、有能力的员工；第二，应改善企业内部的物流服务环境，创造一个适合专业人员成长的氛围，使他们获得专业技能的提高和人格上的提升；第三，物流企业应当努力搜寻不仅业务能力强而且乐于从事物流工作的新员工。

（2）物流服务的客体。

物流服务的客体一般是指物流服务客户。由于物流服务的生产过程与消费和交易过程是同时进行的,那么,在物流服务的生产过程中,难免要受到来自物流客户的影响。由于物流服务对象的可变性和多样性,物流企业提供的物流服务要有一定的弹性,应以客户价值为导向,使客户对企业的物流服务感到满意,让客户真正地认可,从而使物流企业不断发展。

(3) 物流服务的内容。

物流服务的内容一般包括核心服务、有形服务和附加服务。

2. 物流服务的市场表现

(1) 物流服务产品的价格体系。

对不同的物流服务要素分别予以定价,就形成了不同的物流服务形态,从而形成了不同的价格体系。如对整套物流服务采取"一揽子收费制",对每一项物流服务分别收费,或将两种收费方式结合使用的收费方式。

(2) 物流服务产品的标准体系。

对于每一项物流服务都有统一的评判标准,客户才能做到心中有数。

(3) 物流服务产品的差异化策略。

物流服务产品的差异化是指物流企业与物流企业之间,在推出同一物流服务时,为了体现自己服务产品的特点,推出的特色化服务。

3. 物流服务质量

物流服务质量是判断物流企业好坏的最主要依据。首先,物流服务质量会影响物流服务需求的总量以及什么样的客户会产生需求;其次,在物流服务产品市场上,质量是与其他竞争对手差别定位的主要工具;最后,在策略上,物流服务产品质量是提供服务的物流企业制定物流服务决策和进行物流服务管理的主要依据。

4. 物流服务过程

物流服务过程包括物流服务的生产和传递过程以及客户对这些活动的感知过程,是物流服务产品生产和消费的全过程。

(1) 物流服务信息的传递过程。

物流服务信息贯穿于物流服务过程的始终,包括物流服务购买前的信息传播和搜寻过程、物流服务中的信息感知过程和物流服务后的评价过程。

(2) 客户与物流企业间的交换过程。

客户与物流企业间的交换过程既是物流服务的生产过程,又是物流服务的消费过程。这一过程首先是客户与物流服务人员的相互沟通,这种沟通取决于物流服务人员的行为,例如他们如何说、如何做、物流服务人员的服务态度等;同一交换过程中,还有客户之间的相互作用。假如客户认为这些过程过于烦琐和复杂,或是受到不友好的对待,则他们很难会给物流企业的服务质量以较高的评价,而客户的评价可以成为其他客户的参考资料,影响客户对物流企业的选择。

(3) 客户参与。

客户参与是物流服务过程的一项重要内容。由于物流服务产品的生产和消费是同时进行的,因此客户直接参与物流服务产品的生产过程,会影响他们对物流服务产品的认知。

二、物流产品生命周期策略

(一) 现代营销领域的产品市场生命周期

产品生命周期 (Product Life Cycle, PLC) 是指产品的市场寿命,即一种新产品从开始进入市场到被市场淘汰的整个过程,分为导入期又称介绍期 (Introduction)、增长期 (Rrowth)、成熟期 (Mature) 和衰退期 (Decline) 四个阶段,如图 3-1 所示。

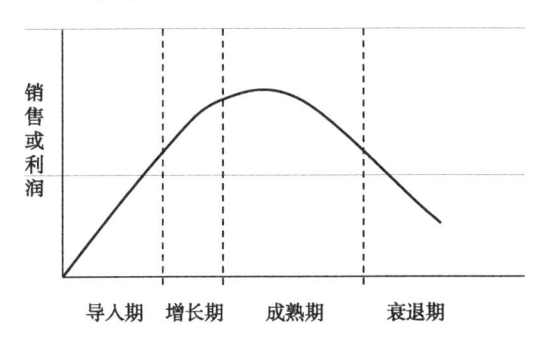

图 3-1 物流产品生命周期曲线

一种产品进入市场后,它的销售量和利润都会随时间推移而改变,呈现出一个由少到多,再由多到少的过程,就如同人的生命一样,由诞生、成长到成熟,最终走向衰亡。产品经过研究开发、试销,然后进入市场,其市场生命周期才算开始,产品退出市场,则标志着其市场生命周期的结束。

(二) 物流产品市场生命周期及其策略

物流服务作为一种特殊的无形产品,与实物产品一样,也有其产品市场生命周期。一个完整的物流产品的市场生命周期也应该包括导入期、成长期、成熟期和衰退期四个阶段。物流服务产品的市场生命周期的特点及其策略如表 3-1 所示。

表 3-1 物流服务产品的市场生命周期的特点及其策略

	特　点	策　略
导入期	1. 物流产品水平低,恶性竞争严重,没有一个可以获得长期竞争优势的竞争策略 2. 物流服务的差别化较低,物流服务功能单一,增值服务薄弱 3. 物流企业在执行物流活动的过程中,虽然也为物流需求商提供一个物流服务的方案,但只停留在买卖关系而不是物流联盟 4. 物流需求商还没有完全做好外包的转变,大多数物流外包只停留在相对低利润的物流服务 5. 物流服务信息化程度较低,各环节严重脱节,缺乏有效快捷的沟通联络手段,制约了供应链的时效性	1. 服务体系化,如完善物流服务网络,扩展原有服务模式等 2. 服务差别化,如对服务类型或服务客户进行细分,制订不同的服务方案 3. 服务联盟化,如与物流需求商签订合作协议或结成合作联盟 4. 服务信息化,如利用物流信息化平台,实现现代化物流的电子商务

续表

	特　点	策　略
成长期	1．物流服务规模化，增加物流服务内涵，加大增值服务，创新服务项目 2．物流服务专业化，对物流市场进行细分，确定自己的战略地位和主攻方向 3．物流服务多样化，不仅能够提供全程物流服务，还可以提供部分供应链管理下的物流服务	1．战略联盟策略，通过价钱与物流服务商间的合作，实现合作双方的利益共赢，营造物流发展的整体环境 2．标准化服务策略 3．专业服务策略，确定服务重点，集中有效资源，提供专业化服务
成熟期	1．物流服务向协同化、集约化、全球化方向发展 2．物流服务由单一向形态多元化发展 3．对电子物流的需求强劲，快递服务发展迅猛 4．绿色物流增长	1．战略联盟策略，通过物流企业间的战略联盟解决资金紧缺的问题，应付市场压力，有利于提供"一站式"服务 2．进攻策略，寻找新的细分市场或进行品牌重新定位 3．营销组合策略
衰退期	1．物流产品的需求总量急剧下降，物流产品的价格下跌，利润剧减 2．物流产品的弱点和不足已经显露，市场上出现了性能更好的替代产品 3．企业过大的经营投入能力与萎缩的市场之间的矛盾突出，竞争者相继退出市场	1．集中策略，通过把企业的资源集中使用在最有力的细分市场来赢得更多利润 2．持续策略，在原有细分市场，沿用过去的营销组合策略，低价维持原有需求量 3．撤退策略，降低价格，适时退出原细分市场，积极推出新物流服务项目

三、物流服务品牌策略

（一）物流服务品牌概述

物流服务品牌是用于识别物流服务产品的某种特定的标志，通常由某种名称、标记、图案或其他识别符号所构成。物流服务品牌依附于特定的物流服务产品或物流企业而存在，通常它就是构成这种物流服务产品或物流企业的象征。物流企业的品牌主要包括：

（1）品牌名称。品牌名称是指品牌中能用语言称呼的部分，给人以听觉刺激。如肯德基、沃尔玛、可口可乐等是美国的著名品牌名称；一汽、中远集团、海尔、娃哈哈等是中国的著名品牌名称。

（2）品牌标志。品牌标志是指品牌中易于识别，但不能用语言称呼的部分，给人以视觉刺激。如图案、符号（记号）、与众不同的颜色等。

（二）物流服务产品的品牌决策

1．物流服务品牌的核心——名称

物流企业的名称是现有品牌的核心要素，尽管一个普通的名称也能够建立起高效的物流服务品牌，但是，有个好名称会更容易做到这一点。我们可从以下四个方面来检验：

（1）独特性。

独特性能立即将本企业同竞争者区分开。一个独特的物流服务品牌很难通过频繁使用的普通词语建立起来，如"联合"、"联盟"、"国家"这些词语应用太广泛并且很常见，达不到独特性的要求，还需要更多的词语，如"航运公司"、"医药配送中心"等，以此区分公司的商业界限。

在物流服务市场，企业的名字常用"运输"、"货运"、"配送"这样的词，当竞争对手增多，市场边界扩大时，这些名称就失去了它们的特征。如 AAA 第一运输公司、AAA 运输公司、AAA 货运公司、AAA 配送公司，这些竞争对手的名字常会被混淆在一起。由此看来，使企业名称具有独特性的一种方法就是使用物流服务界不熟悉的词语。适当的企业名称，也会如家族名字一样，使其引人注意，如麦当劳、肯德基、UPS、TNT 等。

（2）恰当性。

恰当性是指名称要能表达物流服务的特点或优点。一个与物流服务的特点及优点相联系的名称有助于人们辨别和确立一家物流企业在客户心目中的地位。例如 Visa 这个名称，在信用卡服务领域已经市场化，并在全世界通行。这样的情况下，该名称的命名就非常成功。

恰当不一定必须要使用具有描述性的词语，对企业的服务进行文学上描述的名称不一定有利，原因是：这种描述会使名称冗长且易雷同。如"昼夜邮寄服务公司"在描述上来看是恰当的，但不如"联邦快递公司"这个名称好，企业名称能起到对品牌含义的共鸣，而不仅仅是文字的描述，这样也符合了下一种检验标准——可记性。

（3）可记性。

可记性是指名称应易于理解、使用与记忆。很多因素会影响到品牌的可记性，独特性就是其中之一。如若企业的名字因冗长复杂或词语晦涩而具有独特性的话，就不符合可记性了。

名称简洁是品牌在命名时的基本要求，容易发音会增强可记忆性，简洁也会使标识语更加生动有效。物流企业经常有两个名字，如"中国远洋运输（集团）总公司"和其简称"中远集团"、"美国联合包裹服务公司"和其简称"UPS"。

（4）灵活性。

灵活性是指名称要能适应企业不可避免的策略调整。因为企业所提供的物流服务的特性和范围不是永远固定不变的，因此，有效的物流服务品牌应容纳这样的变化。评价一个企业名称的灵活性应从公司的长远角度出发。

为保持必要的灵活性，物流企业应当避免使用地理名称。如果企业的业务遍及全国时，用"中国 AAA 运输公司"这个名称代替以前的名称，甚至将来连中国 AAA 运输公司这个名字也不能包容中国境外的物流扩展业务。

任何描述性及限制性的术语对企业已经改变的业务范围都是不利的。一个服务范围广的全能型物流企业，不太可能希望自己企业的名称中带有"卡车运输"、"货轮运输"或"铁路运输"这样的字样。如果名称限制了对公司发展的内在理解，并且对企业的描述片面性的话，将会带来更严重的问题。

2. 品牌效果

品牌不仅是-个完整的概念，也不只是单纯的名称。它的词语、颜色、标记、广告标识语，以及通过品牌媒介对这些要素的应用决定了品牌的效果。所有的传播性要素塑造了一个完整的形象，这对于具有无形性、难以表达和展示等特征的物流服务来说，是一种强有力的弥补。一些品牌在四种检验方法的测定中并不是很理想，却强劲有力，这归功于协调的、始终如一的品牌展示及优质的物流服务行为。

图形标记会使一个普通的名字有特色，而且会让好名称更出色。例如 UPS 旗下的数百架飞机的尾部使用棕色盾牌标识。

3. 树立品牌的准则

品牌定位可称作是物流企业核心的、战略性的营销工具。树立品牌必须遵循以下四个基本准则。

（1）从调查研究开始。

品牌的发展很大程度上依靠调查研究，因为它能使人们明确要做的事。树立品牌涉及品牌决策及这些决策是否建立在调查所得结果的基础上这两个方面的问题。

（2）选择适当的纠正方法。

企业在建立品牌的过程中，需要注意的是：再好的品牌也不能弥补企业所提供的劣质服务，无论是企业的新名称还是优秀的新广告标识都不能克服物流服务质量的低劣。最好的纠正方法是：不断提高整个物流服务产品的质量，而不是依靠"包装"，并运用品牌策略来宣传优质服务。名称普通的物流企业，应尽可能地提高现有品牌，而不是换一个新名称。原有名称虽有缺陷，但对客户及潜在客户来讲，有知名度，听起来舒服，而且有信誉，这些优点不能扔掉。

除了原有品牌价值的潜在牺牲外，更改名称复杂繁琐且花费巨大。一个新名称意味着新的标记、新的信笺、新的账单样式、新的广告。同时，一个新名称可能还涉及法律费用、协商设计费用及翻译成其他语言的费用等。

总之，名称的更改是一项冒险的决定。应当深思熟虑，作出战略性决策。并在决定改名前，做深入细致的调查研究，通过更多的媒介，以更创新的方式，来提高现有名称的知名度或许是最好的选择。

（3）在现有条件下树立品牌。

如果现有品牌含义出现战略性失败，就需要树立全新的品牌。在物流市场上，树立并维持品牌的知名度需要巨额资金的投入，因此在现有条件下进行品牌的树立，等条件允许时再将其发展提高，或许是更好的选择。从长远来看，用各种办法来不断提高并促进现有品牌，是更适当的做法。

（4）品牌内在化。

服务质量是物流企业参与市场竞争的法宝，是企业成为品牌企业的基本条件。作为物流企业的一员，人人都应该树立服务质量第一的观念，同时物流企业本身也应该长期持久地开展质量教育，造就一支具有强烈质量意识、一丝不苟、精益求精的技能员工队伍。

向客户传播品牌最有效的媒介就是物流企业的员工，它不同于其他任何宣传媒介，员工能为品牌带来活力与个性。通过其工作行为，员工就把语言—视觉品牌变为了语言—视觉—行为品牌。因此，通过员工的行为，能提高现有品牌。

品牌内在化涉及向员工解释、推销品牌。这要求物流企业的员工也参与到品牌的研究与决策中，并向企业员工进行"品牌强化"行为的培训，对品牌有促进行为的人员进行奖励。最重要的是，品牌内在化要求企业的员工关心并培育品牌。

物流企业的员工只有理解并信任这一品牌，才会更愿意为之努力工作。营销人员应使品牌在员工面前语言化、视觉化，这样，企业的员工才能使品牌在客户面前语言化、视觉化。品牌内在化与对客户树立品牌一样，是一个持续的过程。

四、物流服务新产品开发

（一）物流服务新产品概述

由于物流服务产品在市场上经历了从成长到衰退的发展过程，因此，物流企业要想在激烈的市场竞争中获得成功，就必须不断引入新的物流服务产品，以适应不断变化的客户需求。

1. 物流服务新产品的含义

通常，新型的物流服务产品或物流服务创新包括以下类型。

（1）完全创新服务产品。完全创新服务产品是指采用全新的方法来满足客户的现有需求，给他们更多的选择。

（2）进入新市场的产品。进入新市场的产品是指一些已有的物流服务进入新的市场时也被视为新产品。

（3）产品线扩展。产品线扩展是指增加现有产品线的宽度。

（4）革新产品。革新产品即对现有物流服务产品的特征予以改进和提高。

（5）形式变化。形式变化是指通过改善有形展示来改变现有物流服务产品。

2. 物流企业开发新服务的原因

物流企业已不可能继续依靠"现有物流服务产品"而成功，因此开发新服务势在必行，其主要原因如下：

（1）保持竞争力的需要。为维持现有销售成果以及获得足够资金适应市场变动的需求，物流新服务产品开发相当必要。

（2）在物流服务产品组合中弃旧换新，取代不合时宜的及营业税锐减的物流服务产品。

（3）利用超额生产能力，例如多余的仓储能力、运输能力等。

（4）抵消季节性波动。物流服务新产品的引入，有助于平衡销售上的波动。

（5）减低风险。目前的销售形态，可能只是高度依赖于物流服务领域中的极少数服务而已，物流服务新产品的引入，可以平衡目前偏颇的销售形态。

（6）探索新机会。新机会的出现往往在于一家竞争对手从市场撤退，或者在于客户需要的变化。

3. 物流服务新产品创意来源

一项新物流服务的构思或设想都是有一定来源的，一般可分为两方面：一是企业内部资源；二是企业外部资源。

（1）企业内部资源。

物流新产品创意的一个自然来源就是市场营销调研人员。因为市场营销调研人员在调研过程中不断地接触客户和竞争者，他们对客户及竞争者的变化极为敏感，对物流服务市场行情有较全面、系统地了解，他们能将市场的最新发展动态、客户的需要、竞争的营销策略及时地反映给决策人。所以，调研人员提供的市场情报和研究结果是新服务创意的重要来源。

第二个来源就是直接承担和完成服务工作的物流服务人员。在面对面的接触中，他们从客户那里了解到的要求、抱怨或建议，就成为新的物流服务创意产生的来源。

第三个内部资源就是企业物流服务开发部门或企业最高管理者。因为，物流服务开发部门的主要任务就是源源不断地提供新服务的设想，这些设想可能产生于该部门的调查研究和开拓创新，或者产生于系统地开发企业内部资源和外部资源而不断努力的结果。其次，物流企业最高管理者也是新服务创意产生的一个最好来源。因为他承担着企业创新、开拓发展的重任，有权力把设想转变为现实；企业能否生存和发展与他有着直接的联系。所以，在寻求新的物流服务构思与设想方面，他表现得最为积极主动。

（2）企业外部资源。

若从物流企业外部寻求资源，企业的客户是再好不过了。客户是各种新的物流服务的最终购买者和享受者，他们既是某些建议的主动倡议者，又是市场营销调研的对象，如物流企业向他们发放调查表、意见卡主动征求意见或建议等。

企业外部另一个不可忽视的创意来源是中间商。他们每天与各类企业和各类客户直接发生联系，对企业和客户的需求及其购买目的最为了解。

竞争者是企业寻求物流新服务创意的又一来源。竞争者为争夺客户而展开竞争，他们为市场提供的新服务的成功与失败就是新的物流服务创意最好的无偿试验。企业要对竞争者推出的新的物流服务加以研究，注意观察、了解其营业情况，看这些新服务为什么畅销、有哪些客户购买，寻找他们成功的奥秘或存在的不足，然后从中设想出一个最适合企业经营，并能战胜竞争对手的新服务。

此外，专为企业提供各种服务的人也可成为新的物流服务创意的一个来源。例如，企业咨询人员、广告代理商、银行部门等，由于他们接触面广，掌握信息多，也能为企业开创新的物流服务出谋划策。

（二）物流服务新产品开发的程序

物流服务新产品开发是一项极其复杂的工作，从根据用户需要提出设想到正式服务产品投放市场为止，其中要经历许多阶段，涉及面广，因此必须按一定的程序开展工作，这些程序之间互相促进、互相制约，才能使物流服务产品开发工作协调、顺利地进行。物流服务新产品的开发需要经过以下步骤，如图3-2所示。

调查研究阶段 → 物流服务新产品开发的构思创意阶段 → 筛选创意 → 物流服务新产品概念的形成 → 可行性分析 → 物流产品的开发 → 市场试销 → 产品的商业化

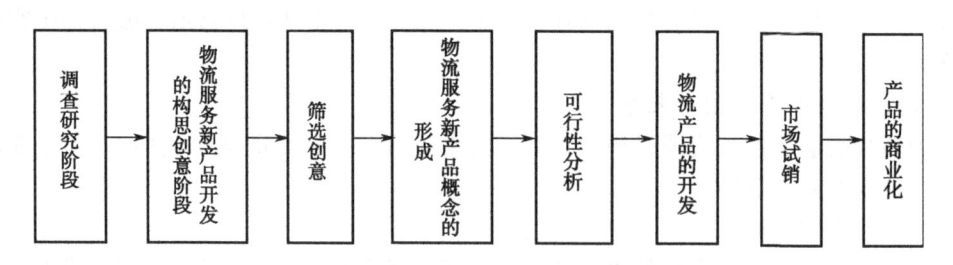

图3-2 物流服务新产品开发的主要步骤

1. 调查研究阶段

用户的需求是物流服务产品开发决策的主要依据。

2. 物流服务新产品开发的构思创意阶段

构思创意是对未来物流服务产品的基本轮廓架构的构想，是物流服务新产品开发的基础和起点。物流服务新产品的开发构思主要来自三个方面：客户、本企业员工、专业科研人员。

物流服务产品开发是一种创新活动，创意是开发物流服务产品的关键。在该阶段，要根据社会调查掌握的市场需求情况以及企业本身条件，充分考虑客户的使用要求和竞争对手的动向，有针对性地提出物流服务产品的设想和构思。

3. 筛选创意

筛选创意就是在取得足够多的创意之后，挑选出可行性较高的创意，使有限的资源集中于成功机会较大的创意上。

4. 物流服务新产品概念的形成

经过筛选后的构思要转变成具体的物流服务产品概念，包括概念发展及概念测试两个步骤。在概念发展阶段，主要是将物流服务产品的构思设想转换成物流服务产品概念，并从职能和目标的意义上界定未来的物流服务产品，然后进入概念测试阶段，其目的是测定目标客户对于产品概念的看法和反应。此外，在发展和测试概念的过程中还要对产品概念进行定位，即将该产品的特征同竞争对手的产品作一比较，并了解它在客户心目中的位置。

5. 可行性分析

可行性分析是指结合物流企业内部资源和外部客户需求进行经济效益的分析。包括推广该项物流服务所需要的人力和额外的物资资源分析、市场状况预测、成本和利润水平、客户对这种创新服务的看法以及竞争对手的可能反应等。

6. 物流产品的开发

如果产品概念通过了商业测试，又通过商业分析被确定为是可行的话，就进入具体物流服务新产品的实际开发阶段。这意味着企业要增加对此项目的投资，购买各种设施、招聘及培训新的物流服务人员、建立有效的沟通系统。此外，还要建立和测试构成物流服务新产品的有形要素。和实体产品不同的是，新的物流服务产品开发的发展阶段，除了必须注意物流服务产品的实体性要素之外，更应注意物流产品的递送系统。

7. 市场试销

由于物流服务产品的无形性特征，物流服务新产品的试销与有形产品的试销过程有较大的差异。物流服务新产品试销通常选择小范围客户对其提供服务，通过客户的感受来调整新产品的服务内容和服务项目。

8. 产品的商业化

产品的商业化阶段意味着物流企业正式向市场推广新的服务产品，物流服务新产品进入其市场生命周期的导入阶段。

物流服务与营销

Mission 任务 2　物流服务定价策略分析

任务导读

在对该企业物流服务产品分析的过程中,李华发现有些刚引入的服务产品定价很高,如电子商务国际物流的专业化服务,导致这些服务产品乏人问津,难以推广,销售态势低迷。李华向营销经理反映了这一状况,营销经理解释该服务产品刚引入到企业当中,前期投入巨大,包括一些专业设备、库房的成本较高,企业需考虑这些成本进行物流服务定价,其价格难免偏高。而李华认为该服务产品尚处于导入期,今后若要大力推广这一产品品牌,需要一个合适的定价,定价过高,超出客户的心理预期,可能导致服务产品难以推广,客户会转而采购竞争对手的相应物流服务,这一新产品开发推广计划也会随之流产。营销经理认为李华的顾虑不无道理,要求他测算该服务产品的成本、客户的感知价格以及竞争对手的价格,综合考虑各方面的因素,对该产品进行合理定价,形成一份价格分析报告。

1. 影响物流服务定价的因素有哪些?
2. 物流服务定价的策略有哪些?
3. 物流服务定价的一般程序是怎样的?

一、物流服务价值与物流服务价格

(一)物流服务价值

物流企业利用自身资源为用户提供物流服务产品,在此过程中,主要带给用户两项基本价值:

(1)节约物流成本。

(2)提高物流服务水平。

第(1)项基本价值直接影响制造商产品的直接变量成本;第(2)项基本价值则改变了制造商产品购买者的价值。这两项基本价值都提升了制造商的竞争优势。因此,在对第三方物流服务进行定价时,必须充分考虑这两项基本价值。

(二)物流服务价格

物流服务价格是指物流企业按照货主的要求,对特定的货物提供物流服务的价格,是物流服务产品价值的体现。该价格的构成要件应包括:

（1）要保证将顾客期望的商品数量与品种，进行正确的储存、保管和输送等的服务价格；

（2）要保证在顾客所期望的时间内，准时传递商品并做品质保证的服务价格；

（3）要保证顾客所期望的服务质量的服务价格。

（三）物流服务价格的特点

与一般性商品价格不同，物流服务作为一种以专业设备资源提供劳务服务的无形产品，其价格呈现出如下特点：

（1）物流服务价格是一种劳务价格；

（2）物流服务价格是商品销售价格的组成部分；

（3）物流服务价格体现消费者预期价值；

（4）物流服务价格具有按不同的服务时间或过程而不同的特点；

（5）物流服务价格具有比较复杂的比价关系。

二、影响物流服务定价的因素

在物流企业进行服务定价中，企业的定价目标、经营成本、市场需求和竞争状况等因素是影响定价的具体因素。

（一）定价目标

定价目标是指物流企业通过制定一定水平的价格所要达到的预期目的。定价目标一般可分为利润目标、销售额目标、市场占有率目标和稳定价格目标。

1. 利润目标

利润目标是物流企业定价目标的重要组成部分，获取利润是物流企业生存和发展的必要条件，是物流企业经营的直接动力和最终目的。由于每个物流企业的经营哲学及其营销总目标不同，这一目标在实践中分为两种：

（1）以追求最大利润为目标。最大利润有长期和短期之分，还有单一服务产品最大利润和物流企业全部服务产品综合最大利润之别。一般而言，物流企业追求的应该是长期的、全部服务产品的综合最大利润。当然，对于一些中小型物流企业、产品市场寿命周期较短的物流企业、物流产品在市场上供不应求的物流企业等，也可以谋求短期最大利润。

（2）以获取适度利润为目标。它是指物流企业在补偿社会平均成本的基础上，适当地加上一定量的利润作为物流服务的价格，以获取正常情况下合理利润的一种定价目标。

2. 销售额目标

销售额目标是在保证一定利润水平的前提下，谋求销售额或者营业额（统称销售额）的最大化。某种物流服务产品在一定时期、一定市场状况下的销售额由该物流服务产品的销售量和价格共同决定，因此，销售额的最大化既不等于销量最大，也不等于价格最高。

3. 市场占有率目标

市场占有率又称市场份额，是指物流企业的销售额占整个物流行业销售额的百分比，或者物流企业的某项服务产品在某市场上的销量占同类物流服务产品在该市场销售总量的比重。数据表明，当市场占有率在10%以下时，投资收益率大约为8%；市场占有率在10%～

20%时，投资收益率在14%以上；市场占有率在20%～30%时，投资收益率约为22%；市场占有率在30%～40%时，投资收益率约为24%；市场占有率在40%以上时，投资收益率约为29%。因此，以销售额为定价目标具有获取长期较好利润的可能性。

4. 稳定价格目标

稳定的价格通常是大多数物流企业获得一定目标收益的必要条件，市场价格越稳定，经营风险也就越小。稳定价格目标的实质是通过本物流企业产品的定价来左右整个物流市场价格，避免不必要的价格波动。

（二）经营成本

经营成本是物流产品价值的基础部分，它决定着产品价格的最低界限。如果价格低于成本，企业便无利可图。物流产品的成本可以分为两种，即固定成本和变动成本。固定成本是包括物流企业软、硬件设施的建设费用和物流服务市场上公认的固定的一些费用。可变成本包括与具体物流服务过程相关的劳动力成本、能耗费用和维护保养物流设施工具的费用等。

在产出水平一定的情况下，物流产品的总成本等于固定成本和变动成本之和。物流企业在制定定价战略时，必须考虑不同成本的变动趋势。

（三）市场需求

企业的产品价格不同，就会导致不同水平的需求。市场需求影响顾客对产品价值的认同，决定着产品价格的上限；市场竞争状况调节着价格在上限和下限之间不断波动的幅度，并最终确定产品的市场价格。

（四）竞争状况

市场竞争状况直接影响着企业定价策略的制定。在产品差异性较小、市场竞争激烈的情况下，企业制定价格的自主性也相应缩小。市场竞争所包含的内容很广，例如，在交通运输行业，企业之间的竞争不仅有不同品种之间的竞争，而且在不同运输工具之间、对顾客的时间和金钱的利用方式之间都存在着竞争。总而言之，凡是物流产品之间区别很小而且竞争较激烈的市场，都可制定相当一致的价格。此外，在某些市场背景之下，传统和惯例可能影响到定价，如广告代理的佣金制度。

物流企业应积极了解竞争者的价格和产品，并将这些信息作为制定自己产品价格的基点。在市场上，除了从竞争对手那里获得价格信息外，还要了解他们的成本状况，这将有助于企业分析评价竞争对手在价格方面的竞争能力。

（五）其他因素

当企业营销环境急剧变化时，物流企业制定定价策略还应考虑许多相关因素的影响，如国际国内的经济状况、通货膨胀、利率、汇率和政策法令等。对于物流企业而言，行业特征也是影响物流产品定价的重要因素。而且对于不同的物流产品和市场状况，行业特征所造成的影响也不同。

三、物流服务价格构成

物流服务可视为服务产品，其价格的三角凳，如图 3-3 所示。其中，服务成本决定了服务价格的下限；顾客感知价值，即消费者愿意为服务支付的最高金额决定了服务价格的上限；而竞争对手的定价则调节着企业服务价格上下限之间不断波动的幅度。

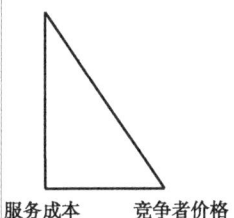

图 3-3 物流服务产品价格三角凳

（一）服务成本

成本是物流产品价格的下限，根据企业物流业务运作的组织管理，可以将服务成本归为与物流业务相关部门的成本、物流信息系统的成本与履行物流业务合同的成本三类。

与物流业务相关的部门一般根据职能划分为管理部门和作业部门。其中，管理部门负责物流业务的承揽工作，实质上就是物流业务的前期开发工作，其中的成本包括办公场所相关成本、人员薪金相关成本、物流方案设计成本和承揽过程的业务费等。作业部门的成本主要因作业而发生，如人力、机力和耗材等费用。

物流管理信息系统有自行开发投入与购买投入两种方式。虽然物流管理信息系统的开发是否能够成功具有不确定性，并且物流管理信息系统自行开发与现行软件业的软件自行开发具有类似性，但物流管理信息系统对于物流企业来说必不可少。

物流企业可以把履行物流合同的环节分为运输、仓储、装卸和增值服务等，履行物流合同的费用也就是履行物流合同过程中发生在这些环节上的费用。

（二）顾客感知价值

在定价上，重视顾客感知价值最显著的特点就是站在需求方的角度来考虑本企业的价格。这也就意味着，物流服务商应该在消费者获得所供给的物流产品可能带来的剩余利益空间范围以内，来确定销售该产品的价格。

（三）竞争者的产品和价格

在这种最高价格和最低价格的幅度内，企业能把产品价格定多高，则取决于竞争者同种产品的价格水平。因此，竞争者所提供的产品质量和价格就是物流服务企业定价时很重要的参考指标。

四、物流服务定价的一般程序

企业在制定其价格时，通常按以下步骤进行。

（一）定价目标

物流企业有效定价的目标一般可分为利润目标、销售额目标、市场占有率目标和稳定价格目标。因此，在进行物流服务报价前，特别是承揽大的外包服务项目报价，应首先考虑企业的定价目标。

(二) 确定需求

物流企业确定在不同价格条件下的定价情况，可以有三种方法：
（1）用统计方法分析过去的价格、销售数量和其他因素的数据来估算它们的关系；
（2）价格实验法通过系统变化价格，来观察对销售的影响；
（3）询问顾客在不同的价格水平下，他们会买多少产品。

(三) 估计成本

在估计成本时，作为一个优秀的业务人员，不仅应估计物流企业服务项目的服务成本，还应考虑企业经营成本在此项目业务中的价格体现，包括企业经营的固定成本和变动成本。

由于物流市场的服务价格受燃油、货币、季节、技术条件和经济环境等多方面因素的影响，价格波动频繁，因此，无论提供的物流服务中是否有委外业务，都应密切关注市场价格的变动及其对服务成本的影响。

(四) 分析客户价格期望和竞争者价格状况

服务报价的理想状态是，不仅满足顾客总成本<顾客总价值，同时，还能在市场中提供比竞争者更好、更有竞争力的服务质量和价格比。

(五) 确定定价策略，选择定价方法

在确定定价策略、选择定价方法时，应结合前述步骤中的分析结果，结合企业目标、客户需求、市场状况和竞争环境等诸多因素选定具体的策略与方法。

(六) 确定最终价格

确定最终价格是一个系统的核算过程，将各项服务成本加总求和后还要考虑经营的固定成本和可变成本，考虑各项影响因素，考虑定价的策略和方法，应是前述步骤的一个总结。

(七) 价格变动与调整

在定价策略形成后，物流企业还将面临价格变动问题。有时候需要主动降价或提价，而对竞争者的价格变动又要作出适当的反应。当物流企业服务能力过剩或者市场占有率下降或者成本费用比竞争者低时，企业可主动降价。当物流服务供不应求或者成本膨胀时，企业就得提价。

任何价格变化都将会受到购买者、竞争者、其他利益相关者甚至政府的关注。价格变化后，顾客经常提出质疑。对于降价，顾客会认为这种产品将会被新产品代替；这种产品可能存在缺点，销售不畅；企业财务困难导致经营困难；价格还会跌；这种产品质量下降了；等等。竞争者会认为，降价的企业正试图悄悄地夺取市场或者经营状况不佳，并企图增加销售量或者试图通过减价来刺激行业的总需求。对于提价，可能会被顾客或竞争者认为，这种产品畅销；这种产品很有价值；卖主想尽量取得更多利润。

对竞争者发起价格变动的情况，不同的企业所做出的反应各不相同。市场的领导者常

常面临较小企业发起的降价，对降价的反应，市场领导者的选择有：①维持原价；②维持原价和增加价值；③降价；④推出廉价产品线予以反击。应付竞争者降价的价格反应方案，如图3-4所示。

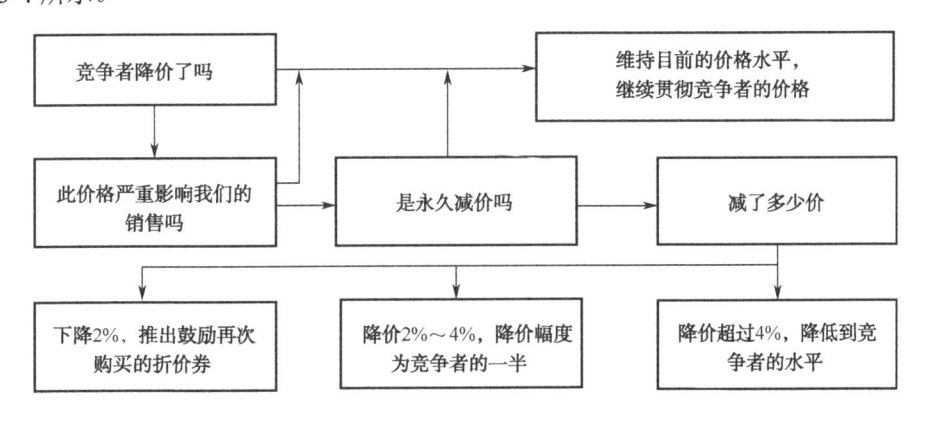

图 3-4 应付竞争者降价的价格反应方案

五、物流服务定价策略

营销定价策略的全部奥妙，就是在一定的营销组合条件下，如何把产品价格定得既能使顾客易于接受，又能为企业带来比较多的收益。企业在定价策略制定中，往往会有多种多样和灵活善变的手段和技巧，物流服务市场也不例外。

（一）新产品定价策略

新提供一项物流服务，或新开辟一个客户而进行的定价都可列入新产品定价的范畴。新产品定价是营销策略中一个十分重要的问题，最初上市产品定价多少，将决定它是否能在市场上站住脚，也将影响到可能出现的竞争者。根据现代服务营销理论，在推出新产品时的定价策略一般包括取脂定价、渗透定价和温和定价三种策略。

1. 取脂定价策略

取脂定价策略又称撇油定价策略，是指企业以高价将新产品投入市场，尽可能在产品市场生命周期的开始阶段取得较大的利润，尽快收回成本。"取脂"本意是指从牛奶中撇取奶油，在此喻指赚取丰厚利润。这一策略利用消费者的求新心理，以高价将新产品打入市场。其优点是能提高产品的身价，树立高价、高质形象，刺激顾客购买，尽量在较短时期内收回成本，获取利润。同时，产品初上市时制定高价，有利于在竞争激烈时削价竞销，保持竞争优势，抵制竞争者加入。但这一策略的不足之处是当新产品刚刚上市，还未被消费者所了解和喜爱时，高价令人望而生畏，甚至难以销售。高价、高利也容易诱发竞争，吸引竞争者加入，使好景不长。无论性能多么优良、质量多么过硬的产品，高价都是难以长期维持的。采用此策略的条件是：

（1）新的服务产品质量高，具有较强竞争力，在短期内很难模仿或被取代；
（2）服务项目面对的市场和客户处于中高端，价格弹性小，高价不会影响市场的开拓；
（3）物流服务者拥有垄断的服务资源，或服务技术较为复杂，竞争者难以模仿；
（4）确实能为客户带来较预期高很多的服务及发展前景；

（5）市场可提供该类服务的数量有限，尽管提供该服务成本较高，但由于价格高出成本许多，仍然会有较大收益。

2. 渗透定价策略

与取脂定价策略相反，渗透定价是指将产品定价低于预期价格，以利于为市场所接受，迅速打开市场的定价策略。同时，低价、低利能有效地排斥竞争者加入，吸引客户，占领市场，以谋取远期的稳定利润。渗透定价适用于以下情况：

（1）市场需求对价格极为敏感，需求弹性大的服务产品，低价会刺激市场需求迅速增长；

（2）服务成本和经营成本会随服务产品销量的增大而迅速降低，实现所谓规模经济；

（3）面向经济实力差的小客户，低价易为顾客所接受；

（4）属于潜在市场大的服务产品，竞争者很容易进入市场。实行低价薄利，有利于阻止新竞争者的进入。

3. 温和定价策略

实行高价和低价各有其利弊，都比较极端。有的企业处于优势地位，本可定高价获得最大利润，但为了博得顾客的良好印象，采取温和定价策略，既吸引购买，又赢得各方的尊敬，也被称为介于取脂定价和渗透定价之间的君子定价。

（二）折扣定价策略

在大多数物流服务市场上，都可以采用折扣定价策略。企业营销通过折扣方式可达到两个目的：折扣是对服务承揽支付的报酬，以此来促进物流服务的生产和消费的产生；折扣也是一种促销手段，可以鼓励提早付款、大量购买或高峰期以外的消费。

1. 数量折扣

数量折扣是指物流企业因货主需要服务的数量大，而给予的一种折扣。它应向所有的货主提供。数量折扣分为累计折扣和一次数量折扣，前者是规定在一定时期内，购买量达到一定数量即给予的折扣。后者是一次数量折扣，又称"非累计性数量折扣"，是对一次消费超过规定数量或金额给予的价格优惠。目的在于鼓励顾客增大每份订单购买量，便于组织批量服务而获得价格谈判优势。

2. 现金折扣

现金折扣是指物流企业对以现金付款或提前付款的顾客给予一定比例的价格折扣优惠。现金折扣的目的是促进确认成交，加快收款，防止坏账。

3. 季节折扣

季节折扣是指物流企业在淡季给予顾客一定的价格折扣，以刺激顾客需要的一种折扣。

4. 代理折扣

代理折扣是指物流企业给予一些中间商（如货运代理商、票运代理等）的价格折扣。

5. 回程和方向折扣

回程和方向折扣是指物流企业在回程或运力供应富裕的运输线路与方向，给予的价格折扣，以减少运能浪费的一种折扣。

（三）关系定价策略

关系，包括建立、保持并加强同顾客的关系（通常是指长期关系）。由于它的获利潜力对顾客的吸引力相当大，越来越被认为是一种理想的营销策略。物流企业营销人员要制定一个有助于同顾客形成持久合作关系的具有创造性的定价策略。这种定价策略能够刺激顾客多购买本企业物流服务而抵制竞争者提供的物流服务。为此，营销人员首先要理解顾客同企业发展长期关系的需要和动机；其次要分析潜在竞争者的获利举动。一般来说，关系定价策略可以采用长期合同和多购优惠两种方式。

1. 长期合同

营销人员可以运用长期合同向顾客提供价格和非价格刺激，以使双方进入长期关系之中，或者加强现有关系，或者发展新的关系，使物流企业与顾客形成一种长期稳定的关系。来自长期合同的可观稳定收入使物流企业可以集中更多资源来拉开同竞争对手的差距。

2. 多购优惠

多购优惠的目的在于促进和维持顾客关系。它包括同时提供两个或两个以上的相关物流服务。价格优惠确保几种相关物流服务一次购买比单独购买要便宜。物流服务提供者将从多购优惠中获取三个方面的利益：第一，多购能降低成本。大多数服务企业的成本结构是提供一种附加服务比单独提供第二种服务所耗费的成本要少。第二，吸引顾客从一个物流企业购买相关的多种服务，顾客可以节省时间和金钱。第三，多购优惠能够有效增加一个物流企业同它的服务对象之间联系点的数目。这种联系越多，那么，企业获取顾客信息的途径越广，了解顾客需要与偏好的潜力也会越大。这类数据信息如能充分利用，将会有助于企业同顾客发展长期关系。

（四）差别定价策略

差别定价策略是一种根据客户需求、服务产品或地理位置的差异而采取不同价格的定价策略。差别定价策略的形成包括价格或时间的差异、客户支付能力差异、服务产品的品种差异和地理位置差异。为了适应货主、货物和运输线路等方面的差异，物流企业可以修改基本价格，实行差别定价。差别定价策略主要有货主差别定价、货物差别定价和运输线路差别定价。

（五）高价位维持策略

高价位维持策略是当物流购买者把价格视为品位时使用的一种定价策略。在某种情况下，某些企业往往有意造成高质量、高价位姿态。凡是已经培养出一种特殊的细分市场，或已建立起特色专属高知名度的物流企业，不妨使用此种以价格作为质量指标的定价策略。

（六）牺牲定价策略

牺牲定价策略是指一次订货或第一个合同的要价很低，希望借此能获得更多的生意，而在后来的生意中再提高价格的一种定价策略。当顾客不满意目前的服务供应者或者买主不精通所提供的物流服务时，可考虑此法。这种策略最大的不利之处是：起初的低价位可能成为上限价位。一旦此上限价位成立，顾客便会拒绝再加价。

（七）产品组合定价策略

产品组合定价策略是指将多种产品或服务组合成产品组合，制定能使整个组合获得最大利润的共同价格的一种定价策略。如某种产品只是产品组合中的一部分时，物流企业需要制定一系列的价格，从而使产品组合取得整体的最大利润。产品组合定价主要有服务产品系列定价和单一价格定价。

六、物流服务定价方法

传统的定价方法有成本导向定价法、需求导向定价法和竞争导向定价法。

（一）成本导向定价法

成本导向定价法是指企业依据提供物流服务的成本决定物流价格的定价方法。这里所讲的成本，是指服务产品的总成本，包括固定成本和变动成本两部分。成本导向定价法在具体实施时有成本加成定价法、投资报酬率定价法及非标准合同定价法三种。

1. 成本加成定价法

成本加成定价法是指按照单位成本加上一定百分比的加成来制定产品销售价格的方法。成本加成的具体做法是：

（1）按单位总成本定价。即以平均总成本加预期利润定价。若产品的平均总成本为100元，加成20%，售价则为120元。加成率的多少，对加成定价法极为关键，必须依据服务性质、营销费用、竞争程度以及市场需求等情况慎重确定。

（2）按边际成本定价。边际成本是指每增加或减少单位物流产品所引起的总成本的变化量。按照这种方法定价，价格就等于边际成本。边际成本是定价的极限，如若产品的市面价格已经低于企业的边际成本的话，生意就不能做了，因为在这种情况下做多亏多，不如不做。边际成本定价的基本要求是不求盈利，只求少亏。

2. 投资报酬率定价法

投资报酬率定价法又称目标报酬率定价法，是指以投资额为基础计算加成利润（投资报酬）后，再计算出产品价格的定价方法。投资报酬是投资额与投资报酬率的乘积。这种投资报酬率的多少，由企业或投资者裁定，具有一定的技巧，但一般不低于银行的存款利率。其单位服务产品定价的具体公式如下：

$$P = \frac{F_a + T_w}{Q} + V_p$$

公式中：P 为单位产品价格；F_a 为固定成本；T_w 为投资报酬率；V_p 为单位变动成本；Q 为服务数量。

3. 非标准产品合同定价法

非标准产品合同定价法是加成定价法中常用的一种形式，是指企业的非标准服务产品无市价资料可供参考计算，只能以成本为基础协商定价，并签入合同的一种定价方法。

（1）固定价格合同。当买卖双方对产品的成本计算均有一定知识和经验时，经过双方协商一致同意的价格，作为明确的合同价格固定下来，不管今后卖方产品的实际成本高低，均按此固定价格结算。这种定价方法能促使卖方努力降低成本，但合同的双方无论哪一方缺乏经验，都可能受损失，风险较大。

（2）成本加成合同。对买方迫切需要定购的产品，买方签订合同，卖方成本（实际生产成本）在合理的和允许的范围内实报实销，并按此成本和规定的成本利润计算卖方应得的利润。以实际生产成本与应得利润之和为价格。此法，卖方有时会故意抬高成本，使委托方蒙受损失，故一般较少采用。

（3）成本加固定费用合同。合同规定价格由实际成本加固定费用两部分构成。成本实报实销，固定费用由合同写明具体金额。这种合同定价，既不会促使卖方提高成本，减少委托方的风险，又能保证卖方取得一定的利润，但缺乏鼓励供应方降低成本的动力。

（4）奖励合同。合同明确定出预算成本和固定费用额，并规定实际成本超过预算成本是可以实报实销的。成本如有节约，则按合同规定的比例，由双方分成，给卖方的即成为鼓励卖方降低成本的奖励。这种定价方法，有利于鼓励卖方尽力降低成本。

（二）需求导向定价法

需求导向定价法，指很多企业根据市场需求强度来确定物流产品的价格，不仅要考虑成本，而且要考虑市场需求的强度和顾客的价值观，根据目标市场顾客所能接受的价格水平定价。需求导向定价法包括习惯定价法、理解价值定价法、区分需求定价法和比较定价法等。

1. 习惯定价法

习惯定价法又称便利定价法，是指企业考虑并依照长期被顾客接受和承认已成为习惯便利的价格来定价的一种方法。

在价格稳定的服务市场上，有许多产品由于人们长期交易所养成的习惯，逐渐形成一种习惯价格或便利的价格。这种习惯的、便利的价格，在物流业中较为常见。顾客已习惯按某一种价格购买。对这类产品，任何生产者要想打开销路，必须依照习惯价格或便利价格定价，即使生产成本降低，也不能轻易减价，减价容易引起顾客对产品质量的怀疑；反之，生产成本增加，也不能轻易涨价，只能靠薄利多销以弥补低价的损失，否则将影响产品的销路。

2. 理解价值定价法

理解价值定价法是指根据顾客对产品价值的理解，即产品在顾客心目中的价值观念所决定的定价法。这种定价法不是以卖方的成本为基础，而是以买方对产品的需求和价值的认识为出发点。理解价值定价法的关键之一，是要求企业对顾客理解的相对价值，有正确的估计和决断。如果企业对顾客理解的价值估计过高，定价必然过高，从而影响销售量；反之，如定价太低，则不能实现营销目的。

3. 区分需求定价法

区分需求定价法是指某种产品并不按照边际成本的差异制定不同的价格，而是根据不同的顾客、产品形式、时间和地点制定不同的价格的定价法。

同一产品，成本相同，但对不同顾客，亦可照价目表出售或可通过讨价还价，给予一定的折扣。不同季节、日期和时间可以规定不同的价格。实行这种区分需求不同的定价，要注意一些问题，如市场要能够细分才能掌握其需求的不同；要确实了解高价细分市场的竞争者不可能以较低价格竞销；差别价格不致引起顾客反感等。

4. 比较定价法

比较定价法是指根据产品需求弹性的研究与市场调查来决定价格的方法。一般认为，价格高，获利则多；反之，获利就少。其实，根据市场需求情况，实行薄利多销，定价降低，销量增加，反而可以获得较高的利润。

究竟是采取低价薄利多销，还是采取高价高利少销，可以通过对价格需求弹性的研究与市场的调查来决定。对富于需求弹性的产品，可以采取降低价格的办法；对于缺乏需求弹性的产品，则应采取提高价格的办法。企业通过市场调查，分别按高价、低价出售，然后计算其销量和利润，比较其利润大小，从而判断采用哪种价格对企业有利。这种定价方法有较高的实用性，深受现代企业的青睐与欢迎。

（三）竞争导向定价法

竞争导向定价法是指根据同一市场或类似市场上竞争对手的物流产品价格来制定本企业物流产品的价格的方法。这种方法只需要了解竞争对手的物流项目和相应的价格即可，因而简便易行。其不足之处是：当特殊市场没有参考价格时，很难对这种市场上的专门物流或特殊物流制定价格。此外，在许多情况下，有关某些细分市场及竞争对手的定价方式等信息也不容易获得。竞争导向定价法主要包括随行就市定价法、低于竞争者产品价格定价法、高于竞争者产品价格定价法、投标定价法、变动成本定价法、倾销定价法和垄断定价法等。

1. 随行就市定价法

随行就市定价法是指以本行业平均定价水平作为本企业定价标准的一种定价方法。这种定价方法适用于企业难以对顾客和竞争者的反应做出准确估计，自己又难以另行定价的情况。随行就市是依照现有本行业的平均定价水平定价，这样就容易与同行业和平共处，并且易于集中本行业的智慧，获得合理的收益。在竞争十分激烈的同一产品市场上，顾客对行情很清楚，企业彼此间也十分了解，价格稍有出入，顾客就会涌向价廉的企业。一家跌价，别家会跟着跌价，这样的话需求仍不会增加；一家提价，别家不一定提价，销量就会下降。所以，随行就市定价法是一种很流行的方法。

2. 低于竞争者产品价格定价法

低于竞争者产品价格定价法是指那些成本低于同行平均成本的企业准备推销产品，渗入其他企业已经建立牢固基础的市场，或扩大市场占有率时所用的一种方法。当企业以低于竞争者产品的价格出售其产品时，往往是服务项目较少。

3. 高于竞争者产品价格定价法

高于竞争者产品价格定价法是指能制造特种产品和高质量产品的企业，凭借其产品本身独具的特点和很高的声誉，以及能为顾客提供较之别的企业有更高水平服务的保证等而与同行竞争的一种定价方法。这些按较高价格出售的产品，一般是受专利保护的产品，或是企业具有良好形象的产品。

4. 投标定价法

投标定价法是指事先不对产品规定价格，而是运用各种方式，大力宣扬产品的价值和特点，然后规定时间，采取公开招标的方式，由顾客投标出价竞购，以顾客愿意支付的最高价格拍板成交的定价方法。投标定价不是以本企业的成本和主观愿望为依据，而是根据买者竞争出价的情况决定的。参加投标的企业往往要计算期望利润，然后根据最高的期望利润递价。期望利润可以根据估计的中标率和利润计算。凡是大型企业，经常参加投标，一般采用期望利润作为递价标准比较合适。但是，当一个企业出于某种原因，对于投标势必要中，以期望利润作为递价标准就不一定适宜,自然应该以力争低于竞争者标价为递价原则。

5. 变动成本定价法

变动成本与边际成本很相似,只是变动成本不计算边际贡献。变动成本定价是指企业以变动成本为依据,考虑市场环境,对付竞争的一种定价方法。当市场竞争少时,企业根据产品价格需求弹性的情况,一般定价略高;当市场竞争激烈,企业为了提高产品的竞争能力,定价较低。在维持和提高市场占有率时,产品的定价只要能收回变动成本或稍高于变动成本即可。

在下列情况下,为了应付市场的激烈竞争,提高竞争能力,企业经常采用变动成本定价法。产品已进入成熟期,生产能力大,技术熟练,产品急需扩大市场占有率;产品生命周期长,固定成本的补偿期也长;产品线较多,固定成本已在其他产品中得到补偿。

6. 倾销定价法

倾销定价法是指企业在控制了国内市场的情况下,以低于国内市场的价格向国外抛售,借低价打击竞争对手而占领市场的方法。以低价基本控制国外目标市场后,继续实行薄利多销,以获取总体利润为目标,不断开拓国际市场。

7. 垄断定价法

垄断定价法是指少数垄断企业控制了某项产品的生产与流通,结成垄断同盟或达成垄断协议,使产品定价大大超过其价值,同时对非垄断企业的原材料或零配件,定价则低于这些产品的价值的方法。

Mission 任务 3 物流服务分销策略分析

任务导读

在经过各营业部的走访调研之后,李华对电子商务国际物流专业化服务的产品推广和定价策略形成了一份分析报告。在该报告中,李华提出鉴于该服务产品的特点,企业应该建立在线直销模式,以满足电子商务交易双方的物流需求。目前该企业运行的主要是渠道分销体系,通过在不同地区建立分公司、办事处的方式,与一些运输企业、仓储企业、货运场站建立良好密切的合作关系,这种方式发展了业务环节较为全面的合作伙伴,能通过密切的合作满足客户的物流需求。若能建立在线直销模式,通过在线网络面向客户提供全方位的物流咨询服务,将是现行分销体系的有益补充。

1. 影响物流企业分销渠道设计的因素有哪些?
2. 物流企业如何进行网络营销?

物流服务与营销

一、物流服务分销渠道的含义

（一）物流服务分销渠道概念

所谓分销渠道，是指商品通过交换从生产者手中转移到消费者手中所经过的路线。分销渠道涉及的是商品实体和商品所有权从生产向消费转移的整个过程。在这个过程中，起点为生产者出售商品，终点为消费者或用户购买商品，位于起点和终点之间的为中间环节。中间环节包括参与从起点到终点之间商品流通活动的个人和机构。分销渠道可以使商品实体和所有权从生产领域转移到消费领域。同时，分销渠道也可以作为信息传递的途径，对企业广泛、及时、准确地收集市场情报和有关商品销售、消费的反馈信息起着重要的作用。

而物流服务分销渠道是指物流企业以物流市场需要为核心，通过采取整体物流营销行为，促使物流服务顺利地到达物流服务需求方，并为其带来利益的一整套各部分相互依存、相互作用的统一体。物流企业的分销渠道成员主要包括运输企业、货主、仓库、货运场站及各种中间商和代理商等。

（二）物流服务分销渠道的功能

1. 信息发布

分销渠道是生产者与消费者的桥梁。借助于服务分销渠道可以实现顾客对物流服务产品的认识与了解，分销渠道也可将顾客对产品的反映和感受评价反馈回来，供企业参考，做出适当的策略调整。

2. 提供方便的销售网络

当消费者对物流服务产品产生购买欲望时，他们会选择某一地点购买产品，物流服务分销渠道正是发挥了便利的作用，让顾客能方便、及时地购买到所需的物流产品。

3. 辅助购买

当顾客不太清楚有关物流服务的某些事宜，或在做出购买决策时仍然心存疑虑时，销售渠道可以为其提供关于产品的知识，促进其购买行为的发生。

除上述功能外，物流服务分销渠道还能帮助物流企业从事一些受理、协助解决顾客投诉等辅助促销工作。

（三）物流服务分销渠道的类型

1. 按物流服务过程中中间商参与的多少划分

（1）直接渠道。直接渠道是指没有中间商参与，物流服务由物流企业直接提供给物流服务的需求者的渠道类型。物流企业通过自己的人员销售网络，或电子商务网络将物流服务直接销售给物流服务的需求方，如通过推销人员等。

采用直接渠道有许多优势：一是物流企业可以对销售和促销服务过程进行有效的控制；二是可以直接了解客户需求及其变化趋势；三是便于向客户提供个性化的物流服务；四是便于企业开展促销活动；五是可以减少佣金折扣，便于企业控制服务价格。

（2）间接渠道。间接渠道是指物流企业通过一些中间商来向客户销售物流服务的渠道类型。采用间接渠道也有许多优势：一是采用间接渠道比直接渠道投资更少，风险更小；

二是代理商可以适应某一地区或是某一细分市场的客户的特殊要求；三是采用间接渠道有利于物流企业扩大市场覆盖面；四是采用间接渠道有利于延伸信息触角，拓展信息来源。

2. 按中间环节（层次）的多少划分

（1）长渠道。长渠道是指分销的级别和层次较多，中间商的利益起主导作用的渠道类型，一般较适合远距离市场。

（2）短渠道。短渠道是指企业分销的层次较少，同一层次和同一级别的分销成员众多的渠道类型，一般在企业可以控制的市场范围内。

3. 按每一渠道层次中间商的多少划分

（1）宽渠道。宽渠道是指物流企业使用的同类中间商众多，分销面很广的渠道类型。

（2）窄渠道。窄渠道是指物流企业使用的同类中间商较少，分销面较窄的渠道类型。

4. 按渠道成员联系的紧密程度划分

（1）传统渠道。传统渠道是指由独立的物流企业、中间商、代理商和物流需求方组成的分销渠道。它们各自为政，各行其是，追求各自利益最大化的渠道类型。

（2）渠道系统。渠道系统是指物流企业与代理商或物流企业间的一体化经营或联合经营的渠道类型。渠道类型改变了传统渠道的成员间各自竞争的局面，通过做大做强，来追求利润的最大化。

（四）物流服务分销渠道的特点

1. 层次少

物流服务作为物流业的产品，由于与其他产业的产品不同，其突出的特点是产品的生产与消费同时发生，所以，在分销渠道的层次上，物流服务的分销渠道绝大多数应为零层渠道，即直接分销渠道，产品从生产者流向最终消费者的过程中不经过任何中间商转手。

2. 可控性强

正是由于物流服务分销渠道具有层次少的特点，因此，在日常运作过程中，物流企业可以对自身产品的营销进行直接地控制，不像其他产品的营销活动受其他因素影响过大，而影响到销售行为使其不能达到最初的营销期望。

（五）物流服务分销渠道系统

无论采用哪一种分销渠道，企业要想在不同区域和目标市场完成营销任务，都需要独立拥有或合作形成具有管理控制能力的分销渠道系统。

1. 垂直分销渠道系统

垂直分销渠道系统是指物流企业及其代理商组成的一种统一的联合体。这一联合体由有实力的物流企业统一支配、集中管理，有利于控制渠道各成员的行动，消除渠道成员为追求各自利益而造成竞争的局面和冲突，进而提高成员各方的收益。

2. 横向分销渠道系统

横向分销渠道系统是指通过本行业中各物流企业之间物流运作管理的合作，开拓新的营销机会，提高物流效率，各方在共同利益的基础上，实现资源互补、相互信任，为竞争而合作，靠合作来竞争，获得整体上的规模效益。横向分销渠道系统能够较好地集中各有关企业在分销方面的优势，从而更好地开展分销活动。

3. 网络化分销渠道系统

网络化分销渠道系统需引用垂直和横向两种分销渠道系统的部分构架，并针对不同目标市场的情况，确定具体的分销关系。当一个企业物流系统的某个环节同时又是另一个物流系统的组成部分时，以物流为联系的企业就会形成一个网络，即物流网络。

二、物流服务分销渠道的设计

（一）影响分销渠道设计的因素

物流企业在进行分销渠道的设计时，必须全面考虑企业自身因素、产品因素、市场因素和市场环境因素的影响。

1. 企业自身因素

物流企业要结合自身状况设计分销渠道，主要取决于物流企业产品组合的广度、深度以及企业控制渠道的愿望和能力。如果客户对物流服务产品需求批量小、种类单一，那么就需要"长而窄"的营销渠道。如果物流服务产品组合面较广、较深、产品种类较多，一般则采用"短而宽"的营销渠道。

2. 产品因素

分销渠道的选择受到物流服务产品的档次、性质、等级和所涉及的行业类别等因素的影响。对于高档服务产品，如定制的大型物流软件，因其价格昂贵，致使其市场相对较小、购买者少，且多为回头客，这类产品的销售往往采用直接营销渠道进行。而较低档次的大众化服务产品，如快递服务，因其市场面较广、购买者多，则采用间接营销渠道更易于在较大的市场空间内吸引和争取广大的客源。

3. 市场因素

一般来说，如果物流服务产品的需求小、分布集中，购买频率相对较低时，则宜采用"短而窄"的分销渠道，如物流软件公司。如果物流服务产品的需求大、分布广、购买频率高时，则宜采用"长而宽"的分销渠道。

4. 市场环境因素

市场环境因素的影响也会制约营销渠道的选择。当经济萧条时，通货紧缩、市场需求下降，物流企业都希望采用能使客户以廉价购买的途径和方式将其产品送到市场，这就意味着必须使用较短的营销渠道，减少不必要的流通环节，并免除那些会提高产品最终售价但又不必要的服务。此外，政府有关的法律规定和限制也会影响渠道的选择。例如，为了保证快递市场的正常秩序，国家曾经规定国外快递公司不得在国内独资经营快递业务。

（二）物流企业分销渠道的设计步骤

在全面分析考虑了影响物流服务分销渠道设计的多种因素后，就可以对分销渠道进行设计了。物流企业分销渠道的设计步骤如下：

1. 分销渠道模式的确定

分销渠道模式的确定就是确定分销渠道的长度。物流企业对分销渠道进行选择时，不仅要保证其物流服务送达最终目的地，同时还应使分销渠道畅通、准确、及时和低成本，这样才能取得最好的经济效益。物流企业在选择分销渠道时，必须先决定采用哪种类型的物流服务分销渠道，其中，主要考虑是否需要通过中间商，如果需要的话，要了解通过的中间商属于什么类型，中间商的规模怎样等问题。

2. 中间商数目的确定

中间商数目的确定就是确定分销渠道的宽度。物流企业在决定选用中间商时，需要考虑有多少个分销环节，每个分销环节中应选用多少个中间商，这就要求物流企业根据所提供的物流产品和市场需求等因素决定。一般采用以下几种渠道策略：

第一，广泛分销渠道。广泛分销渠道策略常常是在物流服务产品供过于求、竞争激烈的情况下使用，或者在物流服务产品的需求面宽、需求量大时使用。广泛分销的目的在于可以通过尽可能多的中间商向客户提供物流服务，获得最大的销售量。

第二，专有分销渠道。专有分销渠道是指每个区域只选择一家或少数几家中间商进行分销，并要求中间商只经销本物流企业的物流产品。采用这种分销渠道策略的物流企业可以通过对物流服务质量的严格控制获得客户的信任，从而增加物流服务的销量。采用专有分销渠道对中间商的控制要比采用广泛分销渠道容易。

第三，选择性分销渠道。介于广泛分销渠道与专有分销渠道之间的为选择性分销渠道。选择性分销渠道既兼顾了前两种渠道的长处，又避免了其短处。其目的在于加强与中间商的联系，提高渠道成员的销售量，使本物流企业的物流服务产品有足够的销售面。该种方式比起广泛分销渠道更能降低成本，比起专有分销渠道更能加强对渠道的控制。

3. 明确渠道成员的权利与义务

物流企业确定了渠道的长度与宽度后，还必须进一步明确规定渠道成员之间彼此的权利与义务。涉及的内容包括地区权利、价格政策、销售条件、每一方应提供的服务及应承担的责任和义务，以及对渠道成员的奖励措施等。

4. 对渠道设计方案进行评估

物流企业要确定最优的分销渠道，必须对可供选择的渠道方案进行评估，根据评估结果选择对企业长远目标有利的渠道方案。分销渠道方案的评估可从以下三个方面来进行：

第一，经济效益。物流企业要考虑各渠道的销量与成本之间的关系。物流企业要考虑采用哪种分销渠道可以获得较高的销量，对于获得不同销量的分销渠道所支付的成本又有多高，通过这些方面的比较、分析与判断，选择能带来最高效益的分销渠道。

第二，可控能力。物流企业应根据其对中间商可控程度对分销渠道进行选择。直销渠道一般比利用中间商更有利于企业对于渠道系统的控制。

第三，适应能力。物流企业在与中间商签订长期合约时要慎重，因为在签约期间，企业不能根据需要随时调整渠道成员，这会使企业的渠道失去灵活性和适应性。因此，涉及长期承诺的渠道设计方案只有在经济效益和控制力方面十分优越的条件下，企业才可能考虑。一般来说，对于实力雄厚、销售能力强、企业同其业务关系历史较长，双方已经建立起相互信任的中间商，企业宜与之签订较长期的合约。如果企业对中间商的了解较少且中间商的销售业绩较差，企业最好不要急于与这样的中间商签订长期合约，而且应保留在某些情况下撤销该中间商的权利。

三、物流服务分销渠道的管理

物流服务营销中的渠道控制管理是物流企业构建分销渠道系统的重要组成部分，实施有效的渠道控制可以使企业的物流服务销售顺畅。

（一）渠道成员的激励与评价

物流企业的分销渠道建立后，企业与渠道成员间便形成了一个有机的整体，物流企业对于渠道成员应适时采取激励措施和评价手段，提高渠道成员的素质和分销渠道的运行效率，通过物流服务产品分销系统，实现合作，达到"双赢"。

（1）渠道成员的激励。物流企业为使其渠道成员顺利完成销售任务，应适时地采取相应的、有效的激励措施。物流企业为了与其中间商建立密切的合作关系，首先应了解中间商，特别是了解中间商的需求和目标，通过给予中间商合理的让利额度、价格政策和销售奖励等手段，鼓励中间商积极经营，通过构建长期的合作关系来进行激励。

（2）渠道成员的评价。物流企业必须遵循一定的标准，定期评价中间商的销售业绩，对渠道的经济效益进行评估。评价的内容通常有销售额完成情况、平均库存及交货时间、售后服务以及与本企业的合作状况等。对于符合标准的中间商，应继续激励，保持良好的合作关系；对于达不到标准的，则应查找原因并决定是否与中间商继续合作。

（二）对中间商销售区域和销售价格的管理

物流企业不可忽视对中间商的销售区域的管理。不少企业在选择分销渠道时，对区域控制采取顺其自然的态度；有的在分销协议中不作明确规定；有的虽作有明确规定，但执行力度不够，这些情况导致了中间商跨地区销售，从而引起渠道冲突。这种状况若不加以控制，问题不及时处理，将会导致中间商的销售混乱，影响整个销售网络的布局，出现销售不稳定的状况。许多中间商为了占有市场，往往采取低价竞争的方式，这种以低价为特征的恶性竞争既不利于中间商，也不利于物流企业自身。

（三）分销渠道的调整

物流企业对分销渠道进行设计后，并不是固定不变的，物流企业应对部分渠道成员和整个渠道系统进行相应的调整，从而适应营销环境的变化。

1. 调整部分分销渠道成员

物流企业在对分销渠道进行调整时，可以通过分析增减中间商对企业利润将产生哪些正面和负面的影响。

2. 调整部分分销渠道

市场的营销环境常常会发生变化，物流企业不仅要对分销渠道的成员进行调整，对分销网络也要适时进行一定的调整。

3. 调整整个分销渠道

随着物流市场的变化，原有分销渠道系统如果制约了企业的发展，物流企业就有必要对其进行整体调整。这种调整不仅会改变渠道系统，还将改变企业的市场营销组合及营销策略等方面，这一调整是本质性的调整。

（四）建立一体化的营销渠道

一体化营销渠道是由物流企业和中间商组成一个统一的联合体，统一行动，通过规模优势增强实力，减少某些环节的重复浪费，消除渠道成员为追求各自利益而造成的损失。

鉴于相当多的冲突来自物流企业与中间商之间较为松散的合作关系，每个渠道成员又都是作为一个独立的经济实体来追求自己利润的最大化而导致的内耗。因此，加强两者之间的合作，形成利益与共的紧密联系与合作，有助于消除渠道的内耗。

四、物流服务的特许经营

（一）特许经营的含义

特许经营是指特许经营权拥有者以合同约定的形式，允许被特许经营者有偿使用其名称、商标、专有技术、产品及运作管理经验等从事经营活动的商业经营模式。特许经营是以特许经营权的转让为核心的一种经营方式。

1. 授权公司须承担的义务

授权公司须承担的义务如下：

（1）允许被特许经营者使用企业的名称和标记，以获取客户。

（2）提供资金援助，使被特许经营者能有效地经营，对于许多物流企业，往往资金上的限制使其无法建立分销系统，为了扩张其规模，往往采取特许经营的方式。

（3）对被特许经营者的职员进行专门培训。

（4）在合同期内不间断地向被特许经营者提供其他的帮助。

2. 特许经营代理须承担的义务

特许经营代理是独立的物流企业，在接受特许之后须承担的义务如下：

（1）向特许人缴纳特许经营费用，作为取得经营权的代价。

（2）遵守授权企业规定的经营销售办法。

（3）保证经营活动符合协议要求。

（4）将销售总收入中一定比例的费用付给授权企业。

（5）经营提供所需要的某些设施和设备。

（二）物流服务特许经营的优点

特许经营作为一种商业经营模式，是连锁经营发展的高级形式，具有明显的优势，可以同时使特许方、受许人和客户获益。

1. 特许方可获得的好处

（1）能够使物流企业实现低成本的扩张，摆脱资金及人力资源缺乏对规模的制约。

（2）特许人可以利用自身的无形资产，使企业尽快在空间上多方布局，实现连锁规模经营，减少特许企业投资的风险。

（3）有助于特许企业的多元化经营，并可带来一定的经济效益。

2. 被特许经营者可得到的好处

（1）可以利用特许人无形资产的优势及其良好的社会影响，成功地进入某一物流服务市场，避免投资失败。

（2）被特许经营者可以得到系统的管理培训和指导，根据特许人已成功的经验来降低经营风险。

（3）被特许经营者可获得质量稳定、可靠的品牌和产品服务，享有知名品牌、商标带来的利润。

（4）由于统一的技术和经营运作模式，被特许经营者可极大地降低成本、保证顺利运营。

（5）附属于特许人品牌之下，特许人进行整体广告宣传，被特许经营者可减少广告宣传费用。

（6）获得现成的市场营销方案，可使企业快速发展。

（7）可得到持续不断的技术支持和售后服务。

3. 客户可得的好处

特许经营能使物流服务的对象享受到更好的物流服务产品。

五、物流服务网络营销

（一）物流网络营销的含义

物流网络营销是企业营销实践与现代通信技术、计算机网络技术相结合的产物，是指现代物流企业利用互联网技术手段和物流信息平台的功能，最大限度地满足客户需求，以达到开拓市场、增加盈利的目标而进行的各种营销活动，包括网络调研、网络新产品开发、网络促销、网络分销和网络服务等。它是直接市场营销的最新形式，是由互联网替代了报刊、邮件、电话和电视等中介媒体，其实质是利用互联网对产品的售前、售中和售后各环节进行跟踪服务，它自始至终贯穿在物流企业经营的全过程，包括市场调查、客户分析、产品开发、销售策略和反馈信息等环节。

（二）物流企业网络营销的职能

网络营销的职能归纳为：网络品牌、网址推广、信息发布、销售促进、销售渠道、顾客服务、顾客关系和在线调研。网络营销的职能不仅表明了网络营销的作用和网络营销工作的主要内容，同时也说明了网络营销可以实现的效果。

1. 网络品牌

网络营销的重要任务之一就是在互联网上建立并推广企业的品牌，知名物流企业的品牌可以在网上得以延伸，一般物流企业则可以通过互联网快速树立品牌形象，并提升企业整体形象。网络品牌建设是以物流企业网站建设为基础，通过一系列的推广措施，达到顾客和公众对企业的认知和认可。在一定程度上，网络品牌的价值甚至高于通过网络获得的直接收益。

2. 网址推广

网址推广是网络营销的核心工作，也是网络营销最基本的职能之一。几年前，甚至有人认为网络营销就是网址推广。相对于其他功能来说，网址推广显得更为迫切和重要，网站所有功能的发挥都要以一定的访问量为基础。

3. 信息发布

信息发布也是网络营销的基本职能之一。网站是一种信息载体，通过网站发布信息是网络营销的主要方法之一，无论哪一种网络营销方式，结果都是将一定的信息传递给目标群体，包括顾客、潜在顾客、媒体、合作伙伴和竞争者等。

4. 销售促进

营销的基本目的是为增加销售提供帮助，网络营销也不例外，大部分网络营销方法都与直接或间接促进销售有关。

5. 销售渠道

一个具备网上交易功能的企业网站本身就是一个网上交易场所，网上销售是企业销售渠道在网上的延伸，网上销售渠道建设也不只限于网站本身，还包括建立在综合电子商务平台上的网上商店及与其他电子商务网站不同形式的合作等。

6. 顾客服务

互联网提供了更加方便的在线顾客服务手段，从形式最简单的常见问题解答到邮件列表，以及BBS、MSN和聊天室等各种及时信息服务，顾客服务质量对于网络营销效果具有重要影响。

7. 顾客关系

良好的顾客关系是网络营销取得成效的必要条件，通过网站的交互性、顾客参与等方式在开展顾客服务的同时，也增进了顾客关系。

8. 在线调研

企业通过在线调查表或者电子邮件等方式，可以完成网上市场调研。相对传统市场调研，网上调研具有高效率、低成本的特点，因此，网上调研成为网络营销的主要职能之一。

（三）物流企业网络营销的特点

物流网络化就是在网络信息资源的交流与共享中，实现物流信息的收集、处理、交换与咨询。网络化在很大程度上消除了人们获取物流信息的时间和空间的限制，成为拓展物流服务范围和增强物流服务功能的重要手段。

1. 实现信息的沟通

网络营销是随着信息技术的发展而发展的，使得国际互联网成为一个辐射面更广、交互性更强的新型媒体。它不再局限于传统的电视、广播和报刊等媒体的单向性传播，能够与信息的接收方进行实时、交互式的联系与沟通，克服了传统营销中"信息单向传播"方式下物流服务的营销者与客户之间无法沟通的致命弱点。国际互联网成为一种开放、自由的双向信息沟通平台。物流企业与客户之间能够实现直接的信息交流和沟通，企业可根据目标客户的需求进行服务决策，提高营销决策的效率和效用。

2. 不受时空、地域的限制

由于网络的开放性，所以不会像传统营销方式那样受到时间及地域的制约。

3. 缩短营销的周期

网络营销下的信息反馈是及时的，网络的交互性使得营销的周期大大缩短。网络作为一种有效的双向沟通渠道，企业与物流服务对象之间可以实现低成本的沟通与交流，这为企业与客户建立长期关系提供了有力的保障。

4. 实现企业与客户的双赢

（1）物流企业能够利用国际互联网直接接受客户的订单，客户可直接提出自己个性化的需求，然后企业利用柔性化的服务方案最大限度地满足物流服务对象的需求。企业也可以从客户中了解市场、细分市场及锁定市场，最大限度地降低营销费用，提高对市场的反应速度。

（2）信息交互与共享是网络的优势，网站建好后，最重要的工作就是做好宣传与推广，提高知名度，尽可能地提高网站的点击量，吸引客户并创造商业机会。物流网络的建立为准时生产方式（JIT）的服务提供了平台。建立在国际互联网上的物流信息交互系统中，客户输入的数据直接进入后台数据库，方便进行数据挖掘与整理，为管理决策提供大量的基础数据。同时，物流信息管理水平往往标志着一个物流企业的服务水平与管理水平。以互联网为基础的现代物流，作为新的生产方式，能大大缩短物流的时间，并成为企业利润的新增长点。

（四）正确认识网络营销

在网络营销快速发展的同时，也存在着各种各样的问题，许多企业对网络营销的认识也存在着诸多误区。

1. 网络营销等同于网站推广

提到网络营销，很多人马上会想到建网站。一般来说，建立一个网站是很多公司开始进行网络营销的第一步，但这远远不是网络营销的全部。

采用互联网作为营销工具的物流公司，还必须考虑其他很多有关互联性和线下配合等方面的因素。公司有了网站只是网络营销的开端，要制定包括网站推广在内的系统、周密的网络营销计划，才能看到效果。

2. 网络营销等同于电子商务

许多企业往往将电子商务同网络营销等同起来，有的认为电子商务包含网络营销，有的认为网络营销包含了电子商务。电子商务内涵很广，其核心是电子化交易，电子商务强调的是交易方式和交易过程各个环节的电子化，而网络营销注重的是以互联网为主要手段的营销活动。

网络营销的定义已经表明：网络营销是企业整体营销战略的一个组成部分。网络营销本身并不是一个完整的商业交易过程，而是为了促成交易提供支持，因此，它是电子商务中的一个重要环节。尤其在交易发生之前，网络营销发挥着主要的信息传递作用。从这种意义上说，电子商务可以被看作是网络营销的高级阶段。一个企业在没有完全开展电子商务之前，同样可以开展不同层次的网络营销活动。

3. 网络营销可以完全取代传统营销

互联网对传统经营方式产生巨大的冲击，网络营销正在形成新的营销理念和策略，但是，必须认识到，这一过程不是网络营销将完全取代传统营销的过程，而是网络营销与传统营销整合的过程。

4. 网络营销等同于网上销售

网络营销有时很容易与网上销售混为一谈。网上销售当然属于网上营销，但两者并不相同。网上销售是网络营销发展到一定阶段产生的结果，但并不是唯一的结果。

网络营销的目的并不仅仅是为了促进网上销售，很多情况下，网络营销活动不一定能实现网上直接销售的目的。但是，可能促进网下销售的增加，并且增加顾客的忠诚度。网络营销的效果表现在多个方面，如提升企业品牌价值、加强与客户之间的沟通、拓展对外信息发布的渠道和改善对顾客的服务等。

从网络营销的内容来看，网上销售也只是其中的一个部分，并且不是必须具备的内容。许多企业网站根本不具备网上销售产品的条件，网站主要是作为企业发布产品信息的一个渠道，通过一定的网站推广手段，实现产品宣传的目的。

项目 3 物流服务营销组合策略分析

Mission 任务 4　物流服务促销策略分析

任务导读

李华拟定了电子商务国际物流专业化服务的产品推广策划书，在策划书中，李华认为鉴于电子商务国际物流专业化服务的特点，传统的人员推销方式难以达到服务产品推广的目的，较为有效的推广方式是通过广告宣传，特别是在一些国际性电子商务网站（如亚马逊、阿里巴巴等）投放广告，较有可能引起客户的注意，再配合企业网站售前客服人员的在线推销和一些营业推广策略（如运量折扣、限期运价优惠等），将有可能激发电子商务交易双方的物流服务购买欲望，进而产生物流服务购买行为，有效达到该服务产品的推广目标。

1. 物流服务促销有哪几种方式？影响物流服务促销组合的因素有哪些？
2. 如何制订物流服务的营业推广方案？

一、物流服务促销概述

（一）物流服务促销的概念

促销（Promotion）一词来自拉丁语，是促进营销的简称，是指营销者向消费者传递有关本企业及产品的各种信息，说服或吸引消费者购买其产品，以达到扩大销售的目的。

物流服务促销就是物流企业在经营过程中，通过人员和非人员的方式，将物流服务产品的性能、特征和优点向消费者（或最终用户）进行宣传、报道和说明，以引起他们的注意，激发他们的购买欲望，最终产生购买行为的活动。

（二）物流服务促销的作用

物流服务促销的目的就是使物流服务需求者亲身感受到物流服务本身这种无形的产品，通过沟通并描述所提供服务的种种利益，使客户首先建立对该服务产品及服务企业的认知和兴趣，再说服顾客购买或使用该项服务。物流服务促销在这一过程中起到的作用有如下四个方面：

1. 信息沟通

信息沟通是物流企业争取客户的重要环节。物流企业，要想提高本企业物流服务的市场占有率，必须积极地把服务信息及时而准确地传播出来，让客户全方位地了解本企业经营的业务项目、费用水平以及在各地的分支机构和代理网络等情况，吸引客户的注意。

2. 突出优势

在激烈的市场竞争环境下，物流公司的服务产品必须有自己的特色与优势，这样才能占有市场。在宣传促销过程中，也要重点来推销这一特色与优势，只有这样，才能满足客户的需要，加深客户对本企业和服务产品的了解，促成购买。

3. 促成购买

物流企业通过促销，向客户介绍物流产品，刺激消费者的购买欲望，促成购买结果。在促销活动中，物流企业通过侧重宣传其作业活动，能创造商品的附加值，为客户提供增值服务。而且，还有利于潜在客户转变传统企业"大而全"的观念，改变其自行处理物流业务的做法，采用物流业外包等方式，进而形成对物流企业服务产品的巨大需求。

4. 稳定销售

物流企业通过促销活动可以加深客户对企业的感情，提高企业的信誉和知名度，从而有利于与客户建立长期的、稳定的合作关系。物流服务促销的又一作用就是能够稳定服务产品的销售，巩固企业的市场占有率。

（三）物流服务促销组合

促销组合就是有目的、有计划地将人员推销、营业推广、公共关系和广告宣传四种促销方式联合起来综合运用。这四种促销方式所包括的推销方法很多，如各种广告形式、各类人员推销以及服务场所的布置等。如何从中加以选择和组合，使营销获得成功，是物流企业营销管理的重点和难点工作。

人员推销、营业推广、公共关系和广告宣传的形式、特点和作用是不同的，但是，它们增加物流服务需求、扩大物流服务销售的目的是一致的。

1. 人员推销

人员推销是物流服务促销组合中最直接的推销方式。它是指物流企业通过推销人员向客户进行推销，说服客户购买的一种促销方式。人员推销是一种最古老的营销方式，也是一种行之有效的营销方式，它在物流企业的营销活动中起着十分重要的作用。

2. 营业推广

营业推广是指在短期内能够迅速刺激物流需求，吸引客户，增加物流需求量的各种促销形式。

3. 公共关系

公共关系是指物流企业为改善与社会公众的关系，增进公众对物流企业的认知与理解，树立企业信誉和良好形象而进行的一系列活动。物流企业开展公共关系有利于塑造企业形象和提高企业的知名度，有利于企业的长远发展。

4. 广告宣传

广告是指物流企业通过一定的传播媒介，以付费的方式将物流企业服务信息传递给客户的一种促销方式。广告是物流服务促销组合的重要组成部分。物流企业通过综合运用图像和文字等直观手段，把企业信息传递给消费者，使客户接受物流服务产品，有利于物流企业树立良好的形象，为企业发展创造良好的环境。

（四）影响物流服务促销组合的因素

营销成功的关键在于合理选择、组合各种物流服务的促销方式。企业在进行促销活动时，不仅应综合考虑促销组合与整体营销的关系，还要分析目标市场的环境，客户的数量、类型及要求，不同商品的性质和市场生命周期等。影响物流服务促销组合的因素有如下四个方面：

1. 物流服务产品的性质

物流服务的促销策略应依据不同类型的服务产品及不同客户的需求而定。如果物流服务比较复杂，那么最好采用人员推销的方式；如果物流服务简单，则比较适合采取广告的方式。对于机构的物流服务促销，需要与客户当面接触，这时，物流服务的促销以人员推销为主，同时利用广告作为辅助手段。

2. 物流服务产品的市场生命周期的不同阶段

在产品市场生命周期的不同阶段，市场的状况不同，企业的促销目标不同，所以，促销手段的配合也有所不同。

（1）产品进入市场之前。这一时期，运用广告宣传形式是较为合适的。因为在产品进入市场之前，消费者对于产品从未接触过，极为陌生，这个时候，如果能够利用广告这一直观且富于表现力的宣传形式，把新产品展示于众，在消费者心中留下好的印象，就为产品的顺利上市奠定了基础。

（2）产品的市场导入期与成长期。这一时期，促销的主要形式还是广告宣传，人员推销只起辅助作用。在产品的市场导入期的广告宣传是广泛的介绍，在成长期的广告宣传的目的则是树立品牌、突出特色，引起客户的偏爱。至于人员推销，在导入期主要是劝说经销商经销产品，在成长期则应努力扩充销售渠道，创造需求，提高市场占有率。

（3）产品的市场成熟期。这一时期，企业从事促销的目的则是努力巩固产品的市场地位。这时候的促销手段仍以广告宣传为主，同时辅助以营业推广扩大企业和产品的声誉，争取在竞争中取胜。

（4）产品的市场衰退期。这一时期，物流企业更多地采用营业推广的促销方式，如进行有奖销售和赠送销售等。这时候的广告起到的是提示作用，面向企业的忠实客户，提示他们不要忘记使用老的服务产品。

3. 市场性质

采用哪种促销组合应依据不同的市场特点，市场的客户数量及市场的集中程度不同，都会影响促销组合的形式。如果产品的目标市场集中或不同类型的潜在客户数量不多，应以人员推销为主，这样，人员推销的作用会得到充分发挥，而且能够把一些广告费用节省下来；如果销售市场的范围广阔，或不同类型的潜在客户数量很多，采用人员推销就不太现实，因为它无法适应广泛的市场需求，这时就应以广告宣传为主。

4. 企业情况

企业的规模与资金状况不同，应该运用不同的促销组合。如果企业规模比较大、产品数量多、资金雄厚，就有能力负担大量的广告费用，广泛地向客户施加影响，所以，就应以广告促销为主，人员推销为辅；如果是小规模的企业，一般资金力量较弱，支付大量的广告费用比较困难，就应该以人员推销为主。

二、物流服务人员推销

（一）人员推销的含义

人员推销是促销组合中一个极为重要的因素，也是促销方式中一种古老的方法。人员推销是指通过推销人员与客户的直接接触，使客户对物流服务产品产生偏爱、建立信心，最终促成其购买的促销手段。一个好的推销员不只是专心于单纯的推销，除了在市场上争取订单外，还必须把客户切实放在心上，体察他们的心情，解决他们的困难。

（二）人员推销的基本任务

推销人员在企业从事推销的具体活动各有侧重，销售的性质也有所不同。但是，推销的基本任务却是一样的。主要包括以下五个方面：

1. 收集情报

推销人员是企业与客户之间的桥梁，一个企业能否事业兴旺，推销员的作用是举足轻重的。无论是在推销之前或是在推销之中，推销人员都要收集诸如物流服务设计、品质、竞争以及市场等方面的信息资料。

2. 传递信息

推销人员要擅长应用推销员的推销技巧向客户传递有关的服务以及企业发展的信息，这些信息对于客户的购买非常重要，一名优秀的推销员应善于传递利于企业的信息，通过推销引起客户对产品的注意和兴趣，最终促成购买。

3. 推销物流服务产品

物流推销人员的根本任务就是推销物流产品，通过推销使得客户对物流企业的信任度增强，更多地购买服务产品，提高该产品的市场占有率，这样的推销才是最有效的。

4. 高质量服务

推销人员在推销过程中应向客户提供最好的服务，要从客户的利益出发，真正为了客户而服务，只有这样的服务才能给客户和企业双方带来现实和长远的利益。

5. 拓展业务

长期依赖老客户和固有关系网推销自己的物流服务的推销员并不是一名好的推销员，了解并巩固现有的客户很重要，而善于拓展和发掘新的客户则更重要，不开拓潜在的客户，企业就难以发展。

（三）采用人员推销的优点

人员推销是物流服务营销中最直接的销售方式，销售人员以谈判方式向用户做出口头说明，以达到销售的目的，从而满足用户的愿望，开拓产品市场。其优点表现在以下三个方面：

1. 方式直接，针对性强

采用人员推销可针对未来客户预先做研究，找到突破点，在今后实施的面对面的直接推销过程中获得成功的可能性会增大，比其他促销方式效果显著，会减少不必要的浪费。

2. 灵活性强

推销人员在与客户面对面的推销过程中，可随时根据客户的需求，采取必要的行动，根据客户对某种推销方法的反应，作必要的调整，并对客户提出的意见或质疑，及时给予答复。

3. 促进物流企业发展

推销人员是物流企业与客户的有利纽带，通过经常与客户面对面地接触，他们最了解客户的需求，在推销过程中可以及时反馈给物流企业有价值的信息，使企业改进服务质量，提高服务水平，有利于企业健康发展。

(四) 推销人员的管理

人员推销也存在一定的缺点。当市场广阔而又分散时，推销成本较高，人员过多也难以管理。因此，物流企业要挑选一批素质较高的理想的推销人员，而且要加强对推销人员的训练与管理。

1. 推销人员的选择

销售工作要获得成功，中心问题就是选择高素质的促销人员。普通促销人员与高素质销售人员之间的业务水平有很大差异。物流企业选用推销人员时应考虑以下几点：

（1）素质高，品质可靠。
（2）表达能力强。
（3）能独立工作，有合作精神。

2. 物流推销人员的教育与培训

在选定适当的推销人员后，要对推销人员进行系统的岗前教育与培训，对原有的推销人员队伍还要定期集中进行培训，以满足市场形势发展的需要。

对促销人员进行培训的目标内容，一般包括销售人员应了解物流的基础知识，熟悉企业的服务能力情况，能够表述企业目标市场各类顾客和竞争对手的特点，演示有效推销方法的能力，明确销售人员实际工作的程序和责任。培训推销员的方法有集体培训和个别培训两种。集体培训的方法有讲座、模拟分组讨论、岗位练兵等；个别培训的方法有在职函授、业务进修和请有经验的推销人员"传、帮、带"等。

（五）物流服务人员推销的主要形式

物流服务人员推销主要采用建立自己的销售队伍、使用中间商和雇佣兼职销售人员的形式。

1. 建立自己的销售队伍

这种推销形式的推销人员有两类：一类是内部推销人员，即在办公室内用电话、传真等联系、洽谈业务，并接待可能成为购买者的来访人员；另一类是外勤推销人员，即外出进行推销，上门调查客户的人员。

2. 使用中间商

这种推销形式的推销，是企业通过销售代理商和经纪人等进行代销，按照其代销额付给佣金。西方国家的大企业甚至雇用国内外退休的高级官员当推销员。

3. 雇用兼职销售人员

这种推销形式是指在既定划分的各种场合，用各种方式促销，按销售额比例提取佣金，如演示、演讲、咨询介绍、实例讲解等方式。

三、物流服务营业推广

（一）物流服务营业推广的含义

营业推广是一种适宜于短期推销的促销方法，是指物流企业在特定的目标市场中，在短时期内采用强烈的促销措施，刺激需求和鼓励消费者购买产品或服务的活动。营业推广的促销手段是刺激需求立竿见影的好办法。

（二）物流服务营业推广的特点

（1）物流服务营业推广的活动方式众多，促销效果比较显著。物流服务营业推广不像公共关系和广告宣传那样需要一个较长的时期才可见效。所以，在一定时期、特定任务的短期性促销活动中最适宜采用营业推广的促销方式。

（2）物流服务营业推广一般都需与其他促销方式配合使用。因为，人员推销、广告和公关都是常规性的促销方式，而多数营业推广方式则是非正规性和非经常性的，只能是它们的辅助方式。营业推广方式的运用能使与其配合的促销方式更好地发挥作用。

（3）如果营业推广活动方式和时机不恰当，则会产生贬低产品的负面作用。采用营业推广方式促销，一般会促使消费者产生购买冲动，会产生"机会难得"的心理，唤起消费者的需求动机和购买欲望。但若频繁使用或使用不当，往往会使顾客对产品质量、价格的真实性产生怀疑，使消费者认为物流企业有急于抛售的意图。因此，物流企业在开展营业推广活动时，要注意方式恰当、时机恰当。

（三）物流服务营业推广的作用

1. 实现物流企业的营销目标

营业推广实际上是物流企业让利于消费者，可以使广告宣传和其他促销方式的效果得到有力的增强，达到销售本企业物流服务产品的目的，削弱消费者对其他物流服务产品的信赖。

2. 吸引消费者购买

吸引消费者购买是物流服务营业推广的首要目的，尤其是在物流企业推出新的服务产品或吸引新用户方面，由于营业推广的刺激作用比较强，因此较易吸引顾客的注意力，使顾客在了解服务产品的基础上采取购买行为，也可能使顾客因追求某些方面的优惠而购买服务产品。

3. 奖励忠实客户

营业推广的手段众多，其直接受惠者大多是经常使用本企业服务产品的顾客，从而使他们更乐于使用本企业物流服务产品，以巩固企业的市场占有率。

（四）物流服务营业推广的方式

物流服务营业推广的方式很多，物流企业要依据营业推广的目标选择合适的推广方式。

1. 对最终客户的推广

对最终客户的推广方式有：物流服务赠送、现场示范、客户竞赛、物流服务积分票、客户教育、展览销售会、光临酬谢、企业参观、包装、阅读刊物、电影广告、幻灯广告、特价销售、新奇宣传品、直接邮售、物流服务产品说明书、数量折扣、季节性折扣和广告辅助等。

2. 对中间商的推广

对中间商的推广方式有：销售商指导、推销奖金、竞赛、中间商赠品、回扣、业务会议、贸易展览和营业点广告等。

3. 对推销人员的推广

对推销人员的推广方式有：销售竞赛、销售奖赏、推销员教育、销售管理会议、企业内部刊物和提供各种推销器材等。

（五）物流服务营业推广方案的制订

物流企业要做好物流服务的营业推广，在制订营业推广的方案时，要做好以下几项工作：

（1）明确营业推广的对象，即明确企业开展的营业推广活动主要针对哪类消费者。

（2）营业推广时间的确定，即营业推广活动举行的时间及开展该活动计划持续的时间。

（3）营业推广的媒体选择，即向消费者传递营业推广活动的信息，通过什么媒体来实现，一般媒体包括报纸、广播、电视等，要从目标受众的喜爱以及企业的经济状况选择这些媒体哪类更合适、更有效。

（4）确定营业推广活动规模的大小，这取决于准备投入营业推广费用的多少。

（5）营业推广费用。物流企业在进行营业推广之前，对该项推广活动的费用支出应有合理预算，这与活动的规模大小有关系。

（六）物流服务营业推广方案的实施与评价

1. 物流服务营业推广方案的实施

营业推广方案确定以后，可预先测试该方案是否可行，效果是否理想。测试时，可以在小范围内仿真实施，以便观察其效果。

可行性方案经过测试后便可按预定计划实施。方案实施前，首先应做好一些准备阶段的工作，包括推广方式的策划、营业推广信息的传播、促销人员的招募及营业推广活动的培训工作等。在实施过程中，由于顾客受到刺激，往往会形成一个消费狂潮，这时，企业营销人员应努力做好各项工作，兑现对消费者的各种承诺，满足消费者的有关愿望和要求，促使销售促销活动收到显著的效果。

2. 物流服务营业推广方案的评价

每次营业推广活动结束后，物流企业都应该对该次活动进行总结性评价。企业通过评价可以明确成果、总结经验、发现不足，以便更好地开展下一轮促销活动。评价方法如下：

（1）分析营业推广实施后对销售量的影响。在其他条件不变时，把营业推广增加的销售额所带来的毛利与营业推广活动的费用相对照，算出营业推广活动的净收益，从而分析营业推广实施前、实施中和实施后服务销售量的变化情况。

（2）顾客调查。对顾客进行跟踪调查，了解他们的购买量、重复购买率以及对本次营业推广活动的看法和意见等，以此来分析开展此次活动的成效与不足。

四、物流服务广告策略

（一）物流服务广告的含义

广告（Advertising）的英文原意为"注意"、"诱导"，即"广泛告知"的意思。物流服务广告则是为推销商品、服务或观念，以付费的方式，通过各种大众媒介和形式（如报纸和杂志、广播电台和电视台、邮寄广告、广告牌、招贴、商品目录）向受众传播有关产品或服务信息的促销方式。

对无形的服务产品做广告与对有形物品做广告是有区别的。我们首先要认识到物流服务是一种行为而不是物体。因此，物流服务广告应以展示物流服务质量、服务员工的素质和服务场景、物流设施及提供服务的场所等为主。其目的是为树立物流企业在客户心目中的形象，增强客户的重视、信任程度，使客户认同该公司的物流服务。同时，服务广告也必能表达和反映公司员工的观点，让物流企业员工支持、配合物流公司的营销活动。

（二）物流服务广告的原则

物流企业对其物流服务产品做广告宣传不同于对一般产品所做的广告。针对物流服务的特性，物流服务广告应遵循以下四方面原则：

1. 目标性原则

物流企业对其产品进行广告宣传始终要明确做广告的目的就是通过广告中的文字、图形或声像，传达所提供服务的领域、位置、质量和特色等，使公众了解、认识其服务产品，最终增加服务产品的销售。在广告中应重点反映与物流服务相关的信息，强调服务的利益和购买选择的合理性，解除顾客的后顾之忧。

2. 大众性原则

物流服务广告应用最简洁的文字、图形或声像，通俗易懂地传达所提供的服务。由于广告的目的是使公众认可并购买服务产品，因此广告应一切围绕大众，为大众着想，站在大众的立场上去思考和行动。

3. 真实性原则

广告必须以事实为依据，以信为本，讲求信誉。物流企业要注意只承诺能给顾客提供的服务，不要过度承诺，以免顾客产生过度期望而企业又无力兑现，使顾客失望，给企业带来压力。所以，承诺"最起码的服务标准"，如果能做得超出标准，通常还会给顾客带来惊喜。

4. 连续性原则

物流企业可以通过广告中持续连贯地使用象征、造型和形象等主题，以克服物流企业的两大不利之处，即非实体性和服务方案的差异化。一项关于服务企业使用的各种广告主题的研究调查发现，服务业中有些主题最为突出，即效率、进步、身份、威望、重要性和友谊。所以，根据对象的不同，有效实施"主题差异化"的连续性广告，可以提高广告促销的效益。

（三）物流服务的广告媒体的类型

广告可以根据不同属性进行分类，这里我们根据传播媒介可把广告分为三类：

1. 印刷类广告

印刷类广告主要包括印刷品广告和印刷绘制广告。印刷品广告有：报纸广告、杂志广告、图书广告、招贴广告和传单广告等。印刷绘制广告有：墙壁广告、路牌广告、工具广告、包装广告和挂历广告等。

2. 电子类广告

电子类广告主要有：广播广告、电视广告、电影广告、网络广告、电子显示屏幕广告和霓虹灯广告等。

3. 实体广告

实体广告主要包括实物广告、橱窗广告和赠品广告等。

由此可见，物流服务广告的媒体众多，物流服务企业选择什么样的广告媒体，对其广告效果的影响很大，物流企业在选择广告媒体时应着重考虑顾客习惯、广告媒体的知名度和影响力以及媒体的成本等因素。

（四）物流服务广告效果的测定

物流企业在实施广告促销决策之后，会产生一定的广告效果。这种广告效果主要表现在两个方面：一是广告销售效果；二是广告诉求认知效果。

1. 广告销售效果的测定

（1）销售额衡量法。销售额衡量法就是实际调查广告活动前后的销售情况，以事前与事后的销售额之差作为衡量广告效果的指数。这种方法比较简便易行，但是如何区分广告效果以外其他因素使得销售额增加的部分，却相当困难。

（2）小组比较法。小组比较法是将相同性质的被检测者分为三组，其中两组各看两种不同的广告，一组未看过广告，然后比较看过广告的两组效果，再和未看过广告的一组加以比较。通常，将测定结果用频数分配技术来计算广告效果指数。

2. 广告诉求认知效果的测定

广告诉求认知效果测定的目的在于分析广告活动是否达到预期的信息效果。测定广告诉求认知效果，主要有如下指标：

（1）接触率。接触率是指在看过广告媒体的受众中，已接触到该广告的比率。

（2）注目率。注目率是指在看过该广告的受众中，能辨认出先前已看过这一广告的比率。

（3）阅读率。阅读率是指通过报纸、杂志来阅读广告的人数和报刊发行量的比率。阅读率越高，对广告的认知率就越高，广告的效果就越好。

（4）好感率。好感率是指在看过广告的受众中，对企业及其商品产生好感的比率。

（5）知名率。知名率是指在被调查的对象中，了解企业及其产品的比率。知名率的考察往往是通过广告前后的对比来进行的。若发布广告后企业的知名度大为提高，说明企业的广告效果十分理想。

（6）综合评分。综合评分是指由目标消费者的一组固定样本或广告专家来评价广告，并填写评分卷的测定方式。评分卷中依照广告的注意强度、阅读强度、认知强度和情绪强度等内容分别给出一定分数，所有分数汇总便得到综合评分。通常，综合评分以百分制记，分数如果不断上升，则表明广告的诉求认知效果越来越好。

（五）物流服务产品市场生命周期与广告策略

按照不同物流产品的不同市场生命周期，物流产品的广告目标、媒体选择和广告实施策略也不相同。

1. 导入期和成长前期的广告策略

这一时期的物流服务产品刚刚投入市场，销路打开缓慢，物流服务的特性和功能尚未被客户认识。此时的广告为开拓性广告，目的是以创牌为主，使客户认识新服务，唤起初级需求，开拓新市场。

2. 成长后期和成熟期的广告策略

这一时期的物流服务产品性能已成熟完善，客户已广泛接受了服务产品，物流企业利润已有了保证，但竞争者开始出现，同类产品纷纷投入市场，竞争日趋激烈。此时的广告属竞争型广告,其目的在于唤起选择性需求,通过广告宣传,用强有力的证据突出服务产品的优越性,加深客户对企业和产品的印象,引导客户购买,以"名牌"形象去征服客户,靠广告宣传来"摇旗呐喊",使广告成为创造名牌和保护名牌的必要手段。

3. 衰退期的广告策略

这一时期的物流服务产品销售量在达到高峰后保持稳定并开始下降。此时的广告属提醒式广告,目的在于保持产品的销售或延缓销售量的下降。这一时期的广告发布应采用长期、间隔和定时发布的方法,以便唤起客户的注意,巩固客户的习惯性购买。

五、物流服务公共关系策略

(一)公共关系的概念

很多人把公共关系同广告或宣传混为一谈。实际上某些广告(特定内容的公关广告)或宣传(有意识的宣传)只是公共关系的某种活动而已,直接以销售为目的的产品广告都不应与公共关系相提并论。还有些人干脆把公共关系理解成请客吃饭或送礼,这些看法都是错误的。物流企业的公共关系是指物流企业从事市场营销活动中正确处理企业与社会公众的关系,以便树立企业的良好形象,从而促进服务销售的一种活动。

(二)公共关系的公众对象与任务

物流企业进行公共关系工作,应当细心地决定自己的"公众"对象。实际上公关对象包括本企业的职工在内,企业要听取他们的意见,使职工有荣耀感,同时引导他们向社会宣传本物流企业(包括本企业的方针、政策),形成好的舆论,对企业的公众对象产生深远的影响。一般来说,物流企业公共关系工作的对象应该包括:物流企业的员工、客户、供应商、中间商、竞争者、特定公众、金融界、领导机关以及其他公众。

要很好地完成一项具体的公关工作,关键在于所采取的公关形式是否适合特定的公关对象,是否能根据内部公众和外部公众,现在公众、潜在公众和未来公众以及首要公众、次要公众和边缘公众的不同特点,按照不同的程序、层次和在不同的时间采取具有针对性的亲善行为。以一家物流企业为例:正在执行物流合同的客户是现在公众,已有明确迹象表明要签订物流合同的客户是将在公众,而社会上所有经营该类服务产品的中间商则是它的潜在公众,只要给予一定的条件,他们便有前来签订合同的可能。从发展的眼光来看,这家物流企业不应仅把注意力放在往来的客户上面,还应当做好与新客户进行业务谈判的准备工作,并且通过一切手段去发掘那些广泛的潜在客户。

(三)企业公共关系技术

公关技术是多种多样的,主要的工具有新闻媒介、发行物、展览、社会关系以及与直接销售相结合的方式等,这些公关技术通过企业的应用实践证明,它们是重要的和卓有成效的。

1. 新闻媒介关系

新闻媒介是企业公关的重要工具。新闻媒介具有传递信息迅速、广泛和真实的特点,舆论制造力极强,得之锦上添花,失之名声扫地。利用新闻媒介搞好公关主要应进行两个方面的工作:一是将本单位有新闻价值的东西写成稿件,投寄给新闻媒介,或请记者到本单位采访，或在合适的地点举行记者招待会；二是制作公关广告。

企业要搞好这项工作，专职公关人员应该经常把握住新闻媒介的动态，对不同媒介的对象、发行范围、影响力、版面栏目安排都有充分的了解，同时积极提供有价值的材料并使自己成为新闻媒介重要的信息来源。切忌遮遮掩掩，平时不烧香，急来抱佛脚，完全使企业处在消极被动的地位。

2. 专题活动

卓有成效的专题活动关键在于既有趣味又有内容而且方式得当的活动计划。如日本的木下马戏团曾在珠海组织了一场马戏团小丑的游行活动，小丑们戴着面具招摇过市，惊动了港澳，结果他们在当时只有 12 万人的珠海却招引来 47 万人观看演出。公关专题活动的主要形式有：开幕式、开放参观、宣传小册子、展览和演出等。

3. 社区关系

社区是指企业所在地的各类居民、团体及单位的一定地域范围。要想拥有良好的社会关系，首先，自己要做一个好"公民"，尽各项义务，如资助、慈善事业等。其次，要依靠全体职工的努力，鼓励职工经常参加社区活动，如清洁卫生、建立设施、创造良好的文化环境等。

4. 处理客户抱怨

客户抱怨形式一般有两种：一是直接对话，怒气冲冲；二是客户书信投诉。在直接对话时，不能对盛怒下的客户置之不理，应诚恳相待，认真倾听，之后表示感谢并立即提出处理意见。如果客户投诉以书信形式出现，公关部门一定要回复对方，最好登门告之处理结果或以领导的名义手写复函，这样有利于达到应有的处理效果。

Mission 任务 5 物流服务有形展示设计

任务导读

在李华所拟定的电子商务国际物流专业化服务产品推广策划书中，说明了有形展示对客户购买的影响，通过有形展示可以传达物流服务特色、引导客户感知和认识该企业和所提供的物流服务产品，起到有效推广和建立品牌的作用。李华提出了几种想法，例如设计该产品的物流形象标志，制作印制该标志的企业员工制服，统一该企业的各种业务票据样式及标志，培训在线销售人员的业务素质等。营销经理认为李华的想法很好，要求他进一步调查研究，设计一份有形展示设计方案，将在下一次的部门经理例会中向总经理提出该方案。

1. 如何理解物流服务的有形展示？
2. 物流服务有形展示有哪些类型？

物流服务与营销

一、物流服务有形展示概述

服务是无形的,但物流服务设施、物流服务设备、物流服务人员、客户、市场沟通资料、价目表等却是有形的,所有这些有形物都是无形服务的线索。因为客户必须在无法真正见到服务的条件下来理解它,并且在作出购买决定之前,知道要购买什么和为什么购买。因此,客户一般会通过有关服务的线索获取一些信息。

做好有形展示管理工作,发挥有形展示在营销策略中的辅助作用,是物流企业管理人员的一项重要工作。利用各种有形展示,生动、形象地传送各种营销信息,使客户与员工都能了解并接受。有形展示在物流服务营销中可发挥以下具体作用:

1. 使客户形成初步印象

经验丰富的客户受有形展示的影响相对较少,然而,缺乏经验的客户或从未接受过本物流企业服务的客户常常会根据各种有形展示,对物流企业产生初步印象,并根据各种有形展示,判断物流企业的服务质量。因此,物流企业应充分利用各种有形展示,使消费者形成良好的初步印象。

2. 使客户产生信任感

客户很难在作出购买决策之前全面了解物流服务质量。要促使客户购买,物流企业必须首先使客户产生信任感。为客户提供各种有形展示,能使客户更多了解企业的物流服务情况,增强客户的信任感。

3. 提高客户感觉中的服务质量

在物流服务过程中,客户不仅会根据物流服务人员的行为评估服务质量,而且会根据各种有形展示评估物流服务质量。与物流服务过程有关的服务设施、服务设备、服务人员的仪态仪表等每一个有形展示都会影响客户感觉中的物流服务质量。因此,物流企业应根据目标细分市场的需要和整体营销策略,细致地做好每一项基本服务工作和有形展示管理工作,为客户创造良好的消费环境,从而提高客户感觉中的服务质量。

4. 塑造企业的市场形象

物流企业必须向客户提供看得见的有形展示,生动、具体地宣传企业的市场形象。单纯依靠文字宣传,是无法使客户相信物流企业的市场形象的。在市场沟通活动中,巧妙地使用各种有形展示,可增强物流企业的市场形象。要改变物流企业的市场形象,更需要提供各种有形展示,使客户相信企业的各种变化。

5. 为客户提供美的享受

服务也可通过有形展示,为客户提供美的享受。物流企业重视建筑物艺术风格和建筑物内部装饰布置,给予客户某种特殊的美感。但是,建筑物外观和内部装饰只能向客户传递初步信息。物流企业更应重视服务环境、服务体系、员工的仪表和服务态度,真正使客户享受优质服务。

6. 促使员工提供优质服务

做好有形展示管理工作,不仅能为客户创造良好的消费环境,而且可为员工创造良好的工作环境,进而鼓励他们为客户提供优质服务。

二、物流服务有形展示的类型

有形展示可以从不同的角度作不同的分类。不同类型的有形展示对客户的心理及其判断物流服务产品质量的过程有不同程度的影响。

（一）根据有形展示能否被客户拥有划分

根据有形展示能否被客户拥有可将之分成边缘展示和核心展示两类。

1. 边缘展示

边缘展示是指物流需求者在购买过程中能够实际拥有的展示。这类展示很少或根本没有什么价值，比如货运票据，它只是一种使客户接受物流服务的凭证；在物流公司里通常有很多包括服务指南以及笔、纸之类的边缘展示，这些代表服务的物品的设计，都是以客户心中的需要为出发点，它们无疑是企业核心服务强有力的补充。

2. 核心展示

与边缘展示不同的是，核心展示在购买和享用物流服务的过程中不能为客户所拥有。但核心展示却比边缘展示更重要，因为在大多数情况下，只有核心展示符合客户需求时，客户才会作出购买决定。当客户判断某种物流服务的优劣时，尤其在使用或购买它之前，其主要的依据就是从围绕着物流服务的一些实际性线索、实际性的呈现所表达出的东西。

（二）从有形展示的构成要素进行划分

根据有形展示的构成要素来划分，可分为三种类型：物质环境、信息沟通和价格展示。

1. 物质环境展示

物质环境有三大类型：周围因素、设计因素、社会因素。

（1）周围因素。这类要素通常被客户认为是构成物流产品内涵的必要组成部分，是指客户可能不会立即意识到的环境因素，如湿度、气温、声音、气味等。它们的存在并不会使客户感到非常兴奋和惊喜。但如果失去这些要素或者这些要素达不到客户的期望，就会削弱客户对物流服务的信心。

（2）设计因素。设计因素是刺激客户视觉的环境因素，这类要素被用于改善物流服务产品的包装，使产品的功能更为明显和突出，并建立有形的、赏心悦目的物流产品形象。如物流服务场所的设计、企业形象标识等均属此类因素。设计性因素是主动刺激，它比周围因素更易引起客户的注意。所以，设计因素有助于培养客户的积极的感觉，有很好的竞争潜力。

（3）社会因素。社会因素是指在物流服务场所内一切参与及影响物流服务产品生产的人，包括物流企业管理人员和其他在物流服务场所出现的企业员工。他们的言行举止皆影响客户对物流服务质量的期望与判断。

2. 信息沟通

另一种物流服务展示是信息沟通，这些来自物流企业本身及其他引人注意的沟通信息通过多种媒体传播，来展示物流服务。从赞扬性的评论到成功的广告，从客户口头传播到企业标识，这些不同形式的信息沟通都传送了有关物流服务的线索，影响着物流企业的营销策略。

（1）服务有形化。让物流服务更加实在而不那么抽象的一种办法是在信息交流过程中强调与物流服务相联系的有形物,从而把与物流服务相联系的有形物推至信息沟通策略的前沿。例如,物流企业建立自己的网站,既用国际互联网沟通物流服务与管理信息,又使得企业的信息通过互联网展现在人们面前。

(2)信息有形化。信息有形化是指物流服务营销人员通过营销手段使得与服务有关的信息更加有形化。鼓励对企业有利的口头传播是信息有形化的方法之一。物流企业的信息通过大众的口头传播,尤其是某些专家的口头传播,常会影响客户对物流服务的看法。

3. 价格展示

物流企业正确的定价特别重要,因为物流服务是无形的,物流服务的不可见性使可见性因素对于客户做出购买决定起着重要作用。价格是对服务水平和质量的可见性展示。价格成为客户判断企业物流服务水平和质量的一个依据。价格能培养客户对物流产品的信任,同样也能降低这种信任。价格可以提高人们的期望(它这样昂贵,物流服务一定很好),也能降低这些期望(客户付出这么多钱,到底得到了什么)。

正确合理价格的制定,使企业不仅能获得稳定的收益,并且也能传送适当的信息。价格的高低直接影响着企业在客户心目中的形象。

三、物流服务有形展示的管理

物流企业成功的市场营销活动的关键是管理与无形服务相关的有形因素,通过物流服务展示管理向客户传送适当的线索,使得客户更好地理解"要购买什么物流服务产品","为什么要买该产品"。

物流企业若想克服营销方面的难题,采用有形展示策略,应以两个方面为出发点:

(一)服务的有形化

服务的有形化就是使物流服务的内涵尽可能地附着在某些实物上,正如"UPS 快递"的一句广告词所描写的那样"珍惜所托,一如亲递。"

(二)使物流服务在心理上容易把握

物流企业除了使服务有形化之外,还应考虑如何使物流服务更容易地为客户所把握,这通常要遵循两个原则:

1. 使物流服务同易于让客户接受的有形物体联系起来

由于物流服务产品的本质是通过有形展示表现出来的,所以,有形展示越容易理解,则物流服务就越容易被客户接受。运用此种方式时要注意:首先,使用的必须是客户认为很重要的有形物体,而且也是客户在此物流服务中所寻求的一部分。其次,在物流服务被使用时,必须确保这些有形实物所展示的承诺,即各种物流服务产品的质量,必须与承诺相符。

2. 重视发展与维护企业同客户的关系

企业的目的是建立同客户间的长久关系。物流服务提供人员的作用很重要,他们直接与客户打交道,不仅其衣着打扮、言谈举止影响着客户对服务质量的认知和评价,而且他们之间的关系将直接决定客户同整个企业关系的融洽程度。

另外,其他一些有形展示亦能有助于发展同客户的关系。比如,物流企业向物流服务对象派发与其有关并具有纪念意义的礼物就是出于此种目的。

四、物流服务环境的设计

（一）物流服务环境概述

物流服务环境是物流企业向客户提供服务的场所，它不仅包括影响物流服务过程的各种设施，而且还包括许多无形因素。凡是能够影响物流服务表现水准和沟通的任何设施都包括于物流服务环境之中。服务环境设计已经越来越受到物流企业的重视，因为服务环境是客户在接触物流服务产品之前最先感受到的，对于那些先入为主的客户，环境因素的影响更是至关重要了。从环境设计的角度看，物流服务环境具有如下特点：

（1）环境是多种因素的综合体，它包括了许多有形和无形的因素，环境中的人只是环境的参与者。

（2）环境常常具有多种模式，它对感觉的影响并不是只有一种方式。

（3）环境延伸所透露出来的信息常常比实际过程要多，而其中的某些信息可能会相互冲突。

（4）边缘信息和核心信息总是同时展现，都是环境的一部分。

（5）每种环境都隐含着不同的目的。

（6）每种环境都包含许多含义和许多动机性信息。

（7）每种环境都隐含美学的、社会性的及系统性的特征。

（二）影响物流企业形象塑造的因素

物流企业要创造一个适合企业物流服务产品的形象，受到很多因素的影响。下面简要介绍实物属性及气氛对物流企业形象塑造的影响。

1. 实物属性

物流企业的外在有形表现会对形象产生影响。物流企业建筑物的具体结构，包括其规模、造型、建筑材料、所在地点等，都是塑造客户感观的因素。至于其相关因素，如停车的便利性、门窗设计、招牌标示等也很重要。而企业内部的陈设布局、装饰、装修、记事本、说明小册子、展示空间等也会塑造出企业形象。

将这些内部因素与外部因素整合成协调整体，可以说是一种具有相当难度的技术性和创造性的工作。通常情况下物流企业所具备的具体条件或多或少会受现实条件的限制，如所处的地理位置不好，物流企业资金有限或受成本、规模的限制等，就会使物流企业难以借此表现出其独特性。因此，物流企业充分利用服务产品的有形展示，让有形展示表现企业的"个性"，而"个性"在高度竞争和无差距化的物流服务产品市场中，可以说是一个关键的特色，能够弥补物流企业在其他实物属性方面的不足。

2. 气氛

企业的物流服务设施的气氛也能够影响企业的形象。气氛对职员及客户都有重要的影响。每个物流企业的实物布局、陈设方式都会给客户不同的感觉，有的很有魅力、有的朴素无华。物流企业是否重视对气氛的营造，对于客户而言，可能产生的就是"宾至如归"或"望而却步"的不同感觉了。物流企业要注意保持其特有的气氛，该种目标气氛必须适合于目标市场，并能诱导消费和购买。

影响"气氛"的因素通常包括：视觉、听觉、触觉等。气氛是构成企业形象的一个要素，但是，当竞争者越来越多、物流服务产品与价格的差别越来越小或者产品是针对特殊社会阶层或生活方式的消费时，气氛也可以变成一种特别的竞争手段，因此，可以利用企业独特的气氛来赢得客户。

（三）物流服务环境营销及其要素

物流服务环境营销是指物流企业为提示和保证物流服务质量而提供良好的服务环境。物流服务环境营销的要素就是环境设计的要素，主要包括烘托物流服务质量、体现物流服务理念、体现物流服务特色、配合物流服务创新、配合网点建设、环境促销、改善客户关系和满足客户需要等要素。

1. 烘托物流服务质量

烘托物流服务质量是环境设计的一个要素。由于服务的无形性，物流服务质量较难被客户识别，而服务环境作为一种包装，能够提示物流服务质量，增大其识别度。

2. 体现物流服务理念

物流服务环境的设计需要体现物流服务理念，由于理念是整个物流服务营销的灵魂。物流企业能够用环境设计的变化提示服务理念的变化，以达到营销目的。

3. 体现物流服务特色

物流服务环境的设计要体现物流服务特色，如专业特色、技巧特色、人员特色、客户特色、时间特色等。

4. 配合创新

服务创新也包括服务环境的重新设计，实际上就是环境创新。因此，服务环境的设计需要与服务创新配合起来，使环境设计支持服务创新。

5. 配合网点建设

物流服务环境设计要配合服务网点的拓展和建设。服务网点的拓展与建设关键之一是环境的选择和设计。环境选择得正确和设计得好，就有助于物流服务网点的成功建设及发展。

6. 环境促销

物流服务环境设计要考虑促销的需要。如文化包装就是塑造文化环境或氛围。

7. 改善客户关系

物流服务环境的设计要有利于改善客户关系，因为物流企业与客户的关系，尤其是互动关系，都是在服务环境中发生的，环境对互动关系是有影响的。要改变互动关系，可能就要改变物流服务环境的设计。

8. 满足客户需要

满足客户需要是营销的核心，也是物流服务环境设计的一个要素。

知识点延伸

逆向物流服务的产品设计

一、逆向物流的含义

逆向物流有广义和狭义之分。狭义的逆向物流是指对那些由于环境问题或产品已过时的原因，而回收产品、零部件或物料的过程。它是将回收或退换货物中有再利用价值的部分加以分拣、加工、分解，使其成为有用的资源重新进入生产和消费领域的过程。广义的逆向物流除了包含狭义的逆向物流的定义之外，还包括废弃物物流的内容，其最终目标是减少资源的使用，并通过减少使用资源达到减少废弃物的目标，同时使正向以及回收的物流更有效率。

二、逆向物流分类

1. 按照回收物品的渠道分

按照回收物品的不同特点，可分为退货逆向物流和回收逆向物流两部分。退货逆向物流是指下游顾客将不符合订单要求的产品返回给上游供应商，其流程与常规产品流向正好相反。回收逆向物流是指将最终顾客所持有的废旧物品回收到供应链上各节点企业。

2. 按照逆向物流材料的物理属性分

按照逆向物流材料的不同物理属性，可分为钢铁和有色金属制品逆向物流、橡胶制品逆向物流、木制品逆向物流和玻璃制品逆向物流等。

3. 按照成因、途径、处置方式及其产业形态分

按成因、途径、处置方式及其不同产业形态，可分为投诉退货、终端使用返回、商业返回、维修返回、生产报废与副品以及包装六大类别。

三、提供逆向物流服务的设计要点

1. 以产品定向的逆向物流服务

以产品定向的逆向物流服务是指把有相似需求的客户服务聚合起来，形成规模经营的物流服务。该类物流服务提供的主要是基本服务，如回收、运输和仓储等。显然，以产品定向的逆向物流服务起点低，对于多数运输企业而言，相对比较容易。

2. 以客户定向的逆向物流服务

以客户定向的逆向物流服务是指针对单一客户的特殊需求，提供综合性的量体裁衣式的服务，既包括基本服务，也包括增值服务。不仅提供回收、运输和仓储服务，而且还提供一系列附加的增值服务，如废旧产品的分类、清理、清洗、包装、存货管理、订货处理以及逆向物流系统设计等，来满足特定客户的独特需求。当然，对于一般运输企业而言，一开始就提供以客户定向为基础的逆向物流服务难度较大。但对于提供以产品定向为基础的运输企业，在经过一段时期的发展和积累后，可以逐步转向提供以客户定向为基础的逆向物流服务。

"逆向物流产品设计"案例

每年我国啤酒的消费量超过亿吨，而作为啤酒的重要承载容器——啤酒瓶的制造成本一般在每只 0.8 元左右。在我国，允许啤酒瓶在 2 年内回收利用，因此消费市场上的啤酒瓶有相当一部分来自回收再利用，因为这类酒瓶的成本是制造新酒瓶的一半。因此，有的物流公司利用自有的网络资源，建立了专门服务于啤酒瓶的逆向物流服务体系。该体系包括啤酒瓶的"回收分拣—流通加工—分拨自己送"一条龙服务，其回收站点通过签订回收协议覆盖零售商、批发商和回收站等。回收后的酒瓶以"年份"、"类别"为标准进行分拣，将仍可利用的酒瓶进入清洗、消毒等流通加工工序，不可继续使用的进入销毁重塑工序，最后将崭新的酒瓶分拨配送至生产企业。这样，一方面，为生产企业节约了大量成本；另一方面，也为绿色物流、提高物资利用率作出贡献，同时也走出物流企业差异化经营的新路。

项目思考题

一、单项选择题

1. 下列各项中，不属于物流服务产品属性的是（   ）。
   A．专业性   B．物质性   C．增值性   D．附属性
2. （   ）是指企业决定同时经营两种或两种以上互相竞争的品牌。
   A．品牌化策略   B．统一品牌   C．个别品牌策略 D．多品牌策略
3. 对于竞争性强的物流服务市场，影响物流服务市场运行的因素不包括（   ）。
   A．产业现有竞争程度   B．服务成本
   C．供应商议价能力   D．潜在竞争者
4. 物流服务定价方法不包括（   ）。
   A．谈判议价法   B．竞争导向定价法
   C．成本导向定价法   D．需求导向定价法
5. （   ）是物流企业通过中间商向客户销售物流服务的渠道模式。
   A．直接渠道   B．间接渠道   C．垂直分销   D．水平分销
6. （   ）是直接市场营销的最新形式，是由互联网替代了报刊、邮件、电话和电视等中介媒体，其实质是利用互联网对产品的售前、售中和售后各环节进行跟踪服务。
   A．特许经营   B．网络化分销系统
   C．网络营销   D．垂直分销系统
7. （   ）是物流服务促销组合中最直接的推销方式，也是促销中一种古老的方法。
   A．人员推销   B．公共关系   C．营业推广   D．广告促销
8. （   ）是指物流需求者在购买过程中能够实际拥有的展示。这类展示很少或根本没有什么价值，比如货运票据，它只是一种使客户接受物流服务的凭证
   A．核心展示   B．边缘展示   C．周围因素   D．设计因素

二、多项选择题

1. 对于竞争对手降价的对策有（   ）。
   A．维持原价   B．维持原价和价值
   C．降价   D．推出廉价产品线予以反击
2. 按照每一渠道层次中间商的多少，可将物流服务分销渠道的类型分为（   ）。
   A．宽渠道   B．短渠道   C．长渠道   D．窄渠道
3. 确定营业推广费用可采用的方法有（   ）。
   A．比例法   B．估计法   C．总和法   D．比较法

三、简答题

1. 物流服务定价的步骤和程序是什么？

2. 怎样对物流企业分销渠道进行设计和控制管理？
3. 简述影响物流企业形象塑造的因素。

实训实践体验

体验一：物流服务产品定价规律及技巧

体验目标：通过该体验，理解影响物流服务产品定价的主要因素，加深学生对于物流企业产品定价策略的了解，掌握物流企业的定价规律，培养学生的团队合作精神。

情景设计：收集不同物流企业的相近物流服务产品的定价情况，了解这些企业的物流服务产品价格和需求信息，分析不同档次物流服务产品的价格情况和销售情况，提出分析意见。

体验实施：

1. 将学生进行分组，一般5~8人为宜。
2. 指导老师给出具体任务的要求，实训报告的格式，评分标准。
3. 讨论各种影响因素对物流企业有利的方面，并总结有效的经验。
4. 讨论各种影响因素对物流企业不利的方面，并得出改善的方法。

成果与检验：

1. 以小组为单位，分析影响物流企业服务产品定价的主要因素，总结经验及教训，并将讨论的内容及结果形成实训报告。
2. 指导教师组织各组间互评讨论，根据各组提交意见及总结的质量情况，按照评分标准进行成绩评定。

体验二：物流企业促销方案策划

体验目标：通过该体验，掌握物流服务促销知识及各种促销形式的操作方法，了解物流服务的有形展示，培养学生具有营业推广及双向沟通的策划能力。

情景设计：联系一家物流企业，通过网络与实地走访，对该企业的基本信息、目前实施的促销方式等做出调查，根据调查结果，为该企业设计促销方案，提出分析意见。

体验实施：

1. 将学生进行分组，每组4~6人。
2. 以小组为单位到企业进行调查，注意做好调查记录。
3. 指导老师给出具体任务的要求，调研报告的格式，评分标准。
4. 分析该公司的销售促销方式。

成果与检验：

1. 以小组为单位，分析该物流企业目前实施的各类促销方式，为该企业设计促销方案，并撰写实训报告。
2. 指导教师组织各组间互评讨论，根据各组提交的实训报告的质量情况，按照评分标准进行成绩评定。

项目 4 物流服务销售与客户开发

项目学习目标

1. 熟悉寻找物流客户的方法；
2. 掌握物流客户开发的程序；
3. 理解物流客户开发的方法与技巧。

项目能力标准

能力模块	能力要求
任务1：寻找潜在物流客户	能理解物流服务销售人员所应具备的素质，会应用一定的方法寻找物流客户
任务2：物流客户开发	能应用物流客户开发程序开发客户，在客户开发中能正确认识和处理客户的拒绝

项目知识点、能力（技能）点

物流服务销售人员应具备的素质；潜在客户；寻找物流客户的方法；人际关系开拓；市场咨询；服务展示；客户开发；物流客户开发程序；关系营销；处理客户拒绝的技巧。

项目导读

中铁快运的大客户管理方案

中铁快运股份有限公司（简称中铁快运）是铁道部直属大型国有专业运输企业。在国家工商行政管理总局注册，注册资金26.08亿元，公司设有18个分公司，拥有8个控股子公司。在全国670余个大中城市设有2030个营业机构，门到门配送业务达到近900个城市，形成了国内覆盖范围最广、规模最大的专业快运经营网络。

中铁快运的大客户管理的主导思想是针对运输物流市场的需求特点，在充分发挥中铁快运的竞争优势、加快创新与升级的基础上，不断加强与运输物流市场上大客户的关系创建与管理，扩大市场份额，实现中铁快运的持续稳定快速地发展。

（一）大客户的选择与确定

为了使中铁快运的有限资源集中到有前景的和有需求的大客户群体中，首先确定符合中铁快运物流服务特点的大客户所处的领域及其特征。根据现有的业务分析，相对业务量较大的客户主要集中在配件、图书、药品、IT产品、家用电器、日用品、服装及食品8个主要行业。这8个行业表现出了良好的运行态势，市场产销量巨大。

在进行大客户选择时，中铁快运充分考虑了大客户的物流需求，铁路运输服务具有网络广、速度快、安全性高、信誉强且运力充足的特点。因此，其大客户应是全国范围生产与经销运输距离较长、运输批量较大、产品附加值较高、业务量较稳定的制造和商贸类企业。

（二）大客户的开发

以上8个行业的产品具有附加值高、服务需求强烈、便于行李车运输、良好的拓展空间、对服务质量要求较高的特点，中铁快运从一开始就将其作为大客户战略的重点方向，将这8个目标市场的客户分成3类，分别是既有客户、流失客户及新客户，对于既有客户，中铁快运采用"做深、做透、深挖潜"的办法，指派相关人员深入客户一线，当面交流，了解客户的需求与管理，不断优化服务质量；对于流失客户，则以"改进服务质量，重获客户信任"为原则，分析客户流失的原因，强化服务质量，重新与客户建立彼此之间的信任关系；而对于新客户，则强调"请进来，走出去"的模式，不仅让中铁快运行业客户进行现场参观，了解公司各方面的优势，而且还要成立大客户项目组，制订个性化的解决方案，争取赢得客户更大的信任。

（三）项目运作与管理

中铁快运针对每个大客户成立大客户项目组，确定每位成员在项目中的权责，明确责任，提高对项目重视度；制定大客户项目作业办法，要求所有员工必须按事先确定的流程和标准操作，最大限度地提高工作效率；定期召开项目运作评审会，总结阶段性运作成果，针对问题，实施改进，保证大客户项目运作的持续性和稳定性。

（四）大客户管理关系措施

1. 以客户需求为主导，提出个性化服务。公司首先突出大客户管理的重要地位，在对各个大客户需求的认真分析的基础上，为其提供"一对一"定制的物流服务。

（1）与食品企业合作案例：草原流出新牛奶。

中铁集装箱中心货代公司根据蒙牛、伊利两大液态奶生产销售集团的需求，设计了物流操作方案，即由呼和浩特到广州的鲜奶集装箱班列，每周二、周五在呼和浩特各发一班，抵达广州江村编组站。以前在旅途中颠簸15天的鲜奶，现在只需98小时就可以抵达广州，铁路方面保证24小时承运时限，并对产品实行全程跟踪，每48小时提供一次跟踪信息，随时处理出现的各种问题。对相应公司来说，这班列车的意义是实现了铁路服务的延伸和突破，开发了两个大客户，使企业获得了更大的市场份额。这项合作的开展，使两家牛奶大户降低了运输成本，压缩了奶制品的在途时间，减少了受热、受冻及其他因素可能造成的损失，可以将精力更多地投入生产和销售中，大大提升了企业运营的效率。经销商可以随时掌握货物的运输状况和运输时间，以便合理地安排订货和使用资金。

（2）与家电生产企业合作案例：为合肥海尔提供驻场服务。

中铁快运合肥分公司为合肥海尔提供驻场。根据海尔的需求，制订专业的解决方案。通过提供驻场服务，为客户带来如下好处：一是减少不必要的搬运、装卸次数，降低破损；二是节约有效时间，提高效率，保证运输时间；三是当场分拣，对方验收，降低差错；四是为对方提供装卸劳动力，节约劳动力成本；五是便于沟通、协商，为客户提供更好的服务；六是有利于增强企业及员工之间的感情，不给同行业竞争者任何机会。

2. 建立信息系统，提升服务质量。

中铁快运采取大集中式信息系统，实现了较高的数据共享功能和不同基础软件系统、各系统数据的共享。根据客户货物运输时效、运输资源有效地安排具体的货物流；根据物流服务内容，为客户提供实时的物流信息；根据客户的需求，对信息进行加工，使客户从信息中获得更多的增值服务。

在中铁快运的北京调度中心能够监控全国所有大客户的产品、运输、转运、到达到交付，货物的失踪率和破损率大大降低，客户的请求能够在最短的时间得到答复。另外，建

物流服务与营销

立一套完整的客户营销方案、制订认证管理、绩效考评方案。物流信息系统的建立提升了中铁快运的服务质量,赢得了更多大客户的信赖。

思考题:

1. 中铁快运的潜在客户有哪些?
2. 中铁快运如何进行新客户开发?
3. 中铁快运的大客户物流服务有什么特点?

Mission 任务 1 寻找潜在客户

任务导读

李华在杭州××物流企业营销部门工作一年后,鉴于其优秀的工作表现,总公司派其担任宁波分公司的经理,开拓宁波地区的销售业务。物流服务销售的主要工作内容就是寻找客户、开发客户、签订合同、销售物流服务。在担任分公司经理工作一段时间后,分公司一位新进员工张明向他提出辞职。根据张明工作期间的表现,李华认为他工作认真、性格开朗,比较适合销售工作,因此问他:"你为什么要辞职呢?"张明坦率地答道"我找不到客户,业绩很差,只好辞职。"李华拉他到面对大街的窗口,指着大街问他说:"你看到了什么呢?"这位物流服务销售新手答道:"人啊!""除此之外呢,你还看到了什么?""除了一堆人,就只有路了!"李华又问:"在人群中,你难道没看出许多潜在客户吗?"张明这位销售新手恍然大悟,马上收回了辞呈。

1. 物流服务销售人员应具备怎样的素质?
2. 物流服务潜在客户在哪里?
3. 如何寻找物流服务潜在客户?

一、物流服务销售人员应具备的素质

作为一名物流服务销售人员,除了必须明确自己的目标客户,更重要的是找到物流目标客户。怎样才能找到物流目标客户呢?其实,只要物流服务销售人员具备了必备素质,寻找物流客户时是有章可循、有法可依的。具体来说,物流服务销售人员要具有勤奋、善于观察和越挫越勇的素质。

(一)勤奋

在物流客户拓展过程中,对于"勤"字诀的实际运用,有四大法则可供依循。

首先,勤以补拙。后天的努力是成功的重要原因,有些人知识能力不足,学习速度不如别人,专业能力也不够,自己知道在先天条件上比不上别人,仍想出人头地,依然可以感动客户的力量就是这个"勤"字诀了。

其次，勤于接触。俗话说：见面三分情。人与人之间若有几分熟悉，说起话来就亲切许多，尤其是中国人有朴实的个性，比较注重情感的交流，所以物流客户的培养必须从勤于接触开始，找机会和客户建立友谊，从内心深处真诚地关心他，自然就可以获得相应的认同，面对物流客服人员的要求，客户也就不好意思拒绝了，这就是人际关系中面对面沟通能产生立即而善意回应的效果。

再次，勤于管理。物流客服人员对客户资料的管理，平时必须运用各种表格将客户资料适当地分类、整理并勤于归档、补充、更换新的信息，以便掌握客户最新的情况，并且防备丢掉好不容易寻觅到的商机。

最后，勤练成习。没有人天生就具备超乎常人的客户开发能力，任何推销技巧都必须通过学习才能够理解与运用，只有不断实践，才能提升经验与胆量，使之自然地成为自己推销习惯的一部分，长久积累，推销能力就如同爬楼梯一般，逐层地由下而上步步提升，同时也建立起自己扎实的信心。千万不要好高骛远。许多不切实际的人往往是说得多做得少，光说不练绝对是无法实现目标的，流于形式的推销联系，对于提高业务拓展能力是完全没有帮助的。

（二）善于观察

寻找物流客户，并了解物流客户需求，要学会"望、闻、问、切"，要从细微处入手，学会察言观色，并独具慧眼，这是物流服务销售人员必不可少的一项技能，也是物流服务销售人员必须遵循的原则。

首先，言辞。古人云："言为心声，语为人境。"客户的言语自然流露出他心中所想，也就是需求趋向。因此，物流服务销售人员要注意分析客户的交谈言语，从而探知客户的真正需求，由话题知心理。人们常常将情绪从一个话题里不自觉地表露出来。若要了解客户的性格、想法，最容易着手的步骤，就是观察话题与客户本身的相关状况，以此获得更多的信息。

其次，动作。物流客服人员通过观察客户的举动，可以从中透视出他们的心理，并从观察中找到最适当的服务时机，探寻客户进一步的需求。

再次，表情。"言为心声，面为心迹"。观察客户的脸色，获悉对方的情绪，这与从云彩的变化推断阴晴雨雪是一个道理。客户是显示出兴趣、面带微笑，还是表现出失望和沮丧；当物流服务销售人员向其介绍服务项目时，他是认真倾听，还是心不在焉。若两种情形下都是前者，说明客户对服务内容基本满意；如果都是后者，则说明提供的物流服务或产品不合客户的"胃口"。

最后，眼神。有人说，眼睛是心灵的窗户。因此，透过"眼神"辨识人心是察言观色时应关注的重点。眼神有聚有散、有动有静、有流有凝，物流服务销售人员若自己细心体会，就能发现更多的秘密。

（三）越挫越勇

从事开发客户工作的人，可以说是与"拒绝"打交道的人。在现实生活中，不会有客户见到物流服务销售人员上门推销服务时，笑容可掬地出门相迎："欢迎、欢迎，您来得正好！""真是雪中送炭啊！"随后便掏腰包成交。果真如此，就用不着物流服务销售人员了。

物流服务与营销

物流服务销售人员从抬手敲门、客户开门、与客户应对,一直到成交、告退,每一关都荆棘丛生,没有平坦之路可走。

一个优秀的物流服务销售人员最重要的素养就是要具有勇者无敌、越挫越勇的精神。一旦投身这个行业之中,就得面对永无止境的自我挑战,为证明自我,为突破自我,勇往直前,绝不轻易回头。每一个人梦寐以求的,无非是证明自己在人生中是个不败的勇者,而销售正是最适合论证这个结论的工作。

二、物流服务潜在客户的来源

客户来自准客户。准客户即可能购买的客户,又称潜在客户。准客户到处都是,问题是如何找出来。有的人手中永远有访问不完的准客户,有的人则总是找不到准客户。要做好物流服务销售,需要花大力气对公司的客户和潜在客户进行分析。

对客户和潜在客户了解的多少决定了物流企业和服务销售人员能取得多大的成功。那么物流服务潜在客户在哪里呢?

(一)你的朋友和曾经的同事

到物流企业正式上班的第一天就给所有朋友打电话,揣着自己的名片和公司的手册一个个地去拜访他们,向他们介绍你的公司和你的业务。周围的朋友是你的第一批客户或潜在客户。你的朋友可能只会咨询些小小的物流问题,但请记住,你的付出绝对有回报。

(二)打入内部,进入目标客户的供应链系统

历史进入21世纪后,以"供应链管理"为代表的"横向一体化"经营运作方式应运而生。在供应链思想的指导下,物流外包成为许多企业供应链管理的重要内容。因此,无论从理论上,还是实践中,我们都已经看到,物流企业若能进入客户的供应链系统,对其提高竞争能力,获得较稳定的发展机会,将大有益处。

传统的物流企业在过去的经营活动中可以说是不为用户承担任何市场风险的,而在今天,传统物流企业应尽快确定自己的目标客户群,通过为其提供相应的物流服务,甚至在必要的时候与其共渡难关,力争进入用户企业的供应链系统中,与用户企业共同成长。如果物流企业在与用户企业的合作中能够为企业想得更多一些,做得更多一些,让物流服务为用户企业的产品带来竞争优势,就会有分享客户发展与壮大的成果的可能,从而在用户企业的供应链系统中扎根。

(三)采用"一对一"方式,对客户实施"紧逼盯人"

物流企业要进入目标客户的供应链系统绝非易事,在这里,用户企业对物流供应商提供的服务的满意度至关重要,而"一对一"营销正是解决传统物流企业针对用户企业要求,提供用户企业满意服务的有效方法。

作为物流供应商,物流企业一方面不存在资源优势,另一方面同样要面对多层次的客户。这些客户的企业规模和实力、在该地区的发展计划及对现代物流的理解和对物流服务的要求千差万别。在实施"一对一"的营销过程中,企业可以与用户企业共同商定服务标准和开发物流解决方案,这样会比较具有针对性,易于取得客户满意的效果。

(四)提升企业自身四方面水准,"保住"客户

全球经济一体化催生了现代物流,现代物流服务为用户企业提供的是集成化的物流服务。从目前的情况来看,我国传统物流企业与外资及一些先进的物流企业相比,在订单处理能力、信息反馈能力、项目策划和推动能力、流程管理能力四个方面存在较大的差距。这也就说明,传统物流企业只有在这四个方面提高水平,才有可能提高竞争力。

当你积累了一定数量的客户群体,开始出现雪球效应时;当你的电话每天不断地响起;当你奔走在各个客户的办公室之间时,你再也不会理会"客源"难找、没有"关系"之类的话了,但这一切都取决于你的工作态度。

三、寻找物流客户的方法

寻找客户是物流客户开发的重点,只有找到了恰当的物流客户,明晰了他们的需求,才能顺利地进行物流客户开发。在寻找物流客户时,不能盲目地大海捞针,必须先掌握寻找物流客户的方法和渠道,从而选择捷径。按是否采用现代化手段,寻找物流客户的渠道可分为传统渠道和现代渠道。

寻找物流客户有逐户拜访、客户介绍、人际关系开拓、名人介绍、市场咨询、资料查询、服务展示、个人观察、网上寻找、俱乐部寻找等多种渠道。

(一)逐户拜访

逐户拜访是物流服务销售人员在特定的区域内,挨门挨户地进行访问,以挖掘潜在客户,寻找客户线索的方法。逐户拜访法,又称地毯式访问法。逐户拜访的方法使销售人员不放过任何一个有望成交的客户。优点是:范围广、涉及的客户多,可借机进行市场调查,了解客户需求倾向,并挖掘潜在客户;可与各种类型的客户打交道,积累经验。缺点是:盲目性强,易遭到客户拒绝;耗费大量的人力和时间,成本高。

在逐户拜访中,首先要整理客户的信息。把客户的信息以表格形式打印出来,以备需要时使用,其中客户的信息要尽量详细,有及时联系的方式。做出拜访的计划,可用表格划分出一个星期的各个时间段需要拜访的客户,从而做好统筹安排和整体规划。

其次,要充分认识自己。要熟知本公司及相关服务,因为在大多数客户的眼中,一个对本公司相关服务缺乏深刻认识的物流服务销售人员是根本不值得信任的,这样的公司也是极其不负责任的。

再次,要有失败的心理准备。逐户拜访客户不是都会成功的,有的客户会热情地接待,有的一开始就会给你吃"闭门羹",作为物流服务销售人员,必须做好心理准备。在遭遇"闭门羹"的时候要找出具体原因,进行冷静、耐心的分析。根据具体原因采取相应的措施加以应对,以便积累更多的实战经验,避免以后遇到这种情况时出现应对不力的情形。

(二)客户介绍

客户介绍,就是通过老客户的介绍来寻找新客户的一种方法。这是物流销售人员通常用的行之有效的方法。这种方法还被称为"黄金客户开发法",在西方广为推崇。其优点是:信息较准确可靠。老客户知道他的朋友在什么时间、需要什么样的服务、接受什么样的服

务,准确可靠,可减少客户开发过程中的盲目性,较易获得客户的信任,成功率也较高。缺点是:事先难以制订完整的客户开发计划,销售人员一般处于较被动的地位。

通过客户介绍寻找物流客户时要运用名片,不管业务达成与否都要拿出名片,让他介绍两位朋友。要让客户相信自己,只有客户相信了你的产品或你的为人,才有可能为你介绍更多的客户,所以一定要博得客户的信任。

(三)人际关系开拓

人际关系开拓就是销售人员利用一切可能的人际关系寻找客户线索的方法。这是所有的销售人员都可运用的一种方法。因为在销售人员的生活、工作中有各种各样的人际关系,包括家人、亲戚、朋友、邻居、同事、战友、协会会员等。这些销售人员所认识的任何一个人都可能是客户线索,或者可能向销售人员介绍客户线索。其优点是:寻找客户资源比较可靠,拜访的成功率较高。

在寻找物流客户的实践中,人际关系开拓的运用要点主要有:注意建立个人人际关系网,学会做人,赢得别人的信任,不要被动等待,要主动要求推荐人的帮助,注意人际关系中的重要人物和线索。

(四)名人介绍

名人介绍是指物流销售人员在一定范围内发展一些具有较大影响力的中心人物,并利用其影响,把该范围内的个人和组织发展为客户的方法。寻找名人作为自己的客户,发挥其对广大消费者的示范效应,这种方法也叫"中心开花法"。优点是:可避免资源浪费。通过集中精力向少数中心人物做细致的说服工作,从而避免了一个个地做工作。名人具有相当大的说服力,具有示范效应,较易取得广大客户的信任。缺点是:完全将客户寄托于某一人身上,风险较大,因此选择恰当的中心人物人选非常重要。

在寻找物流客户的实践中,名人介绍的应用要点主要有:正确运用名人介绍的方法,准确地进行市场分析和定位,从而选择物流目标市场,在目标市场中寻找有影响力的核心人物,取得核心人物的信任和合作。这些核心人物熟悉周围的客户,销售人员的良好的产品和服务质量满足了其需求,取得了其信任,便可与其建立良好的关系,从而利用这种方法进一步寻求更多目标客户。运用名人介绍还要注意,寻找中心人物是关键。

(五)市场咨询

市场咨询是指利用市场信息服务机构所提供的有偿咨询服务来寻找客户。信息时代出现了诸多咨询服务机构,通过这些机构往往能获得许多有价值的客户信息。市场咨询这种方法方便,针对性强,但成本较高,因为咨询机构的服务项目是有偿的。

在寻找物流客户的过程中,市场咨询的运用要点主要有:利用市场咨询法寻找物流客户时,一定要积极主动,谨慎选定市场咨询机构。物流企业应与市场咨询机构密切配合,相互合作。

（六）资料查询

资料查询是指通过查阅各种有关的情报资料来寻找潜在客户的方法。目标客户的信息可能来源于某些公共情报，如客户名录、企业年鉴、协会会员名录、电话号码本、人名地址簿、证照的合法机构登记本、专业名册及报刊上登载的信息等。用这种方法能较快地了解市场容量和准客户的情况，且成本较低，但很多咨询情报的时效性较差。

在寻找物流客户的实践中，资料查询的运用要点主要有：要懂得收集各种资料。有些实用的资料不易得到，需要销售人员通过各种关系取得。

（七）服务展示

服务展示是指客服人员利用产品或服务的各种展示机会来获取需求信息和寻找客户的方法。物流销售人员可从各种类型的展览会中获得有关目标客户的信息。通过参加会议和展览寻找目标客户，能帮助企业迅速打开市场，了解行业市场的动态，使企业在较短时间内在行业内树立影响力。若在某次展览中办得很有特色，会给买家、同行、媒体、科研机构留下一定程度的印象。能收集大量的潜在客户名片，并与客户做有效交流，培养潜在客户。

在寻找物流客户的实践中，服务展示应用要点主要有如下几个：①确定展示目标。主要有两个基本目标：一是加强物流产品或服务的推广；二是获取潜在客户的信息。②精心策划设计。主要包括确定参展展台的位置、展台的设计、印刷品的制作和数量的确定、参展费用预算、宣传的主题或诉求点等。③做好展示推广。要通过有效的接待和介绍吸引潜在客户，力争获取较高的接触率。

（八）个人观察

个人观察是指客服人员通过对周围环境的分析和判断来寻找客户的方法。这是一种较传统的方法，也是一种最基本的方法。运用这种方法寻找目标客户，客服人员的职业素质和观察能力就显得十分重要。个人观察快捷灵活、成本低廉，但对客服人员的观察能力和判断能力要求较高。

在寻找物流客服的实践中，个人观察的运用要点主要有：个人观察关键在于培养客服人员的职业素质和职业灵感。潜在客户无处不在，无论在什么地方，做什么事，或与什么人谈话，客服人员都要随时随地细心观察准客户。物流销售人员要学会思考，运用好逻辑思维能力。将直觉、视觉、逻辑思维相结合，避免直觉所带来的武断和失误。

（九）网上寻找

网上寻找就是运用网络工具来寻找客户的方法。与传统的寻找客户渠道相比，网上寻找特点突出，优势明显。网上寻找客户不受时间限制，具有全天候性、覆盖范围全球性、双方互动及时性和成本低廉性。但同时对客服人员提出了新的要求，要熟练掌握网络技术。

在寻找物流客户的实践中，网上寻找的运用要点有：①网上寻找客户时使用网络搜索，应该选择合适的搜索关键词；②可以从竞争对手的网站上搜索，很多公司的网站往往会把他们做过的业绩显现出来，这给物流销售人员提供了第一手资料；③也可以用行业名称来进行搜索，以得到大量的信息；④还可以通过客户的名称进行搜索，但前提是物流销售人员要知道客户的名称。

（十）俱乐部寻找

俱乐部寻找就是物流销售人员通过参与一些由公司牵头发起的行业组织，并充分利用这个庞大的客户资源，来寻找客户的方法。作为物流企业，在条件允许的情况下，也可组织自己的俱乐部，通过交流、切磋、娱乐等活动，联络感情，构建自己的客户网络。通过俱乐部寻找客户，不仅能获得客户的第一手资料，使物流产品或服务更贴近市场需求，而且能团结更多的客户，甚至获得大客户资源，但花费周期一般较长。

在寻找物流客户的实践中，俱乐部寻找的运用要点主要有：①物流销售人员寻找客户的主要方式是成为俱乐部会员，无论是何种俱乐部，都是联谊性质的，这是物流销售人员大显身手的好时机；②遵守俱乐部的规定，取得自己主管部门的批准；③与行业特征相适应，如物流产品或服务具有社会性或重复消费的可能性，目标群体容易锁定等；④物流企业通过俱乐部建立客户网，俱乐部要具备社交功能，有利于企业与会员、会员与会员之间的沟通与交流，提供必要的沟通工具和舒适的沟通场所，满足会员尊重、安全等心理需求；⑤促销功能，应有别于非会员的消费和其他超值享受，具有吸引力，能够吸引并留住会员。

Mission 任务 2　物流客户开发

任务导读

> 宁波分公司的张明通过广告搜寻、网上寻找、同事介绍等方式收集了一些潜在客户的信息，要将这些潜在客户变为现实客户，张明需要了解这些潜在客户、与他们联系、做好准备、与他们洽谈，进行客户开发。通过客户开发与客户达成协议或签订合同，将潜在客户变为现实客户，才能将业务工作转化为现实的经营成果，为企业带来利润。
> 1. 物流客户开发的步骤是怎样的？
> 2. 物流客户开发中有哪些技巧？

一、物流客户开发的特殊性

随着企业竞争的白热化，资金、土地、技术都不再是企业争夺的核心，客户成为企业关注的焦点。谁掌握了大量的优质客户，谁就拥有了不可复制的核心竞争优势。尤其在全球金融危机时代，客户开发更成为企业发展乃至生存的重要手段。

客户是一个企业最重要的资源，拥有了客户，也就拥有了成功的希望，如果没有客户，产品和服务品质再优良，也无法转化为现实的经营成果，并且企业任何一个老的客户无不是由新客户发展而来，而无论企业如何努力，根据客户生命周期理论，客户流失都是必然的。客户流失的原因是多方面的，对于由于客观原因造成的客户流失，必须要通过增加新客户来进行补充，以维持在其他条件不变情况下的生产和服务规模。因而对于任何一个企业而言，客户开发都是一项十分必要而又重要的工作，其实质就是为企业寻找并发展新的客户。尤其对于物流企业这种客户流动性很大的行业来说，开发新客户一直是最重要的经常性的业务内容。

和其他行业相比，物流企业由于自身的行业特点，客户开发具有一定的特殊性，因而更增加了开发的难度。

（一）行业竞争的激烈性

目前，我国的物流企业竞争非常激烈，而随着经济全球化的不断深化，国外知名物流企业不断进入我国物流市场抢夺跨国公司的物流业务，使我国的物流市场面临更加白热化的竞争格局。这都给物流客户开发带来更大的难度，尤其在全球金融危机的背景下，客户群的缩减使物流开发工作面临更严峻的挑战。

（二）服务展示的困难性

在众多企业客户开发过程中，样品或产品原理展示是重要的环节，它提供给客户直观的感受和比较鉴别的空间。由于物流企业提供的服务是无形的，物流环节的演示和呈现也颇具困难。对于那些没有先进系统和一定规模、没有大型复杂的硬件设施、没有特殊物流服务只从事一般物流业务的中小型物流企业来说，客户开发尤其是大客户的开发难度更是非常大的。

（三）成本核算的复杂性

服务报价是物流客户开发中必不可少的部分，它在很大程度上决定客户的选择。为了获得客户，报价既要使企业有利可图又要有竞争力，而价格的形成很大程度就来源于对物流成本的测算。根据物流成本的冰山理论，有很多物流成本项目是隐藏的，物流成本可大可小，在于其计算的范围和方法，同时也与企业实际的物流环节和客户的要求相关。很多企业会在取得客户并为之服务很长时间后才发现该客户的利润很低甚至是负利润，因而蒙受了一定程度的损失。

二、物流客户开发的程序

客户开发是销售业务员将企业的潜在客户变为现实客户的一系列过程，这一过程包括：寻找客户、联系客户、推销准备、接近客户、了解需求、销售陈述、克服异议、达成协议八个环节，每个环节蕴含着特定的相关知识与技能，只有正确理解与掌握这些知识与技能，才有可能获得客户的订单，最终实现销售的目的。

和其他行业相似，物流企业客户开发也要遵循一定的步骤。和其他行业不同的是，由于物流服务产品的特殊性和差异性会使某些环节趋于简化或与其他步骤融合，如产品展示；而另一些环节需要得到强化，如了解客户需要更多的客户识别能力以确认其开发价值。

物流服务与营销

（一）寻找客户，了解客户

寻找客户即找到对本公司产品有需求的单位或个人，了解客户相关信息。寻找客户是物流企业开发客户的第一个步骤，它是不可逾越的基础环节。营销人员通过传统的寻找方法，如地毯式搜索、连环获取、广告开拓等各种渠道和方式找到潜在的客户，在这一步骤中，营销人员的勤奋和敬业是成功的关键。销售业务员要做个有心人，通过各种渠道与方式将潜在客户找出来，并了解客户单位与主要负责人的相关信息。为筛选、联系与拜访客户做准备。

有了目标客户以后，就要对其进行详细的了解。如了解客户的性质，这在一定程度上决定了营销的方式。如关系营销对国企客户就比外企客户相对更适用一些。既要了解客户物流需求和企业自身业务的匹配情况，也要了解客户对服务水平的要求程度，不同的物流服务水平会带来物流成本的巨大差异。在这个过程中要能有效识别客户的潜在价值，并科学判定与之建立关系的可能性。总之对客户的了解越详细，开发的绩效就会越高。

（二）联系客户，展开营销

对客户进行充分的了解之后，就要展开物流服务的营销工作。这包括前期接近客户和后期的正面营销接触。很多客户开发的过程往往终止于接近客户的环节，物流企业的实力和名气大小往往决定客户接触企业的意愿，而接近方式的选择也会带来一定程度的影响。一旦接近客户之后，正面营销的成败就取决于物流企业提供服务的能力、价格和营销人员的说服技巧。

联系客户的方式有很多：打电话、发邮件、信函、拜访等，但现实中用得最多的是打电话，即使其他方式，也离不开电话，因为电话是最简单快捷的通信工具。

（三）推销准备

（1）推销资料的准备。名片、公司画册、样品、报价单、公司小礼品、演示辅助工具、合同样本等要准备好。

（2）客户异议预测和应对的准备。根据以往的经验，结合目标客户的一些实际情况，列出客户可能会提出的异议，做好应对准备。以免临时被弄得措手不及。

（3）仪表修饰和个人心态的准备。以良好的仪表、精神饱满、信心满怀的形象去见客户，最好事先打个电话或者发个邮件预约一下。不仅是出于礼貌也是让客户有所准备。

（四）接近客户

给客户留下良好的第一印象包括以下三个要素：

（1）良好的外表。良好的外表并不是指容貌的漂亮，而是指服饰整洁得体。穿着与自己的身份、销售的产品和公司的形象相符。

（2）良好的身体语言。身体语言包括握手、目光接触、微笑、交换名片等。

（3）营造轻松的氛围。与客户面谈时注意营造一个轻松、愉快的氛围，避免形成与客户对立和过于商务化的环境，以免给双方造成压力。

（五）了解需求

1. 了解需求的方法

销售业务员一般采用发问的方式来了解客户的需求，发问的形式有开放式发问与封闭式发问。

开放式发问一般用"为什么"、"怎么样"等句式来发问，以提供给客户较大的回答空间，更多地了解客户的实际情况。封闭式发问一般用来取得或确认简单的答案。比如："是吧"、"对吧"、"行吗"等句式，封闭式的问题限定了客户的谈话空间，因此容易得到明确而简单的回答。在发掘客户需求时，应尽可能地多用开放式的问题而少用封闭式的问题；而在向客户确认自己的理解或想引导客户谈话的方向时，使用封闭式的问题还是很有必要的。

2. 控制谈话局面

销售业务员要注意发问与聆听相结合以便控制谈话局面。能否有效地控制与客户谈话的局面关系到销售行为是否能顺利开展，如果不能有效地控制谈话的局面，就会产生很多问题，比如：销售业务员不能了解客户的真正需求，只能被动地回答而失去展示自己产品特点或优点的机会。如何控制谈话的局面呢？一个很重要的方法就是利用反问法。在遇到客户试图掌握谈话主动权时，如果他在不停地向你提问，那么销售业务员就应利用反问来及时扭转自己被动的局面，引导客户的思路向自己希望的方向转变，从而掌握谈话的主动权。

3. 有效聆听

一要有目的地听，放弃客户话语里与意愿无关的信息，捕捉客户话语中关于需求的真实意愿。二要把握谈话的重点，有效地引导客户的谈话方向，让客户提供你最想了解的信息。三要收集有效的信息。采用心记加笔记的办法，同时，要及时地给客户一些反馈，如通过发问确认自己的理解或者通过点头、微笑等来传递你的认同。

（六）销售陈述

1. 销售陈述的内容与步骤

一是产品基本情况的介绍。包括产品生产企业、性能、功能、服务、包装等。二是产品的特点、优点的介绍。在同类产品中，本企业产品的特点与优点是什么。三是给顾客带来的利益。销售业务员在作销售陈述时要考虑对各种信息做相应的取舍。销售陈述可以做这样的排序：顾客必须知道的信息、顾客最好知道的信息、可知道或可不知道的信息、没有必要知道的信息，其中销售业务员要重点介绍顾客必须知道的信息。

2. 销售陈述应注意的问题

需注意三个方面：一是使用积极的语言，引导客户从有利的一面看待产品，从而促进销售成交。二是提高声音的表现力。三是运用非语言的力量，包括形体、动作、着装、姿势、面部表情甚至语气等，以此赢得顾客的认同。

（七）克服异议

1. 客户异议的原因

异议是指客户的不同意见。其实质是客户对产品、服务及相关情况的疑虑或不满。

2. 克服异议的风格

销售业务员克服异议的风格有两种：一是竞争型。销售员坚持自己得到最大的利益，常常以失败告终。二是合作型，双方共同协商找到解决问题的办法，以实现双赢为导向。

3. 处理异议的步骤

处理异议可采用的四步法：

第一，采取积极的态度。当客户提出一些反对意见时，应该说是件好事，他们往往是真正关心这个产品，有比较强烈的购买意向，但自身有一些要求又不知道销售方是否能给予满足，于是导致异议产生。

第二，认同客户的感受。认同不等同于赞同，赞同是同意对方的看法，而认同是认可对方的感受、理解对方的想法，但并不是同意对方的看法。销售人员要做的不是赞同而是认同。认同的作用是淡化冲突，提出双方需要共同面对的问题，以利于进一步解决异议。

第三，使反对意见具体化。客户反对的细节是什么？是哪些因素导致了客户的反对？找出异议的真正原因。使反对意见具体化，可以采用发问的方式。

第四，给予补偿。在掌握了客户异议的真实原因之后，给予客户补偿是解决问题、达成交易的一种有效途径。其方式有：用产品的其他利益对客户进行补偿、巧将异议变成卖点等，给予补偿时应考虑自己让步的权限范围有多大，让步的价值和自己所要求的回报是什么等。

（八）达成协议

经过阶段性的营销工作，客户开发会显现成功或失败的结果。客户开发成功后，会通过合同等形式达成合作的协议，物流企业面对新客户会进行全方位的优质服务，致力于培养客户忠诚。对于失败的客户开发，要查找原因积累经验，等待今后再次进行客户开发的时机。

1. 主动提出交易

销售业务员为什么要主动提出达成交易？因为客户往往很少主动地提出达成交易，需要业务员提醒；如果不能及时、主动地提出达成交易，而是消极被动地等待的话，就可能得不到这笔生意；主动提出交易的一方，在谈判中占据优势地位。销售业务员不能主动提出达成交易最主要的原因是心理障碍——不好意思提出或者对自己的产品及本人没有信心。

2. 把握达成协议时机

销售业务员要掌握达成协议的时机，如果达成协议的时机把握不好。常常会造成最后签约的失败，把握好达成协议的时机就好像把握炒菜的火候一样，只有适时出锅的菜味道才是最好的。把握达成协议的时机很关键的一点是留意购买信号，在面谈的过程中，随着客户对销售产品的熟悉以及对销售员本人的认知变化，客户的态度也会随之发生相应的变化。如果客户的态度变化趋向于积极的方面，往往就会发出一些购买信号，这些购买信号就预示着达成交易的时机已经到来。这些购买信号既包括客户积极的话语，也包括客户的一些身体语言。例如微笑、眼神及点头等，有时在交谈过程中的忽然沉默也是一种特殊的购买信号。

3. 达成协议的方法

达成协议的方法主要有三种：

一是直接法达成协议。直接法是指销售员得到客户的购买信号后，直接提出交易的方法。使用直接法可以尽快地缩短达成交易的时间，以保证尽快签约。其实，直接法并不意味着简单地提出交易，在直接提出交易之前，销售员往往已经做了大量的准备工作。

二是选择法达成协议。选择法是销售员给客户提供一些备选的方案，然后引导客户从备选方案中选择一个。使用选择法时要注意以下一些因素：提出的建议都是你想要的；最好不要提出两个以上的选择，选择太多反而令客户无所适从，也降低了达成交易的几率。

三是总结利益法达成协议。总结利益法是销售员把客户与自己达成交易所带来的所有的实际利益都展示在客户面前，从而促使客户最终与自己达成协议。总结利益法有以下三个步骤可以遵循：总结客户最关心的利益，总结销售过程中已成功地处理过的反对意见，及时地建议成交。

三、物流客户开发的方法

客户开发方法是多种多样的，但对物流企业来说，很多传统的针对产品营销的客户开发方式从成本效益的角度考量已经不具备实施的优势，从当前物流行业的运作情况来看，下面几种方式是相对适宜选择运用的方法。

（一）广告营销

这是所有物流企业都可以利用的常规营销手段，问题在于广告购买价格的逐年攀升带来广告成本的不断增加，企业的规模和实力就决定了广告媒体和广告方式的选择。对于中小物流企业来说，立足于地方，更多地使用广播和印刷媒体等成本低廉的广告媒介可以在一定程度上提高广告的效益。

（二）参加招标会

对于大型客户来说，物流商的选择往往是通过招标来进行的。时时关注大型企业的信息发布情况，及时获得和自身物流服务有关的招标工作的信息，做好充分的投标准备，这是很多大中型物流企业常用的客户开发手段。而对于规模较小的物流企业来说，虽然可能无法获得直接中标的机会，但是通过分包中标物流企业的一部分或全部区域性物流服务，仍然可以得到间接客户开发的效果。

（三）数据库营销

为了建立和保持良好的客户关系，物流企业需要建立内容丰富的客户数据库，这些综合数据源为企业利用数据库营销进行客户开发成为可能。通过数据库，企业可以更准确地识别目标客户的需求及数量，可以发现新的市场机会，获得新的物流服务的设想，并从中找到有价值的准客户，有的放矢地进行物流客户的开发。如根据客户数据库物流企业可以进行准确的电话营销和 DM 投递，得到积极反馈后再进行人员营销，可以大大降低客户开发的成本和增加成功的机会。

（四）关系营销

关系营销在物流客户开发领域的运用可以理解为依靠既有的客户关系、员工关系、合作和竞争者关系、影响者关系来创造新的客户伙伴关系。物流客户的地域性特征拓宽了关系营销延展的范围和路径，物流协会、物流采购联合会以及其他非物流的行业协会和组织都是拓展物流客户的关系渠道。物流企业在与公共机构、上下游合作伙伴甚至竞争者的互动过程中，要努力缔造一种长期合作的共赢关系，并从这种关系中得到开发新客户的机会，增加成功的概率。

四、物流客户开发的策略

在物流企业的开发客户过程中，不同开发策略的制定取决于企业自身的业务模式、整体实力和所处的实际环境，但无论企业具体的客户开发和运营状况如何，对于我国绝大多数中小规模的物流企业而言，以下几个方面都是要实现有效地客户开发策略要考虑的问题。

（一）准确定位、强调特色，避免盲目性

我国物流企业数量众多，除了少数大而全的物流集团之外，存在着数量众多的中小型专业物流企业，它们更多地在仓储、运输、配送等某一个或几个物流环节具有行业竞争优势。那么在客户开发过程中，准确定位自己的服务对象，突出自己的物流优势和特色就显得尤为必要。不同的客户的需求是不同的，行业和产品的特点决定了这些客户对物流服务要求的侧重点是有差别的，如IT物流更强调的是时效性，因为电子信息产品的价格变动是非常迅速的，因而运输能力卓越、快速准时的物流企业就具有开发IT客户的优势。而家电产品由于利润日益摊薄，仓储、运输成本最低化和货损最小化则显得更加重要，这会使那些仓储空间充裕、运力充足、装卸搬运能力强的企业在客户开发中脱颖而出。企业只有根据自己的服务能力匹配适宜的客户需求，扬长避短才能实现有效的客户开发。

（二）利用大客户的示范效应，积极开拓市场

物流企业如果拥有知名的客户，会马上提升自身的形象和价值。对于即将开发的客户来说，没有什么比著名的客户更能说明这家物流企业的服务水平和实力的了。由于物流服务流程对客户展示的困难性，客户更愿意相信其他知名客户的选择而不是物流企业的自我推荐。对于那些不知名的物流企业来说，充分利用大客户的示范效应不失为开拓市场的捷径。如吉林省长春市的长江物流园区在开发客户初期就是以基本无利润的价格获得了四川长虹和国美电器在当地的仓储和配送业务，然后利用这两个知名客户迅速地打开了市场，开发了大量的客户，使自己在激烈的客户争夺中占据优势。而随着企业知名度的提升也提高了其在客户开发谈判中的主动性，从而使物流服务价格回归到了合理的水平。

（三）避免恶性价格竞争，开发有价值的客户

在我国的物流市场中，由于准入门槛过低，衍生出相当多的不具备基本物流资质的小型物流货代公司，扰乱了市场秩序，造成了运力相对过剩、物流市场混乱的局面，使更多的物流企业被迫以过低的服务价格来进行恶性价格竞争。

在客户企业不断面临降低物流成本的压力下，低廉的价格无疑是物流企业迎合客户、实现成功开发客户的重要工具。但是，由于物流服务价格和服务质量的紧密相关性，过低的价格自然不能带来高质量的服务，甚至无法保证基本服务的一致性和连贯性。过分依赖超低价格虽然可能暂时获得开发客户的成功，但却是无法持久的，轻则由于无法保证客户服务而丢失客户，重则会带来物流企业的生存危机。如在全国很多地方都出现配货站突然人间蒸发，表面上看是因为货站挪用了代收的货款无法偿还。究其深层原因，是恶性的价格竞争带来的微利甚至亏损，迫使这些物流企业不断用拖欠代收货款来垫付服务成本支出，

而混乱的财务状况又没有及时反映问题的严重性，直到催款客户越来越多，造成挤兑，企业资金链彻底断裂，资不抵债，只能一走了之。这些教训说明，物流企业的客户开发一定要避免恶性价格竞争，要开发有价值的客户，只有在一定利润水平之下的物流服务才是有保证的，才能真正提高企业的竞争能力，使企业可持续地健康发展。

五、物流客户开发的技巧

（一）营销人员与客户的关系

从市场经营的角度看，营销人员是"售货员"，客户是"客户"，但双方又不仅仅是买卖的关系。双方的关系是在互信、互惠、互助和互谅的基础上建立起来的。

（1）互信关系。客户相信物流企业才把货物、商品交给物流企业；物流企业相信客户才把服务提供给客户。因此，物流企业的市场营销及营销人员的服务要以真诚换取信誉，要倡导对客户的情感服务，并充当客户的良师益友。

（2）互惠关系。要努力提高客户满意度，落实承诺服务制，为特定客户提供客户优惠服务。如对老客户特别是黄金客户在业务上予以优先，或派专人办理等。

（3）互助关系。客户要求使用仓库、要求提供运输等是对物流企业服务的支持和信任，会给物流企业带来收益，物流企业的服务也要努力做到想客户之所想、急客户之所急、帮客户之所需。

（4）互谅关系。要多了解客户的需求和困难。客户的需求和困难就是物流企业业务拓展和市场营销的切入点。也要了解客户的难处，妥善处理与客户的纠纷，努力化解各种矛盾。

（二）不同客户的开发技巧

营销人员要用主要的精力争取重点客户和为重点客户服务。在日常接触中，要注意礼仪礼节，讲求规矩。例如，营销人员遇到重大事项要拓展或接洽重点客户时，除了做好接洽前的一般性准备以外，还要做请求相关业务人员、高级营销人员甚至有关领导一同前往的准备，并事先向他们介绍客户的有关情况，请他们或为他们准备相关资料。

对现实客户，应当把重点放在听取其对物流企业产品和服务的意见和联络感情、稳定客户上，以便调整营销策略和营销组合；对潜在客户应当把重点放在介绍本企业的新业务品种、新的服务功能上，了解客户的需求，找出合作的切入点，以期通过合作使对方成为物流企业的现实客户。

对老客户都要经常沟通，保持密切的联系，及时掌握市场行情和客户企业的资金营运情况，做好分析，定期写出分析报告供主管部门参考。营销人员还要向客户提供各种信息，有条件的要参与客户企业业务运作的决策和管理过程。对信用级别较低的客户还要注意防止其资金营运情况恶化，加大访问的密度，以便及时采取挽救措施，避免造成资金的更大损失。

对沉默寡言的人、对喜欢炫耀的人、对优柔寡断的人、对知识渊博的人、对爱讨价还价的人、对慢性的人、对性急的人、对善变的人以及对大方型的人，要自始至终保持冷静机智，适时运用幽默技巧来旁敲侧击，点到为止；要多拜访，找准突破口，以真诚之心来打动他，使他折服。

(三)被客户拒绝的处理技巧

1. 分析拒绝的真实含义

第一,拒绝是客户习惯性的反射动作,实际上,遭到拒绝是一件很普通的事情,是一种自然现象。人类有一种拒绝陌生的本能,这仅仅是一种自我防卫的表现。一般来讲,客户提出拒绝,并不一定代表客户将完全不与这家物流企业合作,而只是表示有些顾虑想法。由此可以看出,拒绝不仅不会阻碍市场开发,还可以使我们因客户的拒绝而找到合作的途径。这个途径既复杂又简单,归结起来就是"扩大利益",客户所提出的每个问题都是在进行自我保护,是自我利益的保护,他总要把得到的和付出的进行比较。这时你若唤起并扩大客户利益就会大大削弱客户拒绝的能力。

第二,拒绝可以使销售人员了解客户的真正想法。有的客户对销售人员个人还不够信任而提出拒绝;有的可能对物流企业还不了解而提出拒绝;有的可能对物流企业的业务内容还认识不够而提出拒绝。其实,物流企业市场开发是需要"拒绝"问题的,营销人员和客户都需要。因为,市场开发活动中如果没有"拒绝"问题,那么,对客户的开发就很难成功。所以应该欢迎拒绝,而不是害怕它。

第三,拒绝也是一种"能量",可转化为促成的"能量"。"拒绝"是在为客户建立一个"感情的账户",让他对你产生愧疚或感恩的心情,如此就比较容易沟通了。因此,很多人都认为"拒绝是市场开发的开始"。

2. 处理"拒绝"问题的态度

① 以平常心面对拒绝。听到客户的拒绝意见后应保持冷静,情绪轻松,不可紧张,不可动怒或采取敌对态度,仍需以笑脸相迎,我们不是硬把物流服务营销给客户,而是帮助客户解决生产和经营中的问题,为客户提高效率、节约成本,如此才能逆来顺受,顶住拒绝的重压,从而以正确的心态面对拒绝。

② 始终诚实与谦虚。无论在什么情况下都必须保持热诚,无论多么不利,也要说实话。对客户拒绝中提出的合理问题,表示尊重,便于客户接受你的相反意见。

③ 需要有信心与权威感。只有对物流业有充分的知识与信心,权威感才会油然而生。时刻要记住,有关物流方面的问题,你是专家。

④ 千万不可争论。不管遇到什么情况,你都不能与客户进行争论。

⑤ 灵活处理。对一些一时难以回答的问题,就暂时搁在一边,待弄清以后再选择适当的时机予以回答。

3. 处理"拒绝"问题的技巧

① 肯定否定法。即要先认同、赞美,以消除客户的防卫心理。当客户提出问题时,回答的第一句应是:"您说得很有道理,这个问题问得非常好,可见您在这方面有相当的研究。"或说:"太棒了,我拜访了那么多的客户,从来没有人提问像你这么到位。"总之,要让客户感到你对他的尊重而乐意和你谈下去。在认同的基础上,再在适当的时候阐述自己的观点,使客户在不知不觉中接受自己的正确观念。

② 冷处理法。不要急于处理问题,先用反问法收集资料,以寻找解决问题的方法。

③ 积极思考法。要设法找出客户拒绝的原因。如果对方说"不",或许可以认为这是一种提醒,告诉你必须变换一种方式才能行得通。

④ 转移话题法。在与客户的商谈中，你应该在不知不觉中改变话题，把对方的拒绝心态引向一旁。

⑤ 故事举例法。当客户提出异议后，营销人员不是直接回答问题，而是通过讲故事来引导客户。

客户开发是所有企业都要面对的课题，而物流企业客户开发有其自身的特殊性从而加大了开发的难度。物流企业既要重视广告、投标等传统开发手段，更要利用关系营销、数据库营销等现代客户获取手段，并按照客户开发的基本步骤拓展市场。物流企业在实施客户开发策略时要着重考虑准确定位、强调自身优势，要利用已有大客户的示范效应，同时要避免恶性价格竞争，以使企业良性发展。

知识点延伸

关系营销简述

所谓关系营销，是把营销活动看成是一个企业与消费者、供应商、分销商、竞争者、政府机构及其他公众发生互动作用的过程，其核心是建立和发展与这些公众的良好关系。1985年，巴巴拉·本德·杰克逊，提出了关系营销的概念，使人们对市场营销理论的研究，又迈上了一个新的台阶。

关系营销是从"大市场营销"概念衍生、发展而来的。1984年，科特勒提出了"大市场营销"概念，目的在于解决国际市场的进入壁垒问题。在传统的市场营销理论中，企业外部环境是被当作"不可控因素"来对待的，其暗含的假设是，当企业在国际市场营销中面临各种贸易壁垒和舆论障碍时，就只得听天由命，无所作为。因为传统的"4P"组合策略，在贸易保护主义日益盛行的今天，已不足以打开封闭的市场。要打开封闭的市场，企业除了需要运用产品、价格、分销及促销四大营销策略外，还必须有效运用政治权力和公共关系这两种营销工具。这种策略思想称为大市场营销。

虽然关系营销概念直接来自科特勒的"大市场营销"思想，它的产生和发展同时也大量得益于对其他科学理论的借鉴、对传统营销理念的拓展以及信息技术浪潮的驱动。

今天，人们对关系营销的讨论和关系营销的实践，已从单纯的顾客关系扩展到了企业与供应商、中间商、竞争者、政府、社区等的关系。这样，关系营销的市场范围就从顾客市场扩展到了供应商市场、内部市场、竞争者市场、分销商市场、影响者市场、招聘市场等，从而大大地拓展了传统市场营销的含义和范围。

企业与顾客之间的长期关系是关系市场营销的核心概念。交易市场营销能使企业获利，但企业更应着眼于长远利益，因而保持并发展与顾客的长期关系是关系市场营销的重要内容。建立关系是指企业向顾客作出各种许诺。保持关系的前提是企业履行诺言。发展或加强关系是指企业履行从前的诺言后，向顾客作出一系列新的许诺。

关系市场营销与交易市场营销存在着一定的区别。交易市场营销下，除产品和企业的市场形象之外，企业很难采取其他有效措施，与顾客保持持久的关系，而在关系市场营销情况下，企业与顾客保持广泛、密切的关系，价格不再是最主要的竞争手段，竞争者很难破坏企业与顾客的关系；交易市场营销强调市场占有率，在任何时刻，管理人员都必须花费大量费用，吸引潜在顾客购买，而关系市场营销则强调顾客忠诚度，保持老顾客比吸引新顾客更重要。关系市场营销的最终结果，将为企业带来一种独特的资产——市场营销网络。

关系营销的实质是在市场营销中与各关系方建立长期稳定的相互依存的营销关系，以求彼此协调发展，因而必须遵循以下原则：

1. 主动沟通原则

在关系营销中，各关系方都应主动与其他关系方接触和联系，相互沟通信息，了解情况，形成制度或以合同形式定期或不定期碰头，相互交流各关系方需求变化情况，主动为关系方服务或为关系方解决困难和问题，增强伙伴合作关系。

2. 承诺信任原则

在关系营销中各关系方相互之间都应作出一系列书面或口头承诺，并以自己的行为履行诺言，才能赢得关系方的信任。承诺的实质是一种自信的表现，履行承诺就是将誓言变成行动，是维护和尊重关系方利益的体现，也是获得关系方信任的关键，是公司（企业）与关系方保持融洽伙伴关系的基础。

3. 互惠原则

在与关系方交往过程中必须做到相互满足关系方的经济利益，并通过在公平、公正、公开的条件下进行成熟、高质量的产品或价值交换使关系方都能得到实惠。

项目思考题

一、选择题

1. （　　）是客户的基本信息，一是要写对，二要读准，三要牢记，以免出现误会。
   A．年龄　　　　　B．姓名　　　　　C．性别　　　　D．偏好

2. 寻找物流客户有逐户拜访、（　　）、名人介绍、资料查询、个人观察、借助助手、直接邮寄等多种传统渠道。
   A．客户介绍　　　B．人际关系开拓　C．市场咨询　　D．产品展示

3. 寻找物流客户主要有（　　）等现代渠道。
   A．电话访问　　　B．网上寻找　　　C．广告搜寻　　D．俱乐部寻找

二、判断题

1. 按是采用现代化手段分，寻找物流客户的渠道可分为传统渠道和现代渠道。（　　）

2. 寻找物流客户时有章可循，有法可依。具体到物流客服人员要具有勤奋、善于观察和越挫越勇的素质。（　　）

3. 开发客户时，对潜在客户，应当把重点放在听取其对物流企业产品和服务的意见和联络感情、稳定客户上，以便调整营销策略和营销组合。（　　）

三、思考题

1. 寻找潜在物流客户的方法有哪些？

2. 物流客户开发的程序是怎样的?
3. 在开发物流客户时,若被客户拒绝,应怎样处理?

实训实践体验

体验:模拟潜在客户信息收集

体验目标:通过该体验,熟悉潜在客户信息收集的途径,掌握潜在客户信息收集的主要内容,培养学生的信息素养,培养团队合作精神。

情境设计:根据项目一所模拟组建的物流企业,在目标市场选择的基础上,分析其潜在客户。通过网络或其他途径,查找五个以上的客户企业,为每一客户企业建立客户档案卡,分析能为客户提供的物流服务,了解物流企业的潜在客户信息收集的途径、客户信息收集的主要内容。

体验实施:
1. 每一小组模拟组建的物流企业分析自己可能的潜在客户行业及具体企业;
2. 每一小组讨论开发这些潜在客户的可能途径;
3. 通过网络或其他途径,查找五个以上的客户企业,收集其信息;
4. 教师给出客户档案卡的模板,每一小组为客户分别建立客户档案卡;
5. 分析可以为每一客户提供的物流服务。

成果与检验:
1. 以小组为单位,撰写客户开发模拟总结。
2. 指导教师组织各组间互评讨论,根据各组提交意见及总结的质量情况,以及各组在模拟训练中的表现,按照评分标准进行成绩评定。

Project 5 项目5 物流客户咨询服务

项目学习目标

1. 了解塑造物流客服人员的职业化形象的方式方法；
2. 了解物流客户接待工作的基本程序和沟通技巧；
3. 理论联系实际，掌握寻找物流客户需求的策略。

项目能力标准

能 力 模 块	能 力 要 求
任务1：塑造物流客服人员职业化形象	能根据不同的场合选择正确的着装，能在服务中正确运用沟通的技巧
任务2：制订物流客户接待计划	能根据不同的情况制订接待计划，能在具体的接待工作中应用各项接待技巧以完成接待任务
任务3：接待物流客户咨询	会通过有效的途径获得物流客户的真实需求，能运用正确的策略接待物流客户的咨询

项目知识点、能力（技能）点

客户心声；沟通；洽谈；求索式提问；选择式提问；是非式提问；答辩；说明；FABE法；MONEY法；个性化需求；特殊利益；熟记式陈述、公式化陈述、满足需要式陈述、解决问题式陈述。

项目导读

AAA物流公司商务接待流程及标准

一、目的

为树立公司良好形象，扩大公司对外联系和交流，本着"热情礼貌、服务周到、厉行节约、对口接待、严格标准、统一管理"的原则。

二、范围

本标准适用于公司各种接待工作和相关部门。

三、管理

商务接待部为公司接待工作的对口管理部门，负责接待工作的安排和管理，拟定重要来宾的接待计划，协调相关部门落实接待任务，提供后勤保障；公司各部门在接到重要来访预约后，可报商务接待部，并协助拟定接待计划，需公司领导出面、商务接待部协调的重要接待，应提前2天告知商务接待部。

四、计划与准备

1. 商务接待部在接到公司领导通知或相关部门来访预约时，对来宾接待，应了解来宾基本情况：来宾职务、来访具体时间、人数、本地逗留日期、目的和要求等。在这基础上拟定接待计划，排出日程安排表，酌情安排接待标准。

2. 商务接待部根据来宾情况按计划通知参加会晤的领导、陪同人员、落实会晤时间及场所。

3. 商务接待部根据来宾情况提前按接待标准预定好宴请来宾的酒店，酌情安排酒水、香烟、用餐标准；需住宿的应提前按接待标准预约好来宾下榻酒店。

4. 商务接待部根据情况计划安排来宾用餐酒店、游览路线、购物商场、娱乐项目。

5. 因会议需要商务接待部需准备安排会场花卉、水果、烟茶、音响设备、投影设备、领导席签、横幅、制作欢迎牌、指示牌、安排礼仪人员，并安排现场摄影摄像等。

6. 商务接待部根据情况安排接待所需车辆，保证车辆清洁，安全性能良好，接送人员负责协作商务接待部接待人员协调安排，统一调度。

7. 如有需要商务接待部应根据情况提前为客户购买车票及机票。

五、接待标准

一级接待标准：

陪同人员：总经理、副总经理、商务接待部经理

1. 迎接：总经理、副总经理、商务接待部经理在机场、车站、公司门口迎接，注意把握迎候时间，提前等候于迎接地点，接待人员引见介绍主宾时，要注意顺序（遵守介绍时的先后次序。正规的做法是，要先介绍主人，后介绍客人；先介绍职务低者，后介绍职务高者；先介绍男士，后介绍女士；先介绍晚辈，后介绍长辈；先介绍个人，后介绍集体。在接待外国来访者时，若宾主双方皆不止一个，则为其双方进行介绍时，要先介绍主人一方，后介绍来宾一方。不过在介绍各方人士时，通常应当由尊而卑，按照其职务的高低，依次而行。来访时主人先伸手表示欢迎。告辞时，待客人先伸手后，主人再相握。握手的力度以不握疼对方的手为限度，初次见面时，时间一般控制在 3 秒内。介绍时就把身份、地位低的一方介绍给相对而言身份、地位较为尊贵的一方）。

2. 参观：总经理、副总经理、商务接待部经理陪同，由商务接待部经理沿途介绍济南市基本情况以及到达项目地后详细介绍地块相关信息。

3. 座谈：公司人员确保公司环境、室内、洗手间清洁、室温适度、灯光合适，将公司简介或相关资料、纸笔、茶水杯、水果、香烟摆放于接待室。根据需要制作领导席签、横幅、欢迎牌、指示牌，调试好音响设备、投影设备、摄影摄像设备。

4. 用餐标准：商务接待部根据情况预订酒店。

5. 下榻宾馆标准：商务接待部根据情况预订宾馆。

6. 商务接待部根据情况、来宾意愿和兴趣提前计划参观游览路线。

7. 商务接待部根据情况购买礼节性礼品。

二级接待标准：

陪同人员：副总经理、商务接待部经理、相关部门经理

1. 迎接：由商务接待部人员到公司驻地门口迎接，引导来宾。

2. 参观：副总经理、商务接待部经理、相关部门经理陪同，由商务接待部经理沿途介绍市基本情况以及到达项目地后详细介绍地块相关信息。

3. 座谈：公司人员确保公司环境、室内、洗手间清洁、室温适度、灯光合适，将公司简介或相关资料、纸笔、茶水杯、水果、香烟摆放于接待室。

4. 用餐标准：商务接待部根据情况预订酒店。

5. 下榻宾馆标准：商务接待部根据情况预订宾馆。

6. 商务接待部根据情况购买礼节性礼品。

三级接待标准：

陪同人员：相关对口的部门经理及人员

1. 参观：相关对口的部门经理及人员陪同，由相关人员沿途介绍济南市基本情况以及到达项目地后详细介绍地块相关信息。

2. 座谈：公司人员确保公司环境、室内、洗手间清洁，将公司简历或相关资料、纸笔、茶水杯摆放于接待室。

3. 用餐标准：商务接待部根据情况预订酒店。

六、接待礼仪：

1. 仪表：面容清洁，衣着得体。

2. 举止：稳重端庄，从容大方。

3. 言语：语气温和，礼貌文雅。

4. 态度：诚恳热情，不卑不亢。

5. 迎接来宾时：要注意把握迎候时间，提前等候于公司门口或车站机场，接待人员引见介绍主宾时，要注意顺序。

6. 接受名片时：要以恭敬的态度双手接受，默读一下后郑重收入口袋中。

7. 过走廊时：通常走在客人的右前方，不时左侧回身，配合客人脚步，转弯处伸右手示意，并说"这边请"。

8. 进电梯时：要告诉客人上几楼，让客人先进、先出。

9. 座谈时：客人落座后，要以双手奉茶，先客人，后主人，先领导，后同事。

10. 送客时：根据身份确定规格，若送至公司门口、汽车旁，招手待客人远去，方可离开。

七、注意事项

接待中涉及机要事务、秘密文电、重要会议，要特别注意保密，接待中既要熟练介绍公司情况，又要内外有别，严守本公司商业机密，对不宜摄影摄像的场合，应向参观人员说明。

八、信息反馈

接待人员应及时撰写重要来访信息，将与来访者交流中取得的信息汇总整理，提取其中对公司有价值的信息交与部门领导。

九、商务接待中的座次安排

（一）关于会议主席台座次的安排

1. 主席台必须排座次、放名签，以便领导同志对号入座，避免上台之后互相谦让。

2. 主席台座次排列，领导为单数时，主要领导居中，2号领导在1号领导左手位置，3号领导在1号领导右手位置；领导为偶数时，1、2号领导同时居中，2号领导依然在1号领导左手位置，3号领导依然在1号领导右手位置。

3. 几个机关的领导人同时上主席台，通常按机关排列次序排列。可灵活掌握，不要生搬硬套。如对一些德高望重的老同志，也可适当往前排，而对一些较年轻的领导同志，可适当往后排。另外，对邀请的上级单位或兄弟单位的来宾，也不一定非得按职务高低来排，通常掌握的原则是：上级单位或同级单位的来宾，其实际职务略低于主人一方领导的，可安排在主席台适当位置就座。这样，既体现出对客人的尊重，又使主客都感到较为得体。

4. 对上主席台的领导同志能否届时出席会议，在开会前务必逐一落实。领导同志到会场后，要安排在休息室稍候，再逐一核实，并告之上台后所坐方位。如主席台人数很多，还应准备座位图。如有临时变化，应及时调整座次、名签，防止主席台上出现名签差错或领导空缺。还要注意认真填写名签，谨防错别字出现。

（二）关于宴席座次的安排

宴请客人，一般主陪在面对房门的位置，副主陪在主陪的对面，1号客人在主陪的右边，2号客人在主陪的左边，如果场景有特殊因素，应视情况而定。

（三）仪式的座次安排

签字双方主人在左边，客人在主人的右边。双方其他人数一般对等，按主客左右排列。

（四）关于乘车的座次安排

小轿车1号座位在司机的右后边，2号座位在司机的正后边，3号座位在司机的旁边。（如果后排乘坐三人，则3号座位在后排的中间）。中轿主座在司机后边的第一排，1号座位在临窗的位置。

（五）合影座次安排与主席台安排相同。

附：会议座位安排

长条桌

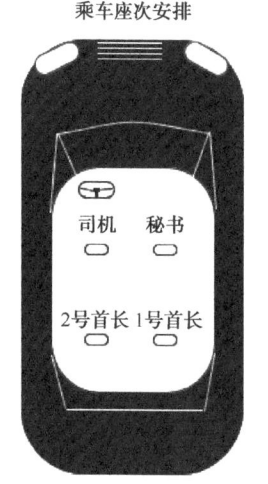

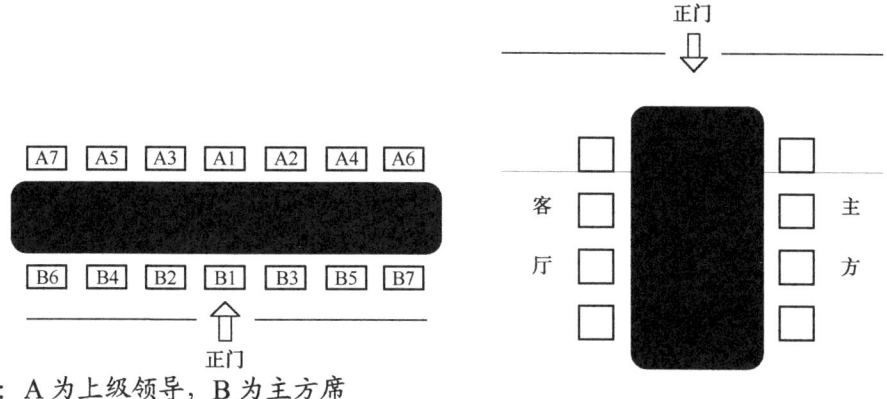

注：A为上级领导，B为主方席

与外宾会谈

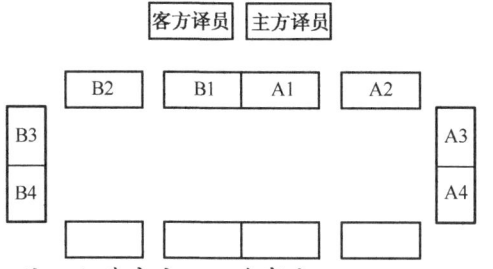

注：A为主方，B为客方

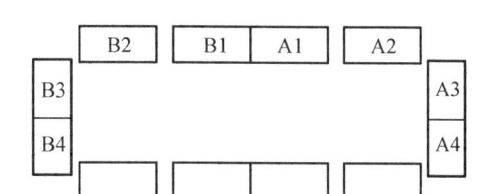

与上级领导座谈

注：A为上级领导，B为主方领导

物流服务与营销

Mission 任务 1　塑造物流客服人员职业化形象

任务导读

临近下班的时候，张明接到了公司经理李华交来的新任务，下周一公司的大客户 AAA 物流公司的贾经理将来公司洽谈一笔新业务，这笔业务将交给张明负责前期的接待工作。这是张明工作以来首次要独立完成接待任务，这笔业务是否能谈成功对他和分公司来说都至关重要，所以着装、礼仪、言辞等都不容失误。为此，张明骤然感到了压力，心里不免有些紧张。

1. 如何通过着装、礼仪表现出物流服务人员的专业形象？
2. 物流客服人员应具有什么样的综合素质？

一、职业形象的概念

客户在接受物流服务人员的相关服务时，会通过其外表、仪态来判断提供服务的人员的职业化程度。如果服务人员有着整齐的着装和整洁的外表，就会给客户带来一种愉快的感受，可以促进服务工作更加顺利地开展。

职业形象（Occupational Image）是指在职场公众面前所树立的形象，具体包括外在形象、品德修养、专业能力和知识结构这四大方面。它主要通过衣着打扮、言谈举止反映出物流服务人员的专业态度、技术和技能等。

职业形象需要严格恪守一些原则性尺度。其中最为关键的就是职业形象要尊重区域文化、企业文化的要求。一般来说，拥有不同文化的公司对员工个体的职业形象有不同的要求，工作时绝对不能我行我素，突破其文化的制约，否则受损的永远都是职业人自己。而不同的行业、企业，因为有集体倾向性存在，职业人只有在职业形象符合主流趋势时，才能促进自己职业形象的升值。

国外职业人士对职业形象的设计服务历史悠久，形成了较为完善的职业形象标准。在我国，由于经济文化等因素影响，对职业形象不大关注。随着中国的职业人工作舞台的日益国际化，他们正在逐渐认识到自身形象在日常工作中的重要作用。现在，对职业形象的咨询需求正在呈迅速上升的态势。

二、物流客服人员职业形象中的仪容仪表

（一）职业着装的基本原则

得体的穿着，不仅可以显得美丽大方，还可以体现出一个现代文明人良好的修养和独到的品位。作为一个成功的职场人，必须掌握一定的职业着装基本原则。

总的来说，着装要规范得体，就要牢记并严守 TPO 原则。TPO 原则，是有关服饰礼仪的基本原则之一。即着装要考虑到时间"Time"、地点"Place"、场合"Occasion"。其中的 T、P、O 三个字母，分别是英文时间、地点、目的这三个单词的缩写。它的含义，是要求人们在选择服装、考虑其具体款式时，首先应当兼顾时间、地点、目的，并应力求使自己的着装及其具体款式与着装的时间、地点、目的协调一致，较为和谐般配。

1. 时间原则

不同时段的着装规则对女士特别重要。男士有一套质地上乘的深色西装或中山装足以包打天下，而女士的着装则要随时间而变换。白天工作时，女士应穿着正式套装，以体现专业性；晚上出席鸡尾酒会就需多加一些修饰，如换一双高跟鞋，戴上有光泽的佩饰，围一条漂亮的丝巾；服装的选择还要适合季节、天气特征，坚持与潮流大势同步。

2. 地点原则

在自己家里招待客人，能够穿着舒适但整洁的休闲服；如果是去公司或单位拜会，穿职业套装会显得过于拘谨；外出时要顾及当地的传统和风尚习惯，如去教堂或寺庙等场所，不能穿过露或过短的服装。

3. 场合原则

衣着要与场合协调。与顾客会谈、参与正式会议等，衣着应庄重考究；听音乐会或看芭蕾舞，则应按惯例着正装；出席正式宴会时，则应穿中国的传统旗袍或西方的长裙晚礼服；而在朋友聚会、郊游等场合，着装应轻便舒适。同样，如果以便装出席正式宴会，不但是对宴会主人的不尊重，也会令自己颇感尴尬。

（二）着装礼仪的基本要求

作为物流客服人员，着装上的基本要求是选择制作精良的正装，保持外表整洁。

1. 男士着装的基本要求

（1）三色原则

男士身上的色系不应超过 3 种，很接近的色彩可视为同一种。

（2）着装基本原则

男士上装必须带有衣领，立领的中山装样式，西服也属于正装范畴，正装应当是纽扣式的服装，拉链服装通常不能称为正装。穿西装时要拆除衣裳袖上的商标、熨烫平整、扣好纽扣、巧配内衣、慎穿毛衣裳，外装袖子不可以卷也不能挽起来，上衣口袋少装或不装东西。

衬衫最好选用亚麻或者纯棉面料，这样的衬衫做工精良，但它的缺点也很明显，易皱易变形，需干洗，维护成本高。最常用的选择是纯棉加涤纶的衬衫，棉涤比例大概在 7：3 到 6：4 之间。这样的衬衫有抗皱，免熨的特点，能够随便地机洗，同时也有着纯棉面料类似的良好的视觉质感。衣领的款式、质量，直接决定着衬衫的好坏和穿着效果，扣纽扣的衬衫领虽然不适合于特别正式的场合，但是日常在办公室中穿着效果也非常好，在穿着时应避免双排扣西装加扣纽扣的衬衫领，这样会显得有些太随便了。衬衫的色彩应单一、无图案为佳；正装必为长袖，以无衣袋为佳。有袋也少放东西。在两手伸直时，衬衫的袖子应该比西装袖长 1 厘米左右。

（3）配饰原则

领带：领带是商务男士穿西装时最重要的饰物。它的面料以真丝最佳，红色和蓝色最为稳妥，在图案上易选择没有明显图案或几何形状图案为宜。不同款式的领带适合不同的场合，一般来说条纹形领带，果断权威、稳重理性，适合谈判、主持会议、演讲的场合；圆点、方格的领带，中规中矩、按部就班、适合初次见面和见长辈上司时；不规则图案的领带，活泼、有个性、有创意和朝气，较随意，适合酒会、宴会和约会；领带夹一般被认为是已婚人士之标志，应在领结下 3/5 处 。领带的长度必须触及皮带扣。

皮带：男士的长裤必须是系皮带的，即便西裤。

皮鞋：最为经典的正装皮鞋是系带式的。

男士常见的正装是：衬衫、西服、领带、西裤、皮鞋。在炎热的夏天，男士也应着衬衫和西裤。

2. 女士着装的基本要求

女士着装的基本规范是：大小适度、穿着到位、考虑场合、协调妆饰、兼顾举止。

（1）商务场合着装

在商务场合，女士着装最安全的着装是职业套装。合身的短外套，搭配裙子或长裤都可以，衬衫则易选择与外套和谐自然的，不要太夸张，鞋子最好是高跟或者中高跟的皮鞋，因为有跟的皮鞋更能令女性体态显得更优美。

要注意的是：女士的着装色彩不宜太夸张花哨。黑色很好搭配衣服，但是如果运用不好很容易给人沉闷死板的感觉。所以一定要与其他色彩巧妙组合，搭配出庄重又时髦的效果。年轻女性可以选择多色彩的衣服，如果有图案，则力求简单。可以佩带小而精致的饰品，但佩戴的饰品以不妨碍工作不发出声响为原则。饰品应避免太漂亮或会闪光，太长的坠子是不适合的。对于耳环的选择也要以固定在耳上为佳。要善于运用丝巾或羊绒巾，可以使女士的着装更加时尚。

要注意避免的情况是：要特别注意只有在穿长裤子的情况下才可以穿短丝袜；夏天最好不要穿露趾的凉鞋，更不适合在办公室内穿凉拖，容易给人懒散的感觉；所着丝袜出现明显破洞，必须及时扔掉，不要做任何修补。

（2）礼服装

在夜间及非常正式的宴会应着长装晚礼服，而日间宴会礼服不宜长过脚踝。晚礼服应高贵并允许华贵或性感（性感礼服在室外应加上外套）。

（三）物流客服人员常见的几种仪态礼仪

1. 谈姿

谈话的姿势往往能反映出一个人的性格、修养和文明素质。所以交谈时，作为客服人员一定要正视自己的客户，耐心倾听他的要求，不能东张西望、面带倦容、哈欠连天，这样会给客户一种心不在焉、傲慢无理、缺乏专业能力的印象。

2. 站姿

站立是人最基本的姿势，是一种静态美的表现。在站立时，身体应与地面垂直，重心放在两个前脚掌上，抬头、挺胸、收腹、提臀、双肩放松。双臂自然下垂或在体前交叉，眼睛平视前方，面带笑容。站立时不可以有歪脖、斜腰、屈腿等动作，在一些正式场合不宜将手插在裤袋里或交叉在胸前,更不可以出现一些无意识的小动作,这样不但显得拘谨,给人缺乏自信的感觉,而且也有失仪态的庄重。

3. 坐姿

坐跟站立一样,也是人最基本的姿势,是一种静态造型。端庄大方优美的坐,会给人以文雅、稳重、自然大方的美感。正确的坐姿应该是:腰背挺直,肩放松。女性应两膝并拢;男性膝部可分开一些,但不要过大,一般不超过肩宽。双手自然地放在膝盖上或椅子扶手上。在正式的场合,入座时要轻柔缓和,起座时要端庄稳重。不可以猛起猛坐,让桌椅乱响,造成尴尬的气氛。无论采用何种坐姿,上身都要保持端正,保持"坐如钟"。这样无论怎样变换身体的姿势,整个人仍会是优美、自然的体态。

4. 走姿

行走作为最基本的姿势,显示的是一种动态的美。"行如风"就是用风来形容走姿应轻快、自然。正确的走姿应是:轻而稳、头要抬、胸要挺、肩放松、两眼平视、面带微笑、自然摆臂。

(四)物流客服人员常见的几种不良姿势

(1)手机不当使用。手机是现代人生活中不可缺少的通信工具,如何通过使用这一现代化的通信工具来展示现代文明,是生活中不可忽视的问题。因为事务繁忙而不得不将手机带到社交场合,应将手机调至静音状态,以免惊动他人;有来电时应找不会打扰到人的地方接听,并控制自己的音量;如果在公交车、餐桌、会议室、电梯等小场所通话,应尽快结束通话,以免干扰别人;如果客户在身边时有不得不接听的来电,必须先道歉,然后走到一个不会影响他人的地方,通话结束再入座;如果有些场合不方便通话,就告诉来电者你稍后会回电,不要勉强接听而影响别人。

(2)随便吐痰、随手扔垃圾、当众嚼口香糖、挖鼻、掏耳朵、挠头皮、抖腿、打哈欠这些都是不应出现的行为,也是不优雅的行为。在公众场合,要绝对避免。

三、物流客服人员的综合素质要求

随着当代社会经济的发展,市场竞争越来越激烈,物流行业内竞争也在不断加剧,对物流服务从业人员的要求也越来越高了,客户满意度高低在很多时候取决于服务人员和客户的沟通是否到位。例如,服务人员送货上门时,如果能做到一见面就创造一个良好的沟通氛围,客户就会觉得很亲切,不会觉得服务人员态度生硬,满意度自然会提高。这样,就需要提升物流客服人员的综合素质。

首先,要具有"客户至上"的服务观念,"客户至上"的服务观念要始终贯穿于客户服务工作中,因此,需要具备一种"客户至上"的服务观念、整体的服务观念。

其次,要具有工作上的独立处理能力,优秀的客户服务人员必须能独当一面,具备工作上的独立处理能力。一般来说,企业都要求客户服务人员能够独当一面,也就是说,要能自己去处理很多客户服务中的棘手问题。

再次,要具有各种问题的分析解决能力,优秀的客户服务人员不但能做好客户服务工作,还要善于思考,提出工作的合理化建议,有分析解决问题的能力,能够帮助客户去分析解决一些实际问题。

最后，要具有人际关系的协调能力，优秀的客户服务人员不但能做好客户服务工作，还要善于协调同事之间的关系，以达到提高工作效率的目的。人际关系的协调能力是指在客户服务部门中，如何和自己的员工、自己的同事协调好关系。有的时候，同事之间关系紧张、不愉快，会直接影响到客户服务的工作效果。例如，有些客户服务主管经常抱怨道："每天的工作就是协调与下属之间的矛盾。"

四、物流客服人员在服务中的沟通技巧

在接听客户的咨询电话中，很多客户因为不熟悉物流行业，服务人员解释了一遍客户还弄不清楚，服务人员往往就会产生烦躁情绪，就会问客户："我讲了这么多，您听明白了吗？"这时很多客户就会怕你认为他很笨而不敢再继续追问，从而影响沟通的成效。但如果问话方式改变一下，你问："哦，不知道我解释得还算清楚吗？"客户就会感到轻松很多，并乐于继续提出问题，从而可以进行进一步的良好沟通。

在与处于愤怒状态的客户进行沟通时，如何尽快制止客户的激烈态度，引导客户回到实际问题的解决上来是非常重要的。这时我们应找到与客户进一步进行沟通的切入点，婉转地指出客户行为中不适宜的部分。这样才能帮助服务人员提高工作热情，从而更好地做好相关的服务工作。

有些语言运用中，虽然要表达的意思差不多，但由于表达的方式不一样，会使客户产生不同的感觉，从而影响其与作为沟通另一方的客服人员及客服人员所代表的企业的关系。因此，通常要注意以下几点：

首先，要选择积极的用词与方式。在保持一个积极态度的同时，沟通用语也应当尽量选择体现正面意思的词。例如要感谢客户在电话中的等候，常用的说法是"很抱歉让你久等了"。"久等"实际上在潜意识中强化了对方对于"久等"的时间上的感觉，这样的表述不如说"非常感谢您的耐心等待。"后者属于更为正面的表达方式，让客户更能忽略时间长短。

其次，要善于运用第一人称的"我"来代替第二人称的"你"。物流客服人员在服务过程中尽量用"我"代替"你"，后者常会使人感到有根手指指向自己，觉得对方很不礼貌，从而觉得受到了冒犯。

再次，要在客户面前维护企业的形象。如果有客户打电话抱怨他在前一个部门所受的待遇，为了表示对客户的理解，不能说："你说得不错，这个部门表现很差劲！"适当的表达方式是："我完全理解您的苦衷。"

另一类客户的要求公司无法满足，可以这样表达："对不起，我们暂时还没有解决方案。"尽量避免不客气地将手一摊："我也没有办法啊。"当你有可能替客户想一些办法时，与其说"我试试吧。"不如表现得更积极一点："我一定尽力而为。"

最后，在正规场合尽量少使用方言，如"一塌糊涂"、"不会啦"等，应用普通话规范表达。

总之，语言表达技艺也是一门大学问，有些用语可以由公司统一规定，但更多的是客服人员凭借自己表达技巧的娴熟程度，使与客户的通话过程体现出最佳的客户体验与企业形象。服务是与人打交道的过程，要乐于沟通、勇于沟通，用心与客户沟通，将客服人员的工作表现得更好。

Mission 任务 2 制订物流客户接待计划

任务导读

公司经理李华对 AAA 物流公司的业务非常重视，要求张明成立一个接待小组，制订相应客户接待计划，以便在和对方洽谈前做好各种准备，顺利完成业务洽谈。特别是要设计好接待对方的开场白，既要展示本企业的专业性及实力，又要表现双方若能合作将获得双赢，给对方留下专业、良好的印象，以利于洽谈的顺利进行。

1. 如何制订物流客户接待计划？
2. 怎样设计物流客户接待的开场白？

一、物流客户接待工作的基本程序

首先，亲切迎客。以良好的公司形象迎候来访者。见到客户的第一时间，应该马上同时做出欢迎的动作与表情：起立（Standup）、注视对方（See）、微笑（Smile），即我们通常所称的3S服务。迎客的语言通常是："您好！""欢迎光临""您好！我能为您做些什么？"等亲切的话语。

其次，热情待客。热情是一种姿态，目的是让客户感觉到对他（她）的重视和关注。而"太热情"则是一种氛围，它会让客户感觉很不自在，要是不够热情，没招呼好客户，就会给客户留下不好的印象。因此，接待客户时要掌握好热情度，营造良好的待客氛围，这样有利于洽谈顺利而愉快。

再次，礼貌送客。"出迎三步，身送七步"是迎送宾客最基本的礼仪。一般情况下，由客户先伸手，客服人员与之握手边说"请走好"或"欢迎您的再次光临"等；主动为客户取回衣帽等，并扫视一下桌面，看是否有物品被遗忘，为客户开门；如果客户有重物，客服人员应帮客户提，但客户的公文包和随身的小包不要抢着代拿；若是重要的客户，客服人员应将客户送到大门口或轿车旁，不要急于返回，应挥手致意，等客户移出视线后，再返身离开。

二、制订接待计划

（一）确定接待规格。其规格有三种：

1. 高规格接待

即主要陪同人员比来宾的职位要高的接待，如上级领导派工作人员来了解情况、传达意见，关联企业派人来商量要事等，就需要高规格的接待。

2. 对等接待

即主要陪同人员与客人的职位同等的接待，这是最常用的接待规格。

3. 低规格接待

即主要陪同人员比客人的职位要低的接待，如上级领导或主管部门领导到基层视察，只能低规格接待。

（二）制订接待计划

1. 确定接待方针，即接待的指导思想
2. 确定接待规格

在接待的准备工作中，核心环节是确定接待规格，它决定着礼仪活动的多少、规模大小、隆重程度、由哪些人员前往迎接、陪同等，接待规格反映出本公司对来宾的重视程度和欢迎的热烈程度，它往往依据主要来宾的身份及实际要求来确定。

3. 确定接待形式

是指是否俱全的接待方式、方法、确定迎接、宴请、会谈、参观、浏览、送行等事宜的形式，如前去机场、车站迎接，是否举行一定的仪式，是否准备鲜花；宴请是选择中餐还是西餐等具体问题的确定。

4. 确定接待日程

工作安排是指安排好来宾的有关工作事宜，如会见、会谈、汇报、交流及参观办公区或车间、产品演示等；生活安排是指安排好来宾的日常生活接待，包括安排餐饮、住宿和交通，照顾好来访宾客的生活，做好医疗卫生、代购车、船、机票等工作；业余生活安排是指安排好宾客的文化娱乐活动，根据来宾的意愿，妥善安排浏览、娱乐、体育等活动。

5. 确定接待经费

这主要是指做好接待工作的预算活动，接待工作必须从简务实，一切从实际出发，不摆阔气，不讲排场。工作经费主要是租借会议室、打印资料等费用、住宿费、餐饮费、劳务费、讲座费、演讲费、加班费、交通费、参观浏览娱乐费、纪念品费，宣传费、公关费用等。

（三）具体的接待事项

（1）首先要了解来宾的具体情况，包括所在单位、姓名、性别、职务、级别及其人数，以及到达的日期和地点。

（2）填报请示报告卡片，将客户情况和意图向有关领导报告，并根据对方意图和实际情况，拟出相关计划和日程安排的初步意见，一并报请领导批示。

（3）根据客户的身份和其他实际情况，通知具体接待部门安排好住宿。

（4）根据实际工作需要，安排好客户用车和接待工作用车。

（5）在国家规定标准的范围内，尽可能周到地安排好客户的饮食。

（6）根据客户的工作内容，分别做好以下安排：如果客户要进行参观学习，则应根据对方的要求，事先安排好参观点，并通知有关部门或单位准备好汇报材料，组织好有关情况的介绍、现场操作和表演、产品或各项服务说明的陈列等各项准备工作。

（7）根据对方的工作内容，事先拟定出各个项目陪同人员的名单，报请领导批准后，即刻通知有关人员不要外出，并做好准备。

（8）根据客户的身份和抵达的日期、地点，安排有关领导或工作人员到车站、机场、码头等相应地点迎接。

（9）客户到达并住下后，双方商定具体的活动日程，尽快将日程安排印发给有关领导和部门并要求其按此执行。

（10）在合适的时机按照大体对等的礼仪原则，安排有关领导看望客户，事先安排好地点及陪同人员。

（11）根据领导指示或客户要求，做好游览风景区和名胜古迹的安排。

（12）在条件许可的情况下，为客户安排一些必要的文化娱乐活动，如电影、地方戏剧、晚会、书画活动、参观展览等。

（13）根据客户要求，安排好体育活动，通知体育场馆准备好场地、器材等，并安排陪同人员。

（14）客户如果身份重要，或活动具有重要意义，则应通知有关新闻单位派人进行相关的采访报道，此时则需负责介绍情况，安排采访对象谈话，并受领导委托对稿件进行把关。

（15）事先垂询客户意见、预订、预购客户所需的返程车票、船票或飞机票。

（16）客户离去时，安排有关领导或工作人员到其住地或车站、码头、机场为客人送行。

三、物流客户接待开场白设计

开场白就像一本书的书名，或报纸的大标题一样，如果使用得当，可以立刻使人产生好奇心并想一探究竟。反之，则会使人觉得索然无味，不再想继续听下去。那么应该怎样做好物流客户接待的开场白呢？

（一）开场白设计的基本要求

（1）要引起客户注意的兴趣；
（2）敢于介绍自己的公司，表明自己的身份；
（3）不要总是问客户是否有兴趣，要帮助客户决定，引导客户的思维；
（4）面对客户的拒绝不要立刻退缩，不要放弃；
（5）在电话里说话的声音要比平时大些，营造出很好的通话气氛；
（6）简单明了，不要引起顾客的反感。

（二）具体实例分析

我们先看一些错误的实例：

示例1：首次和客户的电话沟通："您好，张经理，我是AAA物流公司市场客服部的李明，我们公司已经成立一年多了，和行业内很多公司合作也已经很长时间，不知道您是否曾经听说过我们公司？"

错误点：

（1）客服人员没有说明为何打电话过来，以及对客户有何好处。
（2）客户根本不在意你们公司成立多久，和谁合作，或是否曾经听说过你的公司（客户不关心的问题，不要放在重点的开场白中）。

示例2：客服人员："您好，张经理，我是AAA物流公司市场客服部的李明，我们是专业提供各项物流服务的，请问你现在在使用哪家公司的服务？"

错误点：

1. 没有说明为何打电话过来，以及对客户有何好处。

2. 在还没有提到对客户有何好处前就开始问问题，让人立即产生防卫的心理。

示例3：客服人员："您好，陈经理，我是AAA物流公司市场客服部的李明，几天前我有寄一本杂志给您，不晓得您收到没有？"

错误点：

1. 没有说明为何打电话过来，及对客户有何好处。

2. 平常大家都很忙，即使收到资料也不见得会看，而且让他们有机会回答："我没有收到。"（资料、产品要说明白。）

示例4：销售员："您好，我是AAA物流公司市场客服部的李明，我们是提供专业物流服务的公司，不晓得您现在是否有空，我想花一点时间和您讨论（给您介绍）一下？"

错误点：

1. 直接提到商品本身，但没有说出对客户有何好处。

2. 不要问客户是否有空，直接要时间。

我们再举个有关开场白的例子，和朋友们在一起的时候常常说到让谁请客。我们大多数时候会说"你要请客呀"，这时候对方会反问"我为什么请客？"即使争论一番也不一定会成功；改变一下，你说"你今天就请客呀！"（"今天"要重点语调），对方就可能会说"为什么要今天？"上当了，现在你们只需要和他说"那明天也行"，Ok，小有成就。再改一下，"你今天收入这么多，羡慕呀，我们是去吃水煮鱼还是烤鸭？呵呵"，对方可能会说"那就烤鸭吧，还便宜点，呵呵。"直接绕过最初的问题，一般人会就你的话进行反应，没有了接口，也就没有了借口。

同理，在初次打电话给客户时，必须要在20秒内做公司介绍及自我介绍，引起客户的兴趣，让客户愿意继续谈下去。因此，要让客户放下手边的工作，而愿意和你谈话，客服人员要在20秒钟内清楚地让客户知道下列三件事：

（1）我是谁/我代表哪家公司？

（2）打电话给客户的目的是什么？

（3）我们公司的服务对客户有什么好处？

正确的示例应该是这样："您好，是张经理吗？我是AAA物流公司市场客服部的李明，我们是一个专注于物流各项服务，例如仓储、运输、配送及物流咨询的公司，今天我打电话过来的原因是我们的服务已经为行业内很多朋友所认可，能够为他们提供目前最高效的物流相关服务，通过我们的服务，可以迅速提高贵企业的货物运送速度，降低您的物流成本，快速打开和拓展销售市场，从而降低销售成本，直接给企业带来经济效益和利润增长点，为了能进一步了解我们是否也能为您服务，我想请教一下贵公司是否做过相关的物流策划呢？"

（三）开场白中的重点技巧

1. 开场白中务必提及的内容

（1）提及自己公司/机构的名称、专长。
（2）告知对方为何打电话过来。
（3）告知对方可能产生什么好处。
（4）询问客户相关问题，使客户参与。

2. 能够吸引客户的常用开场白

（1）相同背景法。

"王经理，您好，我是 AAA 物流公司市场客服部的李明，我打电话给您的原因是，许多像您一样的大企业成为了我们的客户，我们为他们节省了大量的物流费用，而且提供的产品和服务还是最好的，能够充分满足贵企业的相关物流需求。请问您现在对第三方物流有需要吗？"

（2）缘故推荐法。

"王经理，您好，我是 AAA 物流公司市场客服部的李明，您的好友××经理是我们的大客户，他介绍我打电话给您。他认为我们的服务比较符合您工作的需求，也想请您了解一下。请问您目前是否在用其他公司的物流服务？"

（3）孤儿客户法。

"王经理，您好，我是 AAA 物流公司市场客服部的李明，您在前段时间给我们拨打过咨询电话询问我们相关物流服务的价格，我们也提供给您一些相关的物流建议，很久没有和您联系了，也没有多征求您的意见，这是我们的疏忽，我今天打电话给您，就是想询问您是否对我们有什么宝贵的意见和建议……刚好我们推出了一些新的服务项目，有一些问题由于像您一样的客户的反馈使我们已经有了相关的解决方法，希望您再给我们提出意见和建议。"

（4）请求帮忙法。

"您好，李经理，我是 AAA 物流公司市场客服部的李明，有件事情想麻烦一下您。（或有件事想请您帮忙。）"一般情况下，在刚开始就请求对方帮忙时，对方是不好意思断然拒绝的，这样电话销售人员会有 100%的机会与接线人继续交谈。

（5）第三者介绍法。

A."您好，是李经理吗？""是的。""我是××的朋友，我叫××，是他介绍我认识您的，前几天，和他刚通了一个电话，在电话中他说您是一个非常和蔼可亲的人，他一直非常敬佩您的才能。在打电话给您之前，他叮嘱我务必要向您问好。""客气了。""实际上我和××既是朋友关系又是客户关系，一年前他使用了我们的服务之后，公司的相关物流成本降低了 10%，在验证效果之后他第一个想到的就是您，所以他让我今天务必给您打电话。"

B."刘小姐您好，我是 AAA 物流公司市场客服部的李明，是您的好友××让我打电话给您的，他觉得我们公司的物流服务很好，也许您对我们的服务也会有兴趣，请问方便请教您几个问题吗？""请说！"

通过"第三者"这个"桥梁"过渡后，更容易打开话题。因为有"朋友介绍"这种关系之后，就会无形地解除客户的不安全感和警惕性，从而很容易与客户建立信任关系，但如果技巧使用不当，将很容易造成以下结果：

失败案例

"您好，是刘经理吗？""是的，什么事情？""您好，刘经理，我是 AAA 物流公司市场客服部的李明，您的朋友王新介绍我打电话给您，我们是一家专业的物流公司，所以他让我打电话给您问您是否有这方面的需求？""对不起，我们暂时还没有这方面的计划。"（挂断）对话中的错误在于急于推销产品。很多电话销售人员在平时的工作当中，经常犯这种错误，这不仅失去了客户，而且也丢掉了人情。所以在使用"第三者介绍法"打开话题时，务必注意：首要说明与介绍人的关系；传达介绍人的赞美和问候；公司的产品得到了介绍人的肯定；巧妙地引导客户到服务中来；切忌在顾客还没有了解自己与介绍人的关系之前就介绍产品。

（6）牛群效应法。

在大草原上，成群的牛一起向前奔跑时，它们一定是很有规律地向一个方向跑，而不是向各个方向乱成一片。把自然界的这种现象运用到人类的市场行为中，就产生了所谓"牛群效应法"，它是指通过提出"与对方公司属于同行业的几家大公司"已经采取了某种行动，从而引导对方采取同样行动的方法。

例如，相关客服人员："您好，王先生，我是 AAA 的李明，我们是专业从事……同行业的前几个大企业都在使用我们的服务，请问您是否有相关的需要呢？"在介绍自己产品的时候，告诉客户同行业的前几个大企业都在使用自己产品的时候，这时"牛群效应"开始发挥作用。通过同行业前几个大企业已经使用自己产品的事实，来刺激客户的购买欲望。

（7）激起兴趣法。

这种方法在开场白中运用得最多、最普遍，使用起来也比较方便、自然。激起对方兴趣的方法有很多，只要我们用心去观察和发掘，话题的切入点是很容易找到的，具体参看以下案例。

例如，一位物流公司市场客服部人员 A 打电话给一个非常知名的贸易公司的董事长 B，据了解该董事长非常敬业，每天的工作时间长达 12 个小时。A："您好，王董事长，我是某某物流公司的 A，在没有打电话给您之前，我就在一些报纸和网站上看过您的详细介绍，其中大部分资料都说到您每天的工作时间长达 12 个小时。我非常敬佩，但不知道王董事长有没有听过一句话：一个成功人士他的时间分为 3 份：1/3 时间放在家庭；1/3 时间放在事业；1/3 时间放在个人修炼上。这符合三角形的最稳定法则，只有三角平稳了，才能算得上真正的成功。我想请问一下王董事长在这三角当中，您的时间是如何安排的呢？"客户开始滔滔不绝地谈论自己的观点。不难看出，引发客户的兴趣是推介成功的关键因素，因为每个人都喜欢谈自己感兴趣的话题，如果电话推介人员所说的话能引起客户的兴趣，客户就会继续谈下去，从而才有机会做生意。

四、物流客户接待工作中的技巧

（一）当客户要求面见主要领导时

一般的客户普遍有一种心态，认为只有主要领导才能解决他们的问题或满足他们的要求，所以，不管大事小事，都要找主要领导。

当客户提出要求面见主要领导时，接待人员要根据具体情况加以处理。

（1）对于无理取闹、纠缠不清，或态度恶劣、脾气暴躁的来访者，不宜领导接待，应坚决挡驾。

（2）来访者所反映的情况比较重要，但主要领导因需处理更重要的问题而分不开身，可暂缓安排面见。

（3）秘书人员不能确定问题的性质和主要领导的态度，可先行挡驾，待请示后再作安排。

（二）当领导临时因事外出时

领导因某件急事必须办理而突然外出了，而他事先约好的客户则如约前来。在这种意外情况下，秘书人员应及时向来访客人说明情况，请求谅解。如果客人愿意等一会儿，秘书人员应先陪客人谈谈，等候领导回来，而决不能让客人独自坐在会客室里等候。如果等了一段时间以后，领导还没有回来，那么就应征求来访者的意见，看他是否愿意再等一会儿，或者是否愿意先回去，等领导回来后，再与他联系约会。如果领导在外出时对如何接待有约在先的客人有交代，那么就要照领导的意见办理。

（三）当客户贸然来访时

秘书人员遇到客户贸然来访的情况，首先，要弄清来客的身份，包括姓名、工作单位、职务等；其次，问清楚来访意图；再次，向领导汇报。在没有汇报前，不能给予肯定的答复。因为领导有可能没有时间，也有可能不愿意见这位客人。而经过联系后，领导如没有时间或不愿意见来访者，这时秘书人员就要灵活、机敏而又委婉地拒绝来访者。

实例：有位自称是某运输车队负责人的客户来到某物流公司办公室想提出联营，要见总经理。公司接待员小李遇到这种情况后，根据多年摸索和积累的接待经验，首先，给客户热情地倒上茶；其次，问清楚客户的姓名、工作单位、职务；再次，摸清客户的意图。小李先以"我去看一下总经理是否在"加以搪塞。在总经理作出不愿意见来访者的答复后，李秘书对该人说："实在对不起，总经理现在不在公司里。"由于小李的灵活机敏，因此在接待过程中，没有给客户留下一种缺乏诚意的印象，客户自己也没有一种被撵走的感觉。

（四）当来了不受欢迎的客人时

在接待工作中，有时会遇到一些不受欢迎的人，如为一点小事纠缠不休的人；多次跑来索取好处的人；提出一些无理要求的人等。对于这样一些不受欢迎的来访者，客服人员也要以礼相待，显示出自己的涵养和风度。先要弄清来访者的姓名、所在公司、有什么事情，了解了来访者的意图后，迅速请有关部门接待，并及时向领导请示、汇报。总之，以尽量使他们少干扰领导和自己的工作为宗旨，同时又要使他们感到没有受到怠慢。

接待来访中的意外情况是多种多样的，客服人员遇到这些情况时，既要坚持原则，又要机智灵活地妥善处理。对于客人的不合理要求，要学会委婉拒绝；对于干扰领导工作的客人，要巧妙挡驾；对于客人的糊涂想法，要耐心劝解。在接待中能解决问题，才是高水平的接待。

物流服务与营销

Mission 任务 3 接待物流客户咨询

任务导读

在接待 AAA 物流公司的贾经理及随行人员的工作当中，张明的接待小组表现出色，不卑不亢。公司经理李华和贾经理洽谈愉快，双方很快达成了合作协议。李华要求张明负责后续的具体物流业务合作事宜。一周后，贾经理的助理王小丽要咨询一批国际货物的一站式物流服务内容及具体操作事项，张明和对方约定好时间以接待对方的咨询。

1. 接待客户咨询的工作步骤是怎样的？
2. 怎样探寻物流客户的真实需求？

一、倾听物流客户心声

聆，细听也。聆听，顾名思义，就是指专注地听。认真聆听客户的讲话，不仅聆听客户讲什么，还要聆听客户是如何讲的；不仅要听出客户讲的内容，更重要的还要听出客户的感情和内心中的真正需求。

在与客户的洽谈中，潜心倾听往往比滔滔不绝地谈话更为重要。学会倾听才能探索客户的心理活动，观察和发现其兴趣所在，从而确认客户的真正需要，以此不断调整自己的计划，突出要点。在洽谈中要想获得良好的效果，应掌握以下倾听的技巧。

（一）专心致志

精力集中，专心致志地听，是倾听艺术最重要、最基本的方面。心理学家的统计证明，一般人说话的速度为每分钟 80～200 个字，而听话及思维的速度，大约要比说话快 4 倍。所以，对方的话还没说完，听者就大致理解了。这样一来，听者常常由于精力富余而开"小差"，也许恰在此时，客户提出要求物流客服人员回答的问题，或者传递了一个至关重要的信息，如果这时客服人员心不在焉，没有及时反应就会错失销售良机。

与客户的谈话是否成功，注意力的调动和保持是一个很重要的因素。旺盛的注意力不仅能使你倾听到客户的言内之音及言外之意，还能获得客户的好感。因为态度就如同用无声的语言在告诉客户："我很尊重您、相信您，你所谈的话对我来说是非常重要的，我正在专心致志地听。"

那么怎样才能调动并保持注意力呢？方法有很多。把谈话的客户看成是世界上"最重要的人物"，把他的讲话看成平生所听到的"最重要的言语"，的确不失为一种有效的方法。对于如此"重要的人物"、如此"重要的语言"，会分散注意力吗？显然不会。其实对于物流客服人员来说，客户确实是最重要的人物。

（二）有耐心

任何人都不喜欢别人打断自己的谈话，他们在谈论和发表自己的观点时，希望别人能够认真地听，这通常被视为尊重的表现。经常听到客户生气地说："你在听我讲话吗？""我在讲的时候，你最好别插嘴！"如果不想听到这样的质问，最好有耐心，认真地听客户讲话，让客户把自己的观点说完。永远不要打断客户，这是物流客服人员接待礼仪的一个不变法则。

作为物流客服人员，耐心倾听客户的谈话，等于告诉客户："您是一个值得我倾听的人。"这样在无形之中就保护了客户的自尊心，加强了彼此之间的感情交流，为销售的成功创造了一个和谐、融洽的环境和气氛。

（三）积极回应

要使自己的倾听获得最为良好的效果，不仅要潜心地听，耐心地听，还要在听的过程中对客户的谈话做出会心的呼应，积极互动，从而引发共鸣。在与客户说话时，应不时地做出表示听懂、赞同的回应，如点头或"哦"、"嗯"、"是的"、"我明白"、"我知道"、"我也这样认为"、"我也这样想"、"你说得真对！"等，要适当地重复对方所说的话。重复对方的话，不是对方说一句就跟着重复一句，而是在客户说话时，有意识地重复某句你认为很重要、很关键的话，并加入自己的理解。重复对方的话时，通常以下面的句子为开头："您是说……"、"您觉得……"、"你刚才所讲的意思是不是……"提出试探性的问题。如果一时没有理解客户的话，或者有些疑问，不妨提出一些富有启发性和针对性的问题，客户一般乐意以更清楚的话语来解释一番，这样就会把比较含糊的思路整理得清晰明了。同时，这也可以让客户在心里觉得你听得很专心、对他的谈话很重视，这样自然会谈得更广、更深、从而更多地暴露他的真实意图。

（四）注视对方

客户说话时还要保持与客户的目光接触，这是表明正在认真听对方说话的一个关键，同时要注意倾听的体态，如浅坐、身体前倾、微笑、点头附和、目光交流、记录等。若客户正在询问某个问题，而你又忙着招呼客人，东张西望、心不在焉、试想一下客户会有什么感受？用眼睛看着对方说话还有一个好处，就是可通过对方的眼神、动作、表情等身体语言来判断客户所说的话，去分析他说出来的需求和没有说出来的需求。心理学家认为，谈话双方注视对方的眼睛能给彼此带来良好的印象。这话有道理，但关键是如何注视。目不转睛地凝视，反倒会让对方不自在，甚至还会觉得你怀有敌意；而游移不定的目光又会让对方误以为你心不在焉、不屑一顾。资深的物流客服人员认为，在整个谈话过程中，最佳的目光接触，应该是在开始交谈时首先进行短时间的目光接触，然后目光瞬间转向一旁，之后又恢复目光接触。这样"循环往复"，直到谈话结束。

（五）揣摩对方的意图

并不是每个人的话都那么直接和容易理解，人们常说的"话中有话"、"弦外之音"就是这个道理。很多时候，"太贵了！"——几乎每一个客户的口头禅，"言外之意"是"我不想出这个价格",而不是"我没有那么多钱"。客户提出价格异议并不是指望得到更多的折扣,如果激怒客户,使客户感到有意义为自己的借口进行辩护,无形中增加了销售的阻力。

有时候客户说产品或服务"不好"最后却又买下了,他们说"不好"只是想制造一种心理压力,为谈判争取优势地位。有时候客户总是强调"某项物流服务质量有问题"而对退订这项服务却只字不提。因为他希望得到更低的折扣作为补偿。因此,作为一个物流客服人员,必须学会从客户的谈话当中揣摩出客户语言背后的真实意思。

总之,掌握客户内心的真实想法,不是件容易的事情,最好在听客户谈话时自问以下问题:"客户说的是什么?"、"它代表什么意思?"、"他说的一件事,还是几件?他为什么要这样?"、"从他的谈话中,我能知道他的需求是什么吗?"、"从他的谈话中,我们知道他希望的成交条件吗?",若能随时注意上述六点,相信你必会成为一位善于倾听的物流客服人员。

二、探寻物流客户需求

在探寻物流客户需求的过程中,要综合使用听、说、读、写。一般情况下,在成功的沟通中,"说"占30%,"听"占45%,"阅读"占16%,"写"占90%。沟通是借助物流客户人员与客户之间的信息传递、交流来完成的,而这种信息传递、交流与接受需要双方的倾听、提问、答辩和说服等基本方法及其技巧的运用。

(一)提问

提问是客户洽谈中经常运用的语言表达方法。在实际工作中,业务洽谈的过程常常是问答的过程,一问一答构成了洽谈的基本部分。若善于运用提问技巧,就可以及早触及与销售有关的问题,从而有效地引导洽谈过程。在洽谈中,常用的提问技巧及方式有求索式提问、选择式提问和是非式提问三种。

1. 求索式提问

求索式提问又称开放式提问,就是问题提得比较宽泛、抽象,范围限制不严格,给客户以充分而自由的发挥余地。使用此提问法的注意事项如下:

第一,物流客服人员要想了解客户的真实需求,就要多提开放式、求索式的问题。体现求索式问题的疑问词有:什么、哪里、怎样、为什么、谈谈等,其答案是开放式的。这种提问旨在了解客户的态度,确认他的需要。客服人员在与客户洽谈过程中,经常使用以下问句:"您的期望是什么?"、"您的看法呢?"、"您是怎么想的?"、"您觉得我们应怎么做,才能满足您的需求?"、"您为什么这样想呢?",求索式提问可以引发客户思索,通过向客户提问,可以很快探明客户是否有购买意向及他对物流产品或服务所持有的态度。

第二,要把握提问时机。提问并不是任何时候、任何场合都可以随便进行的,要问到"点"上,起到"牵一发而动全身"的作用,这就要把握好时机。求索式提问的最佳时机是:希望客户畅所欲言时;希望客户提供有用的信息时;或是想要转变话题时;客户投诉且需要一个发泄情感的渠道时。

第三,要掌握求索式提问的优缺点。其优点主要体现在:在客户未察觉时主导对话,让客户相信自己是谈话的主角,谈话气氛和谐、轻松、自如。缺点主要表现在:需要较长的时间,而且客户多说就会有跑题的可能,另外客户说话比较随意,要求他认真负责地严肃回答比较困难,所以也难以挖掘到更深的信息。

2. 选择式提问

选择式提问又称多选一提问法。这种提问方法是指，在所提问题中包含两个或两个以上的选项，客户从中选出一项。这就要求物流客服人员充分了解客户的想法，在其既定的答案中包含所有的可能性。使用此提问法注意事项如下：

第一，要选择合适的提问方式，选择式提问是引导客户思维最好的方法之一，其答案基本设定在问题里，客户只能选择其中之一，因此用这种方式让客户做决定，无论客户选的是哪一个，都是所期望的。让客户没有说"不"的机会。这种提问旨在规定客户在一定范围内选择回答，往往可以增加购买量。例如："你愿意用汽车运输、火车运输还是航空运输？"、"请问您是付现金还是刷卡？"、"您喜欢物流软件 A、B 还是 C？"。

第二，要把握提问时机。选择式提问的最佳时机为：当已知客户需求或已使用求索式获得客户大致的需求时，或是当觉得客户有某种需求但其没有明示时。

第三，要把握选择式提问的优缺点。其优点主要表现在：能较快找到客户的问题所在，将客户原本不需要的服务转变成需要的。缺点是：可能会遗漏客户的其他问题，有时会让客户感到有强行推销的倾向，从而引起客户的反感。

3. 是非式提问

就是针对某个具体问题，询问客户"是不是"或是"对不对"等的一种提问方式。使用时注意事项如下。

第一，要把握提问方式。是非式提问主要有两个方式：确认式提问和延伸式提问。确认式提问就是客户朝着所希望的方向思考，从而确定客户的需要。采取此种方法时物流客服人员往往容易得到明确答复，确认对某一事件的态度和看法，同时也让客户确认客服人员是否理解他的意思。提问通常采用"对不对"、"是不是"、"有没有"等形式，用"对"或"不对"、"是"或"不是"、"有"或"没有"等词来回答。延伸式提问，就是打破客户对现状的满意，以预设的问题引导与创造客户的需求。采取这种提问方式，就是要让客户对问题有明确的态度，当双方看法达成一致时，彼此就取得了一个小小的共识。但也要察言观色，如果客户消费欲望显露出来了，可将延伸式提问变为"您看这样好吗？"或"我觉得这样挺好的，您觉得呢？"等催眠方式，并配以温馨的微笑，往往会得到客户肯定的回答。

第二，要把握提问时机。是非式提问的最佳时机为：当客户不愿表明对某件事情的态度时；当你想改变话题时；当双方协调后需要确认时。

第三，要把握是非式提问的优缺点。优点是能很快明确要点，能确定客户的想法，能锁定客户，提出的问题较密切具体，客户在回答问题时较容易。缺点是：需要提更多的问题来获得信息，连续的提问会让客户觉得厌烦，不利于争取客户的进一步合作，留给客户自由发挥的余地很小。

（二）答辩

客户洽谈中答辩的主要作用是消除客户的疑虑，纠正客户的错误看法，用劝导的方式说明、解释并引导客户对问题进行认识。答辩中要掌握的原则性技巧主要有四个：

1. 简明扼要，澄清事实

要根据客户是否能理解谈话的主旨，以及对谈话中重要情况理解的程度来调整说话速度。在向客户介绍一些主要的销售要点和重要问题时，说话的速度要适当放慢，使客户易于领会，要随时注意客户的反应，根据客户的理解程度来调整谈话速度，避免长篇大论。

2. 避免正面争论

在与客户洽谈中，最忌讳与客户争论。有句行话说得好："争论中占的便宜越大，销售中吃的亏越大"。争论会打消客户的购买兴趣。而避免正面冲突就在于：在答辩中必然涉及客户的反对意见，尤其是在价格问题上，如果讨价还价很激烈并且持续不断，就要寻找隐藏在客户心底的真正动机，有针对性地逐一加以解释说明。

3. 讲究否定艺术

在任何情况下，都不要直截了当地反驳客户，断然地否定很容易使客户产生抵触情绪。若在特定情况下物流客服人员必须采用"尽管您说的有一定的道理，但是……"的方法，首先明确表示同意客户的看法，然后用婉转的语言提出自己的观点，客户就比较容易接受。

4. 保持沉着冷静

任何时候都要冷静地回答客户，即使在客户完全错误的情况下，也应沉得住气。有时客户带有很多偏见和成见，认为"物流外包不好，还是自营方便"等。由于客户的看法带有强烈的感情色彩，这时用讲道理的方法是改变不了客户的成见的。沉着冷静的言谈举止不仅会强化客户的信息，而且会在一定程度上使洽谈的气氛朝着有利于业务成交的方向发展。

（三）说服

洽谈中能否说服客户接受自己的观点，是销售能否成功的又一个关键。说服就是综合运用听、问、答各种技巧，千方百计地影响客户，刺激客户的购买欲望，促使客户做出购买决定。要使说服工作奏效，必须把握以下六个原则性技巧：

1. 寻找共同点

要想说服客户，首先要赢得信任，消除其对抗情绪，以双方共同感兴趣的问题为跳板，因势利导地提出建议。资深的物流客服人员总是避免讨论一些容易产生分歧的问题，而先强调彼此的共同利益。当业务洽谈即将结束时，才把这些问题拿出来讨论，这样双方就比较容易取得一致意见。

2. 耐心细致

说服必须耐心细致，不厌其烦地动之以情、晓之以理，要把物流产品或服务的优点及客户购买产品所享受的好处讲深讲透，一直坚持到客户能够听取意见为止。有时，客户不能马上做出购买决定，这就应耐心等待；同时，在等待的时候，可适当运用幽默的方式以达成共识。

3. 解释疑虑

人们在业务洽谈中都有趋利避害的心理，客户最关心的是这次购买相关的物流产品能否为自己的公司带来更大的利益等问题。若说服工作不能解释客户的这种疑虑，便是失败。所以，说服中必须让客户相信购买确实能够获利，能够解决难题。

4. 把握时机

成功的说服在于把握时机。这包含两方面的含义：其一是物流客服人员把握对说服工作有利的时机，趁热打铁，重点突破；其二是向客户说明，这是购买的最佳时机。

5. 循序渐进

说服应遵照由浅入深、从易到难的方法。开始时，避免重题、难题，先进行那些容易说服的问题，打开缺口，逐步扩展。一时难以解决的问题可以暂时抛开，等待适当时机。

6. 严禁压服

不可用胁迫或欺诈的方法，不要为了引诱客户购买，而向某个客户许下不可履行的诺言。这样做的后果是不堪设想的。在销售中，一条重要的商业首要原则是：对客户无益的交易也必然有损于客服人员。优秀的客服人员应具有远见卓识，不为某些诱惑人的交易机会所动，而始终把客户的需要放在第一位。

三、陈述物流客户利益

（一）物流商品特性与利益

古语云："天下熙熙，皆为利来；天下攘攘，皆为利往"。物流客服人员一定有过这样的经历：无论你怎样解说物流产品有多好、技术含量有多高，可客户总是一副敷衍的表情同一种漠不关心的态度。突然间，你不经意地说，如果你购买了我们的物流产品和服务，你可以获得多少利润，节约多少钱，他也许马上就抬起头，睁大了眼睛，顿时精神百倍地听你的介绍。可见追求利益是人的本性。在服务推介的实践中，物流客服人员要善于用利益诱导客户改变态度，产生购买欲望。用利益打动客户的心，激发客户的欲望，关键是察言观色，根据交流的情况，让客户听到最想听到的利益陈述。

1. 推介物流商品的 FABE 法

FABE 模式是由美国奥克拉荷大学企业管理博士、中国台湾中兴大学商学院院长郭昆漠总结出来的。FABE 推销法是非常典型的利益推销法，而且是非常具体、具有高度、可操作性很强的利益推销法。它通过四个关键环节，极为巧妙地处理好了客户关心的问题，从而顺利地实现物流产品的销售。

（1）F 代表特征（Features）。

F 代表特征（Features）：物流相关产品的特质、特性等最基本功能以及它是如何用来满足我们的各种需要的。例如从目标、方法、主要服务内容等方面深刻地挖掘这个产品的内在属性，找到差异点。特性，毫无疑问就是要自己品牌所独有的。

每一项服务都有其功能，否则就没有了存在的意义，这一点应是毋庸置疑的。对一个产品的常规功能，许多客服人员也都有一定的认识。但需要特别提醒的是：要深刻发掘自身物流产品的潜质，去努力找到竞争对手和其他推销人员忽略的、没想到的特性。当你给了客户一个"情理之中，意料之外"的感觉时，下一步的工作就很容易展开了。

从这一点上说，我们对物流服务的介绍一定要有清晰的逻辑程序，由内到外，从实质层到形式层再到附加层进行逐一分析和描述。

（2）A 代表优点（Advantages）。

A 代表由这一特征所产生的优点（Advantages）：即（F）所列的物流产品的特性究竟发挥了什么功能？是要向顾客证明"购买的理由"：同类产品相比较，列出比较优势，或者列出这个产品独特的地方。可以直接或间接去阐述。例如，更实用、更有效率、更温馨、更保险。

物流服务与营销

从物流服务的角度上来说，在介绍物流商品的优点时，要解释物流产品或服务的要点，主要包括目标、方法和内容三个方面。目标是指解释物流产品或服务的优点；方法是明确地向客户指出本产品或服务"好在什么地方"；内容是指解释物流产品或服务的优点就是相对于其他物流产品或服务而言，推销的物流产品或服务所具有的差异化优势。介绍物流产品或服务时，一要联系物流产品或服务的特点；二要了解该产品或服务的同类竞争者及替代竞争者的具体情况；三要联系客户的问题、愿望和要求。解释物流产品或服务的优点时应特别注意从物流产品或服务的特征中寻找其特殊的作用，或者是某项特征在该产品或服务中扮演的特殊角色，具有的特殊功能等。若是物流新产品或服务，务必说明该产品或服务开发的背景、目的、设计思想、开发的必要性及相对老服务的优势。

（3）B 代表利益（Benefits）。

B 代表这一优点能带给顾客的利益（Benefits）：即（A）商品的优势带给顾客的好处。利益推销已成为推销的主流理念，一切以顾客利益为中心，通过强调顾客得到的利益、好处激发顾客的购买欲望。这个实际上是右脑销售法则时刻特别强调的，用众多的形象词语来帮助消费者虚拟体验这个产品。

从物流客户服务的角度来看，阐述物流服务给客户带来的利益时也要从目标、方法和内容三个方面分别解释。目标就是说明物流服务对客户到底有何好处。方法是指在物流服务的介绍过程中，客服人员必须把物流产品或服务的特征、优点转化为给客户带来的利益和好处。值得注意的是，产品或服务的利益往往是具体的，是客户可切身体验的；产品或服务的利益有物质上的利益和好处，也有情感上的享受和满足；产品或服务的利益是因人而异的。

物流客服人员如何向客户推介服务带来的利益呢？客户的利益可分为三类：产品利益，即物流服务带给客户的利益；企业利益，由物流企业的品牌、技术、实力、荣誉、服务等带给客户的利益；差别利益，即能够带给客户竞争对手所没有的利益，也就是物流产品或服务的独特卖点。物流客服人员要从物流产品和物流企业的角度分析自己的产品或服务能够给客户带来的利益，并且要找出竞争对手没有的独特利益。

尽管物流客服人员推销的物流产品形形色色，各不相同，但推销服务利益的要点不外乎以下几个方面：①适合性，是否适合客户的需要；②兼容性，是否可以用于其他目的；③耐用性，是否能长期使用；④安全性，货物在储存、报关、运输等运营过程中是否是安全可靠的；⑤效用性，是否能够给客户带来利益和好处；⑥简捷性，手续是否简单，物流运营是否快捷；⑦舒适性，是否能给客户带来愉悦的感觉；⑧便宜性，价格是否合理，是否能为客户所接受；⑨流行性，是否是新产品或新服务。

物流企业所提供的物流服务所包含的利益往往是多方面的，物流客服人员在介绍时不可能做到面面俱到，而且过长的介绍会引起顾客的反感，所以在介绍时应抓住客户最感兴趣、最关心之处做重点介绍。推销的一个基本原则是：与其对一个产品或服务的全部特点进行很长时间的讨论，还不如把介绍的目标集中到客户最关心的问题上。

（4）E 代表证据（Evidence）。

包括技术报告、顾客来信、报刊文章、照片、示范等，通过现场演示，相关证明文件，品牌效应来印证刚才的一系列介绍。所有作为"证据"的材料都应该具有足够的客观性、权威性、可靠性和可见证性。

从物流客户服务的角度上来说，就是要拿出充分的证据证明产品或服务的利益，这要从三个方面来论述。目标就是要证实所推销的物流产品或服务给客户带来的利益与时机的一致性。方法是指拿出证据证明产品的利益，常采用的方法就是证明演示法，该法就是物流客服人员利用物流产品或服务的有关证据材料进行推销洽谈的方法。内容主要是指证明材料，主要包括物流产品或服务生产许可证、质量鉴定证书、各种荣誉证书、客户表扬信、产品使用或相关的数据分析、产品市场影响力指标（如市场占有率、市场营销量、市场覆盖率等）、公司曾服务过的单位在行业中的影响力及地位等。

综上所述，采用 FABE 法简单地说，就是在找出顾客最感兴趣的各种特征后，分析这一特征所产生的优点，找出这一优点能够带给顾客的利益，最后提出证据，通过这四个关键环节的销售模式，解答消费诉求，证实该物流产品确实能给客户带来利益，极为巧妙地处理好客户关心的问题，从而顺利实现物流产品的销售诉求。

2. 推销物流商品的 MONEY 法

MONEY 就是由五个英文单词的首字母拼出的，它形象地描述了物流客服人员在推销洽谈过程中的五大法则，主要包括 M（Master，精通）、O（Opportunity，机会）、N（Need，需求）、E（Emotion，情感）和 Y（Yourself，自己）几部分内容。

（1）M——精通各项卖点。

物流客服人员首先必须精通各物流产品或服务的卖点，挖掘所卖产品或服务的与众不同之处，其实这些只要用心去找总能找到，然后就是以己之长比人之短（这是一个不能回避的现实，只是要注意充分把握技巧，而不能恶意攻击竞争对手），只有这样，才能在林立的品牌中脱颖而出，创造出一流的销售业绩。很难想象一个连自己对物流产品或服务也不熟悉的物流客服人员怎样去说服客户购买。

（2）O——抓住每个机会。

物流客服人员每天都需要面对形形色色的各类客户，如何在过客匆匆的市场竞争中"慧眼识真金"——迅速识别哪些是真正的客户、哪些是潜在客户、哪些人只是随便看看、哪些是其他公司或代理商的"卧底"，这都需要物流客服人员采取不同的应对措施，最终实现既推销了物流产品或服务，又做了宣传的目的。

（3）N——找准客户的需求。

抓住恰当的机会后，针对真正的客户，尽快摸清他们的需求。如对同一件包裹，有的客户选择快递，有的客户选择慢邮；有的重视时效性，有的考虑经济性……事实上，无论何种客户，只要物流客服人员用心挖掘，都能分出类别。这样，在找准了客户的真正需求之后，就能够做到"看菜吃饭，量体裁衣"，保证每位客户都能满载而归。

（4）E——触动心灵情感。

找准了客户的需求之后，就要对客户"动之以情，晓之以理"。一般来讲，除非是某个品牌的"拥戴者"或"回头客"，普通客户在刚刚接触一个品牌时往往会不自觉地带着一种"批判性的怀疑"。这时若物流客服人员"不合时宜"或"不知趣"地胡吹，就极有可能会遭遇客户的反感，最后只是出于礼节客套一下，草草收场。这恐怕是每个物流客服人员都不希望出现的结局。因此，不妨先从简单的问候入手，逐步深入，循序渐进，首先用最有效的方式博得客户的认同。只要客户认可了，下面的事情就好办了，这时候如果再把客户逐步引导到所推介的物流服务上来，客户就会不知不觉顺从你的描述进入商品服务的世界，"柳暗花明之际，正是水到渠成之时"，这时客户要是再不买，他会觉得很对不起你了。

(5) Y——将心比心。

很多客服人员在产品推介过程中常常显得"底气不足"或"言不由衷",但是很少有人去思考这是为什么。这就暴露出一个问题:相当多的客服人员往往把自己当成局外人来看待推介过程,和客户的沟通往往流于表面的规劝,很难使自己进入角色一样,再加上对推介的物流服务的卖点若没有完全谙熟于心或对所提供的物流服务或产品缺乏应有的信心,那么就难免会出现上面的尴尬。

就像俗话说的一样,"要想公道,打个颠倒"。作为一名物流客服人员,在推介物流服务或产品的过程中,将心比心,在内心中把自己设定为客户,如果自己来买,会问什么样的问题,会关心哪些方面的服务,会在乎哪些重点等,真正做到这些,客户洽谈技巧必然会在潜移默化中提升,对客户的亲和力会在不知不觉中增强,服务意识会在无形中提到一个更高的层次,销售业绩自然会迈上一个更高的台阶。

(二)满足物流客户的需求

1. 满足物流客户的个性化需求

每一种物流产品都有它的特性,不管知不知道它是什么或会不会使用,它已存在于物流产品之上。而物流产品的优点是指产品特性的有利点,如本地的服务人员容易沟通、大公司能保障物流的安全、主要提供北美地区进出口国际物流服务公司对北美的情况就应该非常熟悉。

特殊利益是指能满足客户本身特殊的需求,例如,客户每天都要和物流公司联络,如果都是本地的服务人员,就不会因为沟通而造成服务差错;把物流业务外包给大公司就不存在货物丢失造成损失的可能。

物流产品的设计、赋予物流商品的特性及优点能满足目标市场客户层的喜好,但不可否认的一个事实是每位客户都有不同的购买动机,真正影响客户购买的决定因素,绝对不是物流商品的优点和特性的累加。物流商品有再多的特性与优点,若不能让客户知道或客户不认为会使用到,这对客户而言,都不能称为利益。

例如:A公司具有价格低、本地化服务人员、供应商选择灵活、物流网络齐全、办公自动化水平高等优势,但如果客户关注的利益点是其货物的安全保障,则对于这位顾客来说,A公司所有的特性和优点都不能成为客户购买时注重的利益。反之,若能发掘客户的特殊需求,找出物流产品的某个特性及优点,满足客户的特殊需求或解决客户的特殊问题,这个特点就具有无穷的价值,这也是物流客服人员存在的价值,否则根本不需要物流客服人员的存在。而物流客服人员对客户最大的贡献,就是能够满足物流客户的特殊需求或帮助客户获得最大的满足。

如何让客户获得最大利益、得到最大的满足呢?物流客服人员带给客户的特殊利益越多,客户越能得到最大的满足。具体步骤如下:首先,从事实调查中发掘物流客户的特殊需求;其次,从询问中发掘物流客户的特殊要求;再次,介绍物流产品的特性(说明产品的功能及特点);然后,介绍物流产品的优点(说明功能及特点);最后,介绍物流产品的特殊利益(阐述产品能满足客户的特殊需求之处)。

在现实中,为什么客户会选择A公司而不选择B公司呢?而且B公司的服务明显更便宜。仔细想想,当客户决定购买一些产品或服务的时候,是不是很清楚购买的理由?有些商品也许事先没想到要购买，但是一旦决定购买，总是有一些理由支持去做这件事。

再仔细推敲一下，这些购买的理由正是人们最关心的利益点。例如，一个人最近换了一台体积很小的微型车，省油、价格便宜、方便停车等都是车子的优点，但真正的理由是驾驶员的停车技术太差，常常因此而发生尴尬的事情，这种微型车，车身较短，它能解决停车技术差造成的困扰，客户就是因为这个利益点才决定购买这个产品的。

可见，我们可以通过探讨客户购买物流服务或更换物流供应商的理由中找出客户购买的动机，发现物流客户最关心的利益点，从而满足物流客户的个性化需求。

2. 选择合适的洽谈陈述方式

物流客户洽谈陈述方式，实际上就是物流客服人员与客户洽谈的陈述方式。洽谈的陈述方式通常有四种，即熟记式陈述、公式化陈述、满足需要式陈述和解决问题式陈述。它们的基本区别在于控制谈话的程度不同。使用前两种方式，物流客服人员通常垄断谈话，而使用后两种方式，物流客服人员与客户交流会比较多一些，双方可以平等地参与谈话。在实际的物流客户洽谈陈述中，应该根据物流客户个性化的需求选择合适的洽谈陈述方式。

（1）熟记式陈述。

它的特点是：在该种模式下，物流客服人员的讲话占整个洽谈的交流的 80%～90%，只是偶尔让目标客户回答一下事先拟订的问题；把洽谈的所有谈话内容统一化，其间穿插一些自由形式的谈话，双方可以平等地参与谈话。这种陈述方式的主要优点有：物流客服人员能确保推销洽谈的计划性；可以把同样的推介经验传授给所有的物流客服人员；不仅对没有经验的物流客服人员有所帮助，而且增强了他们的信心。主要缺点是：洽谈的内容可能客户并不感兴趣；目标客户参与内容的机会较少；不适合需要目标客户讨论的推销业务；给客户造成高压推销的感觉。其主要适用于电话推销或逐户推销。

（2）公式化陈述。

公式化陈述与熟记式陈述方式相似。若要应用公式化陈述方式，物流客服人员必须首先了解有关客户的情况。在进行谈话时，物流客服人员遵循结构式的推销要点进行洽谈，不需要太多的证据。

公式化陈述方式的得名来自 FABE 法，物流客服人员可以先做推销开场白，详细介绍相关物流产品的特点、优点和利益，然后运用回答问题、处理客户差异等方式引导客户发表意见。其优点是：能确保物流客服人员介绍的全部信息具有逻辑性；能使买卖双方有合理的时间进行相互交流；能使客户的问题得到顺利地解决。缺点与熟记式陈述类似。这种陈述方式主要适用于直接重复购买或最近购买过相关服务的客户和物流客服人员比较了解的目标客户。

（3）满足需要式陈述。

这是一种灵活的相互交流式的陈述。它是最具挑战性、最富有创意的推销方法。物流客服人员典型的做法是提出一个探究性的问题然后开始陈述，例如问："你们对物流的投资是在寻求什么？"或"贵公司需要的是哪种物流产品？"这种开场白一开始就讨论目标客户的需要，同时也给物流客服人员一个机会来确定提供哪种物流产品或服务可能是对客户有益的。若目标客户说的一些话没有被物流客服人员所理解，那么物流客服人员可以通过询问或复述客户的话来弄清楚。这种陈述方式，双方谈话的前 50%～60%的时间（指的是探测需要阶段）都用在讨论客户的需要上。一旦意识或掌握了目标客户的需要，物流客服人员一般应马上开始控制谈话进程。在洽谈的最后阶段，也就是满足客户需要阶段，物流客服人员示范产品怎样满足双方的共同需要。

使用满足需要式陈述，若问的问题太多则会使客户厌烦，反而使双方关系变得疏远。运用满足需要式陈述时也会使客户感到不舒服，因为这种方式有时会使客户感到有压力。但是无论如何都要记住，物流客服人员不是舞台上的演员，我们的工作是满足目标客户的需要，而不是自己的需要。这种陈述方式尤其适用于规格严格、价位高的物流产品或服务的推销活动。

（4）解决问题式陈述。

解决问题式的陈述指物流客服人员与客户一起分析问题，并提出解决方案的一种陈述方式。这种陈述方式与满足需要式陈述最类似，不过解决问题式陈述的准备要更充分，对潜在客户的了解要更细致、更全面。解决问题式陈述常常包括六步：第一，说服目标客户允许客服人员进行分析；第二，进行认真分析；第三，就存在什么样的问题达成一致意见，确定客户想解决的问题；第四，准备解决目标客户问题的建议方案；第五，根据分析和建议准备陈述；第六，进行陈述。

这种方式的优点是：目标性强，针对目标客户的需要开展研究，并做一个精心计划的陈述。提出的解决方案与其他陈述方式相比，更加贴近客户，更易取得客户信任。缺点是：解决问题式陈述对物流客服人员素质要求特别高，通常需要进行几次推销拜访，对目标客户需求情况进行详细分析，然后制订解决方案。这个方案既可以是书面的，也可以是口头陈述，通常复杂、技术性强的方案都采用书面方案加口头陈述相结合的模式。解决问题式陈述相当于根据客户的需要制订一个解决方案，它特别适合推销高度复杂或技术性强的物流产品，如物流软件、物流规划方案等。

知识点延伸

商务男士着装规范

17世纪末，西服的雏形在欧洲出现，它由究斯特尔（Justaucorps、法语，意为紧身全体的衣服）和贝斯特（Veset、法语，现代西服背心的前身）以及克尤罗特（Culotte、法语，意思是紧身的长及膝的半截裤）等构成，类似于现代的三件套西服。

19世纪，欧洲出现的"拉翁基套装"可视为成形的西服。

20世纪初，欧洲的西服已经被标准化，穿法也有了明确的规范，已成为活跃于政坛和经济领域的男士们的"制服"。西服衣身合体，腰部收紧两侧兜盖很大，前摆下角弧度大，裤脚卷起。

20世纪60年代以后，西服一直处于稳定状态，基本形式有三件套和两件套两种，已成为全世界的男士最正规的服装。

17世纪后半叶的路易十四时代，衣长及膝的外衣"究斯特科尔"（Justaucorps）和比其略短的"贝斯特"（Veste），以及紧身合体的半截裤"克尤罗特"（Culotte）一起登上男装的历史舞台，构成现代三件套西服的组成形式和许多穿着习惯；究斯特科尔前门襟扣子一般不扣，要扣一般只扣腰围线以下的几颗——这就是现代的单排，穿西服一般不扣扣子不为失礼，这就是两颗扣子只扣上面一颗的穿着习惯的由来。

一、新西服、衬衫使用前的注意事项

1. 先将袖口处的标签去掉，只能用剪刀小心剪断标签上缝线，千万不能拉拽，以免将西服织线扯断。
2. 去掉西服开叉处的固定用线。
3. 摘去裤子上的标签。
4. 认真检查衬衫固定用的大头针是否去掉。
5. 穿西服、衬衫时注意避开明火。

二、不同场合的着装知识

（一）正式场合的着装

出席正式场合——宴会、正式会见、招待会、晚间的社交活动，必须穿深色西服和白色衬衫，领带要配戴有规则花纹或图案的领带，颜色对比不宜太强烈。

半正式场合——上班、午宴、一般性访问、高级会议和白天举行的较隆重活动，可以穿中等色、浅色或较明快的深色西服，可穿素净、文雅与西服颜色协调的衬衫，配戴有规则花纹的或是素雅的单色领带。

（二）非正式场合的着装

非正式场合——旅游、访友等，穿着可较为随便自由，可选择色调明朗轻快，花型华美的西服，衬衫可任意搭配，领带也可自由搭配。

三、西服及马夹纽扣要领

上装：有双排扣与单排扣两种。穿双排扣上装一般要将全部纽扣扣好，有时可不扣下面一颗；单排扣上装可不扣下面一颗或全部不扣，不要将纽扣全部扣上。马夹：往往不扣最下面一颗纽扣。若扎领带的话，应置于马夹里面，注意领带尖不要露出。在正式场合应穿三件套或两件套，避免加穿毛背心或毛衣。

四、各种类型的人着装要领

肥胖体型的人不宜穿浅色、带格的西服，最好穿单色且颜色较深的西服；不应穿宽条，应穿隐条纹面料；肥胖型人不宜穿双排扣西服。身材矮小型衣着要简洁明快，适合穿肩部较宽的上衣，使身体呈V字形，可使身材显高一些，简单、单色的服装也能在视觉上增加人的高度。瘦削体型的人不宜穿深色西服，最好穿颜色浅或是带花格的西服；面料有条型应选择窄条面料。

肤色较白型的人衣服的颜色可自由选择，深浅皆宜。皮肤较粗糙的人不宜穿质料特别精细的衣服，否则衬托出面部皮肤更加粗糙。肤色较黑型的人不宜穿浅色的西服，适宜穿颜色较深的西服。

五、季节的着装要领

春季，万物复苏，欣欣向荣的气象张扬着轻松而温暖的心情。这一季的颜色可以是色系中的任意一组，由冷色向暖色过度是最常见的。例如米黄、葱绿。面料质地是以紧密、有弹性的精纺面料为主。结构最好是协调搭配的两件套加风衣。

夏季，烈日骄阳，无处躲藏的炽热让我们渴望凉爽。中性色、白与黑的对比，纯质和明质相对弱些的颜色会受欢迎。例如：本白、象牙黄、浅米灰。棉、麻、丝是这一季着装的首选面料。式样简单而裁剪恰当，做工精致的套装可以在工作时或晚会上穿。

秋季，草木萧疏，满地黄叶应该堆积起沉甸甸的收获心情。由一组暖色面料构成的着装方式值得推荐。例如，咖啡色、芥末黄。秋季最能体现"整体着装"的方式：两件套的套装，带有马夹的三件套装，或许再加上堑壕式外套——潇洒的风衣。面料的选择可以多样化，蓬松的质地和柔软的裁剪值得考虑。

冬季，寒极暖至，自然界的暗淡给我们创造展示色彩的机会，反季节的颜色同样会有吸引力。当然，常规的应该是藏兰、深灰、姜黄、深紫、褐色，冬季也可以整齐、精致的搭配形象出现，这需要技巧，面料可以用羊毛、羊绒、驼绒为原料，可以精纺也可粗纺。

六、西服质量的简易鉴别方法

在购买服装时，受时间、条件因素的影响，只能采用简易鉴别一件服装的方法，在步骤上可分为："一量三看"，即量尺寸规格，看外形、质量，看内在做工，看原料疵病。

（一）量尺寸规格

上衣主要测量衣长、胸围，高档服装可加量领大、袖长、总肩宽。裤子主要测量裤长、腰围、裤脚。将测量结果与成衣规格要求作对比，看是否正确，每个部位允许公差在＋－1.5%以内即可。

（二）看外形质量

1. 上衣

上衣的外形、质量分三步鉴别，目测前面、后面、侧面。

前面：看领头、驳头上是否平服、端正；看前身胸部是否饱满圆顺，看袋的位置大小是否正确，袋与盖是否平服。

后面：看身后是否平整，肩胛骨部位是否宽舒；看后叉是否平服；看领圆是否平服。

侧面：看肩缝是否顺直；袖子应圆顺、吃势应均匀；看绱袖是否前后一致；看摆缝是否顺直。

2. 裤子

裤子的外型质量也可分三步鉴别：平面、上部、立体。方法也是目测、尺量。

平面：先看外平面（将挺缝对齐排平），看侧缝是否顺直；看侧缝袋是否服贴，袋势不外露；看裤脚是否服帖，大小一致，不吊兜；然后看里平面（将一只裤脚拉起），检查下裆缝是否对齐、顺直；看裤缝下裆缝处是否吊起。

上部：看腰头是否平直；看裥子、省缝是否对称；后袋是否服帖、整洁；看串带小襻是否平服、位置是否准确；看门襟、里襟配合是否合适、圆顺。

立体：将裤子穿着时的形状拎起，看前后裤缝是否圆顺，四个挺缝、裤片、裤缝是否平整、不吊裂。

3. 看内在做工

主要检查针迹、手工、夹面和拼接是否有瑕疵。

4. 看原料疵病

主要检查色差情况，表面疵点、倒顺毛、花纹及对格对花情况，表面污渍、变色、汤黄情况，经纬斜度和底边反翘情况，以及虫蛀情况等。

经过"一量三看"的简易鉴别方法基本可以确认一件服装的质量。熟练后"三看"可以合并一起进行，这是简单易行的好方法。

七、西服的选购

试衣时，感觉衣服与身体是否舒适。西服上衣扣上纽扣后，衣服与腹部之间能放下一个拳头。从侧面看领子没有不自然的隆起。在背上或前肩没有横斜的皱纹。西服上衣长度，基本处于手伸直后食指的第二关节处。不扣西服扣，前下摆不能有分开或重叠现象。西服袖口处，没有任何不自然皱褶出现。胳膊做上下、前后、左右摆动也不会有压迫感。

西服裤子在选购时要注意裤腰位置以胯骨号2~2.5厘米系腰带处为宜。如身体较胖，则到3.5~4.1厘米为宜。裤挺缝线顺织纹垂直落下。裤子的大腿部位，留有适度余份。

八、关于领带

基本上，领带的花样可分为圆点、直条纹、格子、织花、立体花纹，各种活泼花样以及蝴蝶领结。

圆点：圆点越小，给人越正式的感觉；圆点大的领带使人较有精神。

织纹：针织的领带，像丝质的薄纱，通常是金或银的颜色，织成的结构就是领带的花样。

条纹：斜条纹的领带来自英国俱乐部以及军团制服所使用的花样。

领带使用后，请立即解开领结，并轻轻从领口解开，若用力拉扯表布及内衬，纤维极易断裂，造成永久的皱褶。领带每次戴完，结口解开后，将领带对折平放或用领带架子吊起来，并留意置放处是否平滑，以免刮伤领带。开车系安全带时，勿将领带置于安全带内，以免产生皱褶。领带戴完一次后，应隔几天再戴，并将领带置于潮湿的场所或喷少许水，使其皱褶处恢复原状后，再收至干燥处平放或吊立。领带沾染污垢后，应立即干洗。处理领带结口皱褶，请用蒸气熨斗低温熨烫，水洗及高温熨烫，容量造成变形而受损。

项目思考题

一、选择题

1. 职业形象是指在职场中，在公众面前树立的印象，具体包括（　　）和知识结构这四大方面。
   A．专业能力　　　B．外在形象　　　C．品德修养　　　D．心理健康
2. 一般来讲，开场白包括以下几个部分：感谢客户接见并寒暄（　　）转向探测需求。
   A．赞美　　　　　　　　　　　　B．介绍来访的目的
   C．自我介绍　　　　　　　　　　D．介绍物流商品
3. 接待工作中的技巧主要有（　　）。
   A．言辞得体　　　B．动之以情　　　C．因人制宜　　　D．晓之以理
4. 接待规格有（　　）三种。
   A．高规格接待　　B．低规格接待　　C．中规格接待　　D．对等接待
5. MONEY法主要包括（　　）和自己几部分内容。
   A．精通　　　　　B．机会　　　　　C．需求　　　　　D．情感
6. 职业形象是指在职场公众面前所树立的形象，具体包括（　　）方面。
   A．外在形象　　　B．品德修养　　　C．专业能力　　　D．知识结构
7. 职业着装的基本原则包括（　　）。

A．时间原则　　　　B．地点原则　　　　C．场合原则　　　　D．平等原则
　8．在洽谈中，常用的提问技巧及方式有三种（　　）。
　　A．求索式提问　　　B．洽谈式提问　　　C．选择式提问　　　D．是非式提问
　9．洽谈的陈述方式通常有（　　）。
　　A．熟记式陈述　　　　　　　　　　　　B．公式化陈述
　　C．满足需要式陈述　　　　　　　　　　D．解决问题式陈述

二、判断题

　1．客户说话时需保持与客户的目光接触。　　　　　　　　　　　　　　（　　）
　2．选择式提问又称开放式提问，就是问题提得比较宽泛、抽象，范围限制不严格，给客户以充分而自由的发挥余地。　　　　　　　　　　　　　　　　　　　　　（　　）
　3．求索式提问又称多选一提问法。　　　　　　　　　　　　　　　　　（　　）

三、思考题

　1．物流客户洽谈中的倾听技巧有哪些？
　2．解决问题式陈述常常包括哪些步骤？
　3．有哪些寻找物流客户需求的技巧？
　4．物流客服人员常见的不良之举有哪些？
　5．如何制订物流客户接待计划？

实训实践体验

体验一：用 FABE 法介绍物流产品

体验目标：通过该体验，熟悉 FABE 方法在实践中的应用，培养学生调查收集整理相关信息的能力，掌握一定的调研与分析方法，培养团队合作精神。

情景设计：联系一家物流企业，用 FABE 法对该企业的所能提供的物流服务等作出调查。

体验实施：

　1．指导老师给出具体任务的要求，调研报告的格式，评分标准。
　2．以小组为单位到企业进行调查，注意做好调查记录。

成果与检验：

　1．以小组为单位、用 FABE 法分析某物流企业所能提供的物流服务。
　2．指导教师组织各组间互评讨论，根据各组提交意见及总结的质量情况，以及各组在模拟训练中的表现，按照评分标准进行成绩评定。

体验二：物流企业服务状况调查

体验目标：通过该体验，培养学生物流服务沟通的能力，具备对物流服务质量进行测

定的能力。

情景设计：把学生进行分组，让每组学生到各物流企业进行调查，就其目前物流服务质量及服务态度进行分析调研，运用所学知识深入分析，指出其成功及失误之处，并写出对现状进行整改的分析报告。

体验实施：

1．组织学生到物流企业调查。

2．运用所学知识，分析该物流公司的服务质量现状。

3．针对不足之处提出改进意见。

成果与检验：

1．以小组为单位，提交一份物流服务企业服务质量调研报告（PPT 格式），并上台阐述本组的观点。

2．指导教师组织各组间互评讨论，根据各组提交意见及总结的质量情况，以及各组在模拟训练中的表现，按照评分标准进行成绩评定。

项目 6 物流客户订单处理

项目学习目标

1. 掌握物流行业客户服务基本礼仪和用语；
2. 掌握网上订单业务受理流程；
3. 掌握电话业务受理流程；
4. 掌握前台业务受理流程；
5. 掌握电话查询业务及流程。

项目能力标准

能力模块	能力要求
任务1：前台订单业务处理	能规范应用前台业务语言和流程处理客户订单，并能正确填写工作单
任务2：电话订单业务处理	能应用电话礼仪和电话订单业务流程正确处理电话订单业务
任务3：网上订单业务受理	能受理网上订单业务，对订单进行管理和跟踪
任务4：订单查询业务处理	能依据订单查询专员的岗位职责和操作规范处理客户的订单查询业务

项目知识点、能力（技能）点

前台客服人员工作任务；受理员语言规范；受理流程；工作单填写；电话礼仪；电话业务受理类型；网上直接下单；400电话业务；查询专员岗位职责和操作要求。

项目导读

业务受理员的岗位分工

赵丹丹经过培训部一段时间的培训后，对客户服务的重要性及相关知识和业务有了基本的认识。接下来，赵丹丹就要在客服的各个岗位进行实战轮岗。该企业的业务订单主要是通过前台、电话及企业网站来进行的，这些任务主要是由受理员来完成的。赵丹丹要在前台、呼叫中心和网站受理进行实习，完成前台订单业务、电话订单业务、网上订单业务。前台的岗位是受理员（客户专员）和总机员。呼叫中心的岗位包括售前坐席、查询员、投诉员和总调度。网上订单业务由公司网络系统自动进行地址识别，把取货员负责的区域和客户发货地址匹配，自动分配到取货员的手机上，如果公司网络系统对客户填写的地址不能自动识别，则要人工与客户进行地址匹配，修改后发送给网络系统，再由网络系统分配给取货员。

业务受理员是首先接触客户的岗位，代表了企业的形象。业务受理工作在公司业务的整个运行链中居于重要地位，它关系到公司的业务成败及质量保障。业务受理工作要求受理员牢记岗位职责，严格要求自己，了解客户需求，满足顾客需求。

思考题：
1. 业务受理员的岗位职责是什么？
2. 请描述业务受理员的主要任务及具体分工。

Mission 任务 1 前台订单业务处理

任务导读

AAA物流公司的王小丽在咨询了张明关于国际货物的一站式物流服务内容及具体操作事项之后，综合考虑了送达要求及价格成本，取得贾经理同意后，将该批货物的国际物流服务订单发给了李华所在的宁波分公司，宁波分公司前台客服人员赵丹丹首先接触到了这份订单。赵丹丹需要对该订单进行处理，正确填写工作单，以方便后续操作人员完成该业务。

1. 赵丹丹当前所在岗位的工作任务是什么？
2. 怎样正确填写工作单？

一、前台客服人员的工作任务

（一）受理员的工作

前台业务的工作主要由受理员来承担，接受客户的咨询及业务的受理，主要包括对客户信息的接收、归纳分解及处理。受理员的工作任务包括以下内容：

（1）受理业务，主动了解客户的意图，积极介绍公司业务。

（2）了解客户需求，积极为客户当好参谋。

（3）根据客户所需业务进行报价，并及时录入工作单中，发货填写预计报价。

（4）工作单的计价，准确无误。

（5）正确、完整填写工作单内容，不得缺项、漏项。

（6）对于上保险的货物，要将投保登记表填写完整，以E-mail、传真的方式，及时传给保险理赔科。

（7）有义务提醒和督促调度及时安排业务。

（8）有义务提醒和督促库房、包装车间及时准确地分拣、包装货物。

（9）有义务提醒和督促货物发送部门将货物及时发出。

（10）有义务提醒和督促结账员尽早结清账款。

（11）货物出现如下问题时，有责任与客户沟通，妥善解决问题。

① 司机或送货员遇到晚点、联系不到客人、地址不详、客人拒付款等情况时，受理员应积极主动地与客户联系，及时处理；

② 货物库存面积与实际面积不相符时，应立刻与客户联系；

③ 发货出现到站不明、货物实际重量与预计重量不符、收货人地址不明、电话联系不到、客户到付款拒付等情况时，要立即与客户沟通，尽快处理。

(12) 客户投诉时，必须协助服务督察部进行事故调查。

(13) 客户查询时，要在 5~10 分钟之内将确切结果通知客户。

(14) 客户需要与公司长期合作扩大业务量时，必须将客户需求及时上报主管领导或单位领导，由主管领导报市场部。

(15) 项目客户按要求进行每周、每旬、每月的服务统计，当准点率、正确率、客户满意度低于标准时，立即报单位领导。

(16) 对于月结客户，发现有报价不合理时，必须立即与市场部经理联系。

(17) 值班时间，其他受理员开的工作单如出现问题，但工作仍需要进行的，必须对发生的问题进行处理，处理不了的请求上级主管。

(二) 总机员的工作

总机员是物流公司前台一个非常重要的基础岗位，总机员主要是接入客户打来的电话，保持电话的通畅，接听客户电话并转接到公司相关的部门。总机员的工作任务包括以下内容：

(1) 按时上下班，并认真做好交接班手续。

(2) 交接班时要试机，确认总机是否畅通，有问题立即通知相关人员进行维修。

(3) 收发传真要进行登记，记录收发时间、通知时间和取传真的时间。

(4) 转接电话语言要规范。

(5) 要确保转接的分机有人接听，如无人接听返回总机时，请客户留下电话，及时通知相关人员。

(6) 要确保总机 24 小时有人接听，不得擅自离开工作岗位。

(7) 要熟悉业务，有责任承担客户的业务咨询，并及时处理客户的业务要求。

(三) 前台客服业务涉及的部门及处理的主要问题

(1) 前台、业务部、营运部、财务部、高层领导、各分公司、公司的全体客户。

(2) 业务部反馈价格问题，以便稳定客户，监督制单是否正确。

(3) 营运部的库管、配载人员、现场领导、司机主要负责仓库的工作，监督作业人员的作业。

(4) 财务部，配合财务部完成货损报账工作、货差理赔工作。

(5) 前台接受各网点的反馈意见，做出处理方案。

(6) 前台接受客户的咨询和投诉，做出处理方案。

二、受理员语言规范及受理流程

(一) 发货业务受理程序

(1) 请问您的货物要发到什么地方？发门到门还是门到港？（门到门问到达天数，门到港问方式）

(2) 请问您的货物需要几天到门？（如果到货为周六日，问客户是否有人接货，如无人接货，告诉客户周一送货）

(3) 请问您的货物的件数、预计重量和体积？

(4) 请问您的货物是什么包装，是否还需要其他包装？（如货物的包装不牢固，建议客户再次包装，并报出预计的包装费用）

(5) 请问您的货物需要上保险吗？您的货物声明价值是多少？（要建议客户上保险，报出公司收取的保险费率。如客户不上保险，工作单的声明价值处要填写"零"）

(6) 请您稍等，我给您报价：按照您货物的预计重量，算出的预计费用为××元，包括了×××服务，您认为可以吗？

(7) 请问您的电话号码是多少？

(8) 请问您还有其他联系方式吗？（手机或宅电）

(9) 请问您的单位名称和详细地址、门牌号？

(10) 请问先生（小姐、女士）您贵姓、您的全名？

(11) 请问您收货人的姓名、单位、地址和联系方式？（两个电话）

(12) 请问您还有其他要求吗？

(13) 那么我们什么时间取货方便呢？（尽量留出时间，以便公司安排车辆取货）

(14) 我们司机取货时会带一张收据，请您准备好××元的零钱，交给我们的司机师傅就可以了，余下的款项，多退少补，发货后一周内我们开具发票上门结算。

(15) 如您需要本公司服务，可以直接找我，我的工号为×××，××先生/小姐，再见！

（二）异地调货业务受理程序

(1) 请问您的货要从哪儿调到哪儿？

(2) ～（12）的受理同发货业务受理程序。

(13) 那么我们什么时间取货方便呢？（尽量留出时间，以便网络公司安排车辆取货）

(14) 请问您此次异地调货的全部费用由哪方进行结算呢？（若是由委托方付款，应告知对方在取货后的次日开具发票上门结算）。

(15) 同发货业务受理程序中的（15）。

（三）提送货业务受理程序

(1) 请问您的货在哪个货场？

(2) 请问您的货物件数、重量及体积？

(3) 请问您的货物送到什么地方？

(4) 请问您那有电梯吗？

(5) 请您稍等，我给您报价：你的货物运费是××元，货场费用实报实销，你看这样可以吗？

(6) 请问您的包裹票号是多少？货物的发站是哪里？

(7) 请问您的货物发出时间，到达时间？

(8) 请问您的姓名、单位、具体地址？

(9) 请问您的电话号码是多少，还有其他联系方式吗？

（10）请问您的货物价值是多少？您需要上保险吗？那么保险费是××元。（如果是周五委托提货，要问客人周六日是否有人接货，如无人接货，问客人可否下周一送货）

（11）好的，如果我们今天提到货，明天给您送到。

（12）如您需要本公司服务，可以直接找我，我的工号为×××，××先生/小姐，再见！

（四）市内派送业务受理程序

（1）请问您需要定哪种车型？（并报出公司车型的类别）

（2）请问您的货物件数、重量和体积是多少？

（3）请问您的货物从哪儿送到哪儿，有楼层吗？需要搬运工吗？

（4）请您稍等，我给您报价：您的货物运费是××元，您看可以吗？

（5）请问您的单位和具体地址？

（6）请问您的电话号码，还有其他联系方式吗？

（7）请问收货人的姓名、地址和联系方式？

（8）请问您是否随车同行？

（9）如您需要本公司服务，可以直接找我，我的工号为×××，××先生/小姐，再见！

（五）长途派送业务受理程序

（1）请问您需要订哪种车型？（并报出公司车型的类别）

（2）请问您的货物件数、重量和体积？

（3）请问您的货物需要几天到达？（核算日公里数是否可以到达）

（4）请问您的货物需要送到外埠的哪个地方，需要搬运工装车吗？

（5）请问您的货物需要保险吗？您的货物声明价值是多少？

（6）请问您的货物需要等候或回程吗？

（7）请您稍等，我给您报价：您的货物此次运输的费用是××元，您看可以吗？（包括车运费、搬运费、保险费、等候费、回程费等）

（8）请问您的单位和具体地址？

（9）请问您的电话号码，还有其他联系方式？

（10）请问您收货人的姓名、地址和联系方式？

（11）请问您的货物的详细清单、外包装？

（12）请问您的货物是否需要车内固定？（考虑天气、路况是否可以按客人指定时间到达）

（13）如您需要本公司服务，可能直接找我，我的工号为×××，××先生/小姐，再见！

（六）长途巡展业务受理程序

（1）请问您需要定哪种车型？（并报出公司车型的类别）

（2）请问您的货物件数、重量和体积？

（3）请问您需要巡展的城市、巡展的时间安排、在某个城市需要等候的时间、具体的路线安排？（按照客户要求列表，根据货物到达每一站的时间安排，核算日公里数是否可以到达）

(4)请问您的货物到达每个城市后,是否需要我们布展、撤展?需要几个工作?

(5)请问您的货物需要上保险吗?货物的声明价值是多少?

(6)请您稍等,我给您报价:报价为吨公里单价×总公里数+搬运费+停点费+等候费+包装费+保险费等。

(7)您的货物运费是××元,您看可以吗?我们司机取货时会带一张收据,请您准备好××元的零钱,交给我们的司机师傅就可以了,余下的款项,多退少补,巡展完成后我们会上门结账。

(8)请问您的地址、单位和具体方位?

(9)请问您的电话号码,还有其他联系方式吗?

(10)请问您收货人的姓名、地址和联系方式?

(11)请问您的货物的详细清单、外包装?

(12)请问您的货物是否需要车内固定?(并要按照卸车顺序装车,还要考虑天气、路况是否可以按客人指定时间到达?客户是否随车?)

(13)如您需要本公司服务,可以直接找我,我的工号为×××,××先生/小姐,再见!

三、正确填写工作单

(一)发货工作单

(1)发货类型:请选择门到门或门到港,两者选其一。

(2)发货方式:门到门只填写到达天数,门到港只填写运输方式(如航急、航普、铁快、铁慢、吨箱、中铁等)。

(3)希望到达时间:门到门发货务必填上此项,如希望到达时间是周六日,请先确认是否有人接货,如无人接货,告诉客户周一送货。

(4)结算:日结一般指零散客户当时结账。月结一般指合同客户月底结账。到付指收货方付款。网络指××公司各网络付款。代收指代客户或网络收款。

以上结算方式只可选其一,不得自行编写。目前到付款类型业务不断增加,受理员在受理此类业务时,应先传真托客户填写《到付款委托书》并盖章,而后再受理业务,司机取货时将《到付款委托书》盖章原件取回。由于此类业务必须当时与外地收货人收款,除需委托方与收货方确认价格外,还应考虑为结账网络提供价格依据。因此受理到付款业务时,无论是月结还是日结客户,必须在工作单重要提示栏中标明计价公式。举例:太古公司预计发2件总重量40千克的货物2天到锦州,要求运费到付。

① 先根据预计件数、重量在工作单上注明预计费用。

② 在重要提示栏中标明计价公式:报价=(6.3元/千克×重量+包装+保险)×1.075手续费。

(5)货票发送方式:EMS、Fax、平信、送客户,任选其一。

(6)品名:必须填写并要与货物相符,在客户处的工作单,要尽量引导客户填写;特殊货物要使用代码,严禁将危险品按普货收运。(危险品种类如表6-1所示)

(7)到站:须写明省名+城市名,省会城市、直辖市除外。如苏州必须填写为江苏苏州。

(8)委托人栏:尽量详细填写(电话记录时请注意同音字的人名和地名)客户全名。

① 委托人：写客户全名，并注明先生或小姐。

② 委托单位：填写委托单位全称。

③ 付款单位：一般为委托单位。如委托单位与付款单位不同，必须详细注明付款单位。

④ 地址：详细填写取货地址，注明地址方位或附近的明显建筑物。

⑤ 电话：必须填写两个，委托人固定电话和手机。

（9）结账地址：一般填取货地址，便于司机操作。但当取货地址与结账地址不同时，必须填写结账地址，并在重要提示栏中写明，同时注明结账电话和联系人。

（10）声明价值：填写声明价值数额后，一定要求缴纳相应的保费并填写；不上保险时，"声明价值"一栏不填。坚决不允许出现只有声明价值而不填写保费的情况。

（11）保费：按 0.3% 的保险费率填写保费。

（12）包装要求：必须填写，一般有三种情况。

① 需包装时：简明文字填写包装材料及要求，必须将预计包装费用写在重要提示上，以便给包装操作提供依据。

② 客户不需要包装时：写"无"。

③ 客户不了解货物情况，不知如何包装时：应尽可能多了解一些货物情况，通过经验、专业知识（也可与包装车间师傅商量），建议客户一些包装方法，并标在重要提示栏中。

（13）预计件数、预计重量：按客户的预计件数、预计重量填写，有预计重量时必须填写预计报价。

（14）预收款：按客户提供的货物件数、体积、重量计算预计费用，收预收款的全额，开收据，结算时，再开发票，多退少补。

（15）收款：受理时（或携带小秤）能够确定货物重量，能够计算出费用的日结客户，取货时开发票，结全款。

（16）收货栏：尽量详细填写（电话记录时请注意同音字的人名与地名）。

① 收货人：填写客户全名，并注明小姐或先生。

② 收货单位：填写收货单位全称。

③ 地址：详细填写省、市、区、县、街道名称和门牌号。

④ 电话：必须填写两个，收货人固定电话和手机。

（17）个别客户由于某种原因，货物到达公司的目的港后，不需要公司送货，希望收货人或委托人自提的，对于客户的这类要求原则上不受理，但对于公司的长期月结协议客户，经经理批准可以受理，受理范围仅限于目的港是公司子公司或分公司的城市。在工作单填写上应注意：在收货方处填写领取货物所需的三种凭证（工作单委托联、收货人身份证、收货人所在公司开具的介绍信），并告诉客户让提货人在提货时将取货的三种凭证备好方可提货。

（二）异地调货工作单

（1）～（3）同上。

（4）结算：日结一般指零散客户当时结账。月结一般指合同客户月底结账。到付指异地取货方或收货方付款。网络指公司各网络付款。代收指代客户或网络收款。以上结算方式只可选其一，不得自行编写。

目前异地收款业务不断增加，受理员在受理此类业务时，应先让委托方填写到付款委托书，而后再受理业务。由于此类业务必须在取货时或送货时向异地客户收款，除需委托方与异地取货方或异地收货方确认价格外，还应考虑为出港组和结账网络提供价格依据。因此受理异地付款业务时，无论是月结还是日结客户，必须在工作单重要提示栏中标明计价公式及预收金额，并负责核实货物的实际重量，计算出收取客户的最终费用，除预收款以外的费用，应通知异地调货员通过委托书的方式，让网络公司再去结剩余费用。

（5）～（6）同上。

（7）到站：委托外埠方须写明异省名+城市名—省名+城市名，省会城市、直辖市除外。如从苏州调货到哈尔滨，必须填写为异江苏苏州—黑龙江哈尔滨。

（8）委托人栏：尽量详细填写（电话记录时请注意同音字的人名和地名）客户全称。

① 委托人：写客户全名，并注明先生或小姐。

② 委托单位：填写委托单位全称。

③ 付款单位：一般为委托单位。如委托单位与付款单位不同，必须详细注明付款单位。

④ 地址：详细填写异地联系人姓名、异地取货单位和地址，注明地址方位或附近的明显建筑物，异地联系人的固定电话和手机。

⑤ 电话：必须填写两个，委托人固定电话和手机。

（9）～（17）同上。

表6-1 危险品类别

序号	危险品类别	常见货物品名
1	爆炸物	鞭炮、放烟筒、导火线、爆发钉、炸药（含黑火药）、雷管、烟花、摔炮、拉炮、发令纸等
2	气体	气雾剂、瓦斯气瓶、气体打火机、引火性烟雾消化器、压缩酸素、液体氨、冷冻用瓦斯类、深冷液化瓦斯（RCL）等
3	易燃液体	汽油、油漆、印刷墨、香料、灯油、酒精、黏合剂、双氧水等
4	易燃固体	磷、石棉、安全火柴、硝纤象牙、硫黄、活性炭、硫化钠、金属催化剂、钙、碳化物、镁、钡、碱土金属合金等
5	氧化物和有机过氧化物	碘、乒乓球、化学氧气发生器、过气化水素水、盐素酸盐类、硫酸氨肥料、甲醇、酮、醋气化物（树脂或封印催化剂）等
6	毒性和传染性物质	血样、毒品、杀虫杀菌剂、消毒剂、染料、水银化合物、医药品、细菌、氰化物、砒霜、敌敌畏、病毒、医药用废弃物等
7	放射性物质	空容器、机器内置放射能量非常少的物质、输送物表面最大线量率为5μSv/h以下等
8	腐蚀物	酸类、双氧水等
9	其他危险品	干冰、安全气袋、磁性物质（电子喇叭、音响）、部分化妆品、液体状态货物、金砖银条、货币、军火或武器弹药、动物、遗体（包括骨灰）、胶片、麻醉剂（违法的）、金属钠、镁、铝粉、法律或有关部门禁止的物品、可转让、流通的有价证券等

（三）提送货工作单

（1）品名：货物的品名要与包裹票或通知书相同。

（2）货票号：

① 铁路包裹票号一般为6位数字,第一位数字号码一般为"0",可不填写。

② 航空货运单正本为8位数字,"0"为有效数字,不得省略。注意:7位数字的运单一般是某航空代理公司的货运单,而不是航空公司的货运单,所以在航空提货处查不到航班信息。提货时一定要委托人提供航空公司的运单号和取货单位的地址及电话。

(3) 件数:货运单上填写的件数。

(4) 重量:货运单上填写的重量。

(5) 发站:始发站。

(6) 发货时间或到达时间:依据客户提供的信息填写。

(7) 费用:分项填写运输费用、包装费。

(8) 保险:按货物声明价值的0.3%收取保费。

(9) 重要提示栏:填写送货时间、结账地址及特殊要求等。

(10) 收货人:收货人全名。

(11) 单位:收货单位全称。

(12) 地址:收货单位地址。

(13) 方位:收货地址的详细方位。

(14) 电话:委托单位电话留两个,收货单位电话留两个。

(15) 付款单位:结账单位名称(如月结客户请按统计中心规范名称填写)。

(四)市内工作单

(1) 结算方式:日结或月结。

(2) 车型:按客户所需填写。

(3) 委托人:委托人全名。

(4) 单位:委托单位全称。

(5) 地址:取货地址(起始地)。

(6) 电话:委托单位电话留两个,取货地址电话留两个。

(7) 付款单位:结账单位名称(如月结客户请用统一名称填写)。

(8) 费用:各类用费分项填写。

(9) 重要提示:应填写取送货时间、要求等。

(10) 收货栏:收货人详细名址。

如需到取货地取,请务必标明收货方大概方位。

(五)长途工作单

(1) 结算方式:日结或月结。

(2) 车型:按客户所需填写。

(3) 委托人:委托人全名。

(4) 单位:委托单位全称。

(5) 地址:取货地址(起始地)。

(6) 电话:委托单位电话留两个,取货地址电话留两个。

(7) 付款单位:结账单位名称(如月结客户请用统一名称填写)。

（8）费用：各类用费分项填写。
（9）重要提示：应填写取送货时间、要求等。
（10）收货栏：收货人详细名址。
长途工作单的收货栏内需填省名及城市名称。

Mission 任务 2　电话订单业务处理

任务导读

赵丹丹在熟悉了前台业务后被派到呼叫中心进行实习，呼叫中心主要的服务对象是现金结账客户和项目客户，为这些客户提供咨询、受理订单、货物跟踪、受理投诉等业务。呼叫中心的岗位主要有坐席人员、查询员、投诉人员、总调度等。在向老员工学习和观察了几天后，赵丹丹要亲自处理电话订单业务了。周二，赵丹丹接到一个电话，宁波宏天贸易公司要从温州发运一批雪地靴到韩国釜山，赵丹丹需要对此电话订单做出处理。

1. 电话订单业务受理流程是怎样的？
2. 受理电话订单的注意事项有哪些？

一、前台客服人员的电话礼仪

电话作为现代通信联络手段，在公司工作中起着十分重要的作用，很多客户首先是通过电话感受到公司的服务，所以当你把工作热情和责任通过电话传给客户，就会给客户留下非常深刻的印象，为成功受理打下良好基础。反之则会给公司造成不良影响，最终导致受理失败。所以，一个受理员应该在电话里表现出良好的职业规范和讲话水准。

（1）接听电话的要求。铃声一响，要立即接听："您好！×××公司，×××号为您服务"。语调要彬彬有礼，使听电话的人很快知道你的工号，感受到你训练有素的职业水准。如果线路不清楚，应温和地告诉对方："对不起，电话声音太小，麻烦您重复一遍。"

（2）巧妙地回答客户的咨询和不礼貌的质问。对态度粗暴、语言粗鲁的来电，要保持礼貌与职业用语，不得与客户争辩和顶撞，要体现出良好素质和修养。

（3）当客户的问题不能很好回答时，可请同事、主管帮忙，也要将客户的电话记录下来，确定答案后致电对方予以解答。

（4）当接到客户找某位受理员时，有责任代为转接，但不能大声呼喊"某某，你的电话！"如果要找的人正忙着，不能马上接听电话，应该告诉对方："请您稍等一下！"如果要找的人暂时不在座位上，不能把电话一挂了事，而要耐心地询问对方姓名和电话号码，是否需要转告，并在征得同意后详细记录下来。

（5）在电话机旁放一个电话记录本，认真记录来电者的姓名、单位、电话号码、注意事项，以便必要时可再与他联络。

总之，保持你的声音、语调和态度亲切热情、令人愉快，使人感到你不仅熟悉业务，而且非常礼貌称职。

二、电话业务受理类型及规定

（一）电话业务受理类型

外埠业务：发货、长途直送、异地调货。
市内业务：市内派送、货场提送货、市内包车、市内定车、市内小件快递。
其他辅助业务：包装、分拣、仓储、保险。

（二）名词解释

门到门：从委托方手中取货，送到收货方手中。承诺客户到达天数（1天、2天、3天、4天、5天、限时服务等）；不承诺运输方式。

门到港：从委托方手中取货，货物到达收货方机场或车站，承诺客户运输方式（如铁快、中铁、急航）；不承诺到达天数。

泡货：体积重量大于实际重量的货，称为泡货，计算公式为：长（cm）×宽（cm）×高（cm）/6000 或长（m）×宽（m）×高（m）×167。

预计重量：电话委托时不确认的重量。
计费重量：以此重量计算费用。
到付：运费由收货方付款的方式称为到付。
目前品名代号："5"为药品，"7"为仪器，"9"为手机。
"726货物"："贵重"两字的声母为G和Z，分别位于26个英文字母的第7位和第26位，所以用726代表"贵重"二字。"726"货物现在一般写在重要提示内。
品名"Z"：文件和资料的代号。
异地调货：是指接受客户委托的公司委托异地公司发货到委托地区或其他地区的业务。
市内定车：客户根据自己的需求定车将货物从市内甲地送往乙地（或多点位）的派送业务。
长途直送：包整车直送到外埠收货人处。
货场提送货：客户的货物到达机场、火车站，客户委托公司为其将货物从货场提出，送到指定收货点。

（三）发货业务注意事项

一天门到门的承诺时间：当日12:00之前取货，次日17:00之前送到；当日12:00之后取货，次日24:00之前送到。12小时及1天到门的发货业务请与出港组进行确认或参考《业务操作指南》受理。

泡货：在询问货物体积时，如货物有泡货的可能，请预先与客人讲明，向客户解释泡货的概念、计算公式，最好举例说明。

预计重量、实际重量：受理业务时要强调是按照预计重量计算出的预计报价，货物取回后，如果货物的实际重量与预计重量相差较大时或是泡货，中转库必须要通知受理员，由受理员与客户联系重新确认发货价格，如费用较高、委托人又是新客户时最好书面确认。

到付款：日结客户以个人名义发货时，不提供到付款服务；日结客户以公司名义发货需到付款时，请客户填写到付款委托书并传真到分公司、营业所；月结客户以公司名义发货需到付款时，请客户填写一份到付款委托书作为月结合同的补充内容。

收款：日结客户以个人名义发货时，应收全额的预收款；日结客户以公司名义发货时，应收80%的预收款；月结客户以公司名义发货时，可以不收预收款；老客户未签月结合同不能按月结客户对待，分公司或营业所经理批准后可免收预收款。

包装：如客户需要包装，根据客户要求计算出包装的预计价格；玻璃制品最好建议客户使用木箱进行包装；贵重物品、手机、礼品最好建议客户在纸箱外面加套纸箱包装；仪器、电脑、打印机包装时，要先用气垫膜离仪器包裹，然后再用纸箱加防震板进行填充包装，注意避免防震板颗粒进入仪器内部。

保险：询问客户的货物品名，确认是否在保险范围内；询问客户对货物的包装是否有特殊要求并在工作单上注明；主动询问客户是否上保险，并告诉客户保险的费率和300元的免赔额；如是贵重货物应建议客户上保险，并提醒客户如实申报货物的声明价值，如果客户不足额投保，告诉客户按投保比例进行赔付；如客户不同意上保险，货物丢失按照公司《工作单背书条款》进行赔偿；对于旧品可以上保险，但只有在车祸、盗窃、水浸三种情况下，随便公司才会进行赔偿；对客户自行包装的货物，又没有上保险的，提示客人公司只保证货物到达后外包装完好无损，里面物品出现问题，因责任无法确定，公司不负责赔偿。

委托人和收货人单位、地址、电话必须填写清楚，电话必须留两个（手机）。

周六日需派送的货物，要与委托人确认是否有人接货，收货栏必须填写清楚，电话必须留两个（手机）。

贵重货物在工作单上应标明726货（单件货物价值在10万元以上的货）。

（四）市内定车业务的注意事项

（1）注意货物的体积，根据货物体积、重量选择车型。
（2）询问贵重仪器、设备是否有包装，如是裸机需派工作人员对其进行特殊防护。
（3）委托人一栏一般填写起始地址，收货人栏填写收货地址。
（4）如遇结账不在委托人处时，请在重要提示栏中标明。
（5）询问货物价值，客户选择是否上保险；保险受理注意事项同发货。

（五）长途业务注意事项

确认运输费用，零散客户先付全款后运输，或至少收80%预付款。

问清货物情况，贵重货物必须保险，标明保价：单车超过500万元声明价值时需与服务督察部联系。

长途承诺到达天数，需根据所到地区的具体情况而定：基本可按500公里/天～700公里/天，加急可按700公里/天收取加急费或是高速路桥费实报实销。

整车货物运输时，要求客户提供货物清单，送货时在清单及工作单上同时签收备查。

（六）包装材料选择

纸箱——用于资料、宣传品、礼品、小型仪器、电器。
木箱——用于仪器、贵重物品、工艺品（螺栓、钉子、底托）。
吊栏——用于碳棒、工艺品、易碎物品。
竹篓——用于鲜活物品。
麻绳——用于框架样物品、自行车等。
麻皮——用于纸箱和外包装、原料等。
防震板——填充物。
气垫膜——填充物、包装物。
打包带——用于纸箱外固定作用。
铁质打包带——用于木箱固定。

三、电话订单业务受理流程

（一）接听电话

（1）电话铃响3声内拿起电话，离电话最近的客服应主动接听。

（2）用普通话，语速均匀清晰，语气要温和，并使用问候语，内线："您好，××部"，外线："您好，××物流公司"。

（3）在桌上常备纸笔做好接听、重复和记录。如涉及重点信息、订单信息、客户联系方式、客户特别要求等，不仅要记录下来，还应该向对方复述一遍，以确定无误。

（4）接听电话，态度友善，简洁明了，因公电话尽量不要超过15分钟。

（5）因故障电话突然终止时，务必回拨，避免任何影响公司业务和形象的情况出现。

（二）拨打电话

（1）明确打电话的目的。

（2）准备好所需要的资料。根据客户常常遇到的问题制作一个工作帮助表，如客户需要资料或回复，要把资料准备在旁边。

（3）选择适当的时间。公务电话最好避开临近下班的时间，尽量打到对方单位，若确实有必要往对方家里打时，应注意避开吃饭或睡觉时间。

（4）电话打通自报家门。电话打通首先通报自己的姓名、身份。必要时，应询问对方是否方便，在对方方便的情况下再开始交谈。

（5）电话用语应文明、礼貌，电话内容要简明、扼要。

（6）通话完毕时应道"再见"，然后轻轻放下电话。

（三）转、传电话

（1）表明转接人员身份或部门。在转电话之前，要对客户做一些解释，如"好的，我将替您转接至××部门"。

（2）清楚询问来电者的身份并告知接电话的人。

（3）养成使用保留键（Hold）习惯。
（4）转接电话后需注意对方是否已接听电话。让来电者空等很久既失礼，又易引起抱怨及纠纷。
（5）需过滤电话时，务必注意用词礼貌。

四、电话订单受理中涉及的限制与规定

（一）各种发货方式对货物体积的限制

1. 航空

最小体积限制：单件货物的长、宽、高之和不得小于 40cm。

超大、起重货物重量、体积限制：非宽体飞机重量一般不超过 80 千克，体积一般不超过 40cm×60cm×140cm；宽体飞机重量一般不超过 250 千克，体积一般不超过 100cm×100cm×140cm。

2. 铁路

体积：没有严格要求，只要长度不超过 4m 即可。

重量：行包运输单件重量不超过 50 千克。起重运输，非终到站单件重量不超过 80 千克。

3. 公路

汽车能够装载，利用装卸工具可以装卸的货物即可。

（二）危险品货物的各种限制

国内航空运输、铁路行包运输不承运危险品，同时严禁按普货收运危险品，违者将被处以 2000～20000 元的罚款，情节严重者还要追究其责任。

1. 陆运禁运品

① 易燃易爆、腐蚀性、毒性、强酸碱性和放射性的各种危险品，如火柴、雷管、火药、爆竹、汽油、柴油、煤油、酒精（液体和固体）、硫酸、盐酸、硝酸、有机溶剂、农药及其他列入化学工业出版社的《化学危险品实用手册》中的化工产品。

② 种类烈性毒药、麻醉药物和精神物品，如砒霜、鸦片、吗啡、可卡因、海洛因、大麻等。

③ 国家法令禁止流通或寄运的物品，如文物、武器、弹药、仿真武器等。

④ 含有反动、淫秽或有伤风化内容的报刊书籍、图片、宣传品、音像制品、激光视盘（VCD、DVD、LD）、计算机磁盘及光盘等。

⑤ 妨碍公共卫生，如尸骨（包括已焚的尸骨）、未经硝制的兽皮、未经药制的兽骨等。

⑥ 动物、植物以及它们的标本。

⑦ 难以辨认成分的白色粉末。

2. 航空禁运品

① 威胁航空飞行安全的物品，指在航空运输中，可能明显地危害人身健康、安全或对财产造成损害的物品或物质。主要有以下几类：

- 爆炸品：如烟花爆竹、起爆引信等；
- 气体：如压缩气体、干冰、灭火器、蓄气筒（无排放装置，不能再充气的）、救生器

（可自动膨胀的）等；
- 易燃液体：如油漆、汽油、酒精类、机油、樟脑油、发动机起动液、松节油、天拿水、胶水、香水等；
- 易燃固体：自燃物质，遇水释放易燃气体的物质，如活性碳、钛粉、椰肉干、蓖麻制品、橡胶碎屑、安全火柴（盒擦或片擦）、干燥的白磷、干燥的黄磷、镁粉等；
- 氧化剂和有机过氧化物：如高锰酸钾；
- 毒性和传染性物品：如农药、锂电池、催泪弹等；
- 放射性物质；
- 腐蚀品：如蓄电池、碱性的电池液。

② 未加消磁防护包装的磁铁、磁钢等含强磁的制品。

③ 特殊药品。

④ 其他航空禁运品，如粉末状物品（不论何种颜色）、液体（不论使用何种包装）、外包装有危险标志的货品、没有国家音像出版社证明的音像制品（含 CD、VCD）、刀具、榴莲、带气火机、涉及"武器"和"枪支"概念的任何货品（含玩具）等。

3．限运品

① 需要批准运输的限运货物如表 6-2 所示。

表 6-2　需要批准运输的限运货物

货物种类	批准证书	核发部门
枪支、警械	准运证、携运证	公安局、体委
动植物及其制品	动植物检疫证书	动植物检疫站
烟草	烟草专卖品准运证	烟草专卖局
麻醉药品	麻醉品运输凭证	卫生部药政管理局
放射性物品	放射性剂量证明	卫生防疫站
酒	进口酒准运证、外运证	省酒类专卖管理局
音像制品（光碟）	音像制品运输传递证明	省社会文化管理委员会办公室
金矿产品	调拨证明	省黄金公司
木材	准运证	县级林业局

② 其他限运货物如下：
- 动物制品、象牙、含酒精类饮品（如啤酒、葡萄酒、白酒）、药品或制药材料、植物及其物品（棉花、种子、烟草、茶叶）、医学样品（诊断样品、血液、尿液、体液、生理组织样品）；
- 古董（不易碎）、工艺品（要有质量鉴定和必要的包装，但不予承保）；
- 流通票据（给持票人带来直接经济效益的）：只适用于公司账户，要发件人签发许可证明；
- 工业用金刚石；
- 易腐烂物品；
- 贵重花卉。

Mission 任务 3 网上订单业务受理

任务导读

赵丹丹所在的宁波分公司也开展了在线销售、网络订单业务，分公司对所有客服人员就在线销售、受理网络订单的操作流程和注意事项进行了培训。赵丹丹在这一期的客户服务部门轮岗中，调到了在线客服中心进行工作。
1. 如何利用在线客服完成订单业务？
2. 网络订单业务处理有几种方法？

一、网络的自如应用

（一）常用网络工具

1. 在线客服系统

人性化的客服操作平台设计，界面美观、简洁大方。支持同时与多个客户对话，提高对话效率及服务。

2. 电子邮件系统

3. 腾讯 QQ、MSN 及飞信系统等。

① QQ 介绍。QQ 是深圳市腾讯计算机系统有限公司开发的一款基于 Internet 的即时通信（IM）软件。腾讯 QQ 支持在线聊天、视频电话、点对点断点续传文件、共享文件、网络硬盘、自定义面板、QQ 邮箱等多种功能，并可与移动通信终端等多种通信方式相连。QQ 用户现在已经发展到上亿用户，在线人数通常超过一千万，是目前使用最广泛的聊天软件之一。企业客服人员经常利用腾讯 QQ 工具与客户进行沟通，这种方式简洁、快速，并可以拉近与客户的距离。

② MSN 介绍。MSN（Messenger）有近 30 种语言的不同版本，在同一个对话窗口中可同时与多个联系人进行聊天。使用此免费程序可拨打电话（用交流取代输入）、向呼机发送消息、监视新的电子邮件、共享图片或其他任何文件。外贸公司的客服常将 MSN 作为与国外客户沟通的重要工具。

③ 飞信系统介绍。飞信系统是移动与互联网的无缝连接，免费短信。IVR（融合语音）、短信、GPRS（通用分组无线服务技术）等多种通信方式，覆盖完全实时的语音服务、准实时的文字和小数据量通信服务及非实时的通信服务，实现短信、在线消息、语音聊天、彩铃、网上营业厅、文件共享等多种通信业务和服务。

（二）使用注意事项

1. 网上网下行为一致

在现实生活中大多数人都是遵法守纪的，在网上也应同样如此。网上的道德和法律与现实生活是相同的，不可降低道德和法律标准。

2. 网络礼仪

通过网络别人无法从外观来判断，言语是网络交流的判断标准。打字速度要快且简短。仔细检查语法和用词，尽量避免出现错别字。

3. 注意网络安全

要注意保护与客户传递的文件，不要因偶然的或者恶意的原因而遭受到破坏、更改、泄漏。

二、客户下达订单任务

客户在网络上可以通过多种方法来办理托运业务，常见的有三种：网站直接下单、电子邮件下单、在线客服下单。

（一）网站直接下单（以宅急送公司网站为例）

首先打开宅急送的网站 www.zjs.com.cn，然后在"网上服务"栏目里找到"网上下订单"子栏目，按照网上的提示顺序来下单操作就可以了。应该注意的是顾客一定要记住自己的单号。

（二）电子邮件下单

顾客登录公司网站或者利用网络搜索引擎，找到公司的客服 E-mail，把自己的取货地址、取货时间、货物信息、联系方式、收货信息等通过电子邮件发送到公司的客服邮箱。客服人员及时收取邮件，并立刻提交客户的信息到下单系统，并回复邮件告知客户。

（三）在线客服下单

例如：张三通过 QQ 等网上聊天工具帮助客户李先生下单。

李先生：您好！请您帮我发一个快件到上海。

张三回复：好的，请问怎么称呼您，请告诉我您的取货地址和要发的物品。

李先生：我叫李林，地址×××，物品×××，货物重×××，发到×××。

张三回复：请问您的电话，我们什么时候可以去取货？

李先生：现在就可以，我的电话是×××。

张三回复：好的，我们 1 小时内到您那里取件。请问您还有什么要帮忙的吗？

李先生：没有了。谢谢！

张三回复：感谢您使用我们公司的在线服务。再见！

张三立刻提交客户的信息到下单系统，这样系统自动分配取件任务到取货员。

三、后台处理客户订单

通过公司的网络下单系统，下载客户的订单信息，根据公司系统的自动匹配，把取货的信息发到相关的取货员那里。

Mission 任务 4 订单查询业务处理

任务导读

赵丹丹通过在前台、呼叫中心、在线客服的轮岗工作，对于客服人员的订单业务受理工作已经非常得心应手。在工作当中，赵丹丹发现客户对于订单的处理、货物的运输状态等往往会心存疑问，经常通过订单查询来了解订单的完成情况、货物的运送状态等。有些同事对于客户的订单查询会感觉不耐烦，认为没有必要，浪费时间和成本，而赵丹丹认为订单查询应该是客服人员的本职工作，正确处理订单查询业务可以使客户更为安心，为公司和客户的长远合作打下基础。

1. 客户可以通过哪些方法查询订单信息？
2. 呼叫中心客服人员面对客户的订单查询要求应如何处理？

一、客户通过网络查询订单信息

客户在公司的网站上通过订单号来查询就可以了。以宅急送公司为例，具体流程是：客户打开宅急送公司的网站，进入"网上服务"栏目，打开"货物查询"子栏目，按照页面要求输入订单号和验证码后，点击"确实"，接着网页上会出现这一单业务的货物跟踪信息。也可以以工作单×××为例进行查询。

二、客户通过客服查询电话查询订单信息

（一）呼叫中心的工作范围

客户一般通过客服查询电话（400电话业务）进入呼叫中心系统。呼叫中心的工作主要包括业务咨询、业务受理、业务查询、投诉等。

（二）查询专员岗位职责和操作要求

下面以400客服与客户的对话为例：

客服人员：下午好，感谢致电××物流公司，请问先生贵姓？
客户：我姓王，您能帮我查一下我的货物现在的状况了吗？

客服人员：好的，王先生，请问您的货单号是多少？

客户：×××。

客服人员：请稍等。（客服人员在本公司网络系统进行查询）

客服人员：王先生，谢谢等待，您的货物今天已经到达目的地营业所，今天下午 5 点前安排派送，请您注意查收。请问您还需要其他服务吗？

客户：不用了，谢谢。

客服人员：请您稍后对我的服务进行评价，感谢致电！

1. 查询专员岗位职责

① 及时解决客户的查询业务，包括客户打 400 查询电话及受理人员转交的查询业务。

② 一票负责到底制：对客户的查询工作要独立处理完毕，不允许出现相互推脱的情况。

③ 及时对客户的查询业务进行回复，并告知查询结果。

④ 准确并准时地将客户的查询业务录入 CRM 系统。

⑤ 对查询出现的典型案例，包括分公司违规业务操作的典型案例进行汇总，并于每周一上交查询班长。

⑥ 对公司和各项业务知识了如指掌，并应用到实际工作当中。

⑦ 完成公司领导转交的各项临时工作。

⑧ 有较强的协调能力和沟通能力。

⑨ 有积极或较强的工作责任感和事业心，工作认真负责。

⑩ 遵守公司各项规章制度，积极履行员工应尽的义务。

2. 查询专员的工作操作要求

（1）工作准则。

① 实行一票到底原则。

② 严格执行半小时内回复客户的操作要求。

③ 同一个工作单号只允许记录一次查询信息，其他查询专员记录方式均为咨询，如果需要变更记录信息只能在原有基础上进行修改，不允许重复记录，更严禁虚假信息出现，如有发现，当月此项绩效全部扣除。

④ 查询专员交接情况：

第一，同一个工作单号只允许记录一次查询信息，客户再次来电时，其他查询专员记录方式均为咨询，严禁再次重复记录查询信息。

第二，客户再次来电时，如果是在第一查询信息记录人当班情况下，接电的人员需记录咨询信息，并结合出入库信息及先前查询专员在系统中已记录的信息给予客户回复，客户执意要求回复时，可转给第一个查询信息记录人回复客户，实行一票到底原则，严禁查询专员不看任何记录的信息就将货物直接转给第一记录人，导致重复工作或是置之不理推脱责任等，从而致使客户投诉。

第三，客户再次来电时，如果是第一查询信息记录人未上班情况下，再接到客户来电的查询专员记录咨询信息，严格实行半小时回复制，按实际情况给予客户回复并及时处理；如果此时客户多次来电，系统除有记录查询信息外，还有其他查询专员记录咨询信息，那要将此货交由第一记录咨询信息的工作人员跟踪处理，严禁相互推脱责任。

第四，值班人员处理当天休息组的对应查询业务，例如，客户再次来电查询一票货物，且电话是由受理坐席接起，此货物先前只有一位查询专员在系统中记录查询业务，此时货物交由当天值班人员处理。

⑤ 和投诉的对接，要严格按照规定执行，前期要积极处理货物查询业务，在将货物后期投诉交由投诉专员处理后要在系统中作详细记录，并且告知客户。需要查询专员继续跟进的货物，要继续协调处理，查询专员在以下几种情况下可以把货物转交投诉专员：

第一，货物在系统异常备注中已经注明破损的。

第二，各分公司确认丢失的。

第三，涉及一些需要处理费用方面的问题。

第四，货物已经签收后，出现的一系列问题。

第五，发生错货需要调货的情况。

⑥ 查询专员信息记录需完整、准确、及时、真实。

要求录入客户货物名称、客户姓名、客户来电联系方式、工作单号、咨询内容（客户来电目的及要求）、咨询结果（查询专员查询结果及回复客户意见）、咨询类型（需明确）、其他个人备注等信息。

⑦ 同一个客户一个电话查询多票货物，查询专员需为客户提供专业查询服务，及时处理问题，记录信息时根据电话中客户提供的单号一票一票记录：没有记录信息的单号可记录查询信息，已有人记录过查询信息的单号可记录咨询信息，严禁服务态度差、推脱责任等现象出现，且严禁出现因客户多票同时查询，组内出现重复记录查询信息的问题。

（2）工作要点。

① 查询专员基本要求：

第一，为客户提供专业的查询服务。

第二，熟悉掌握和运用公司业务知识。

第三，具备良好的心理素质和较为平和的心态。

第四，积极的工作心态及较强的责任心、事业心。

② 查询专员工作时间内应该保持心态平和，热情服务于客户，做到微笑服务。

③ 各查询专员需不断提升处理问题的能力及不断学习新的业务知识，掌握公司业务知识及不断提升查询专业水平。需要提供培训的，可将要求培训内容上报至查询领班处，待统一后结合各查询专员的要求安排合理、有效的培训课程。

④ 对查询出现的典型案例，包括分公司违规业务操作的典型案例进行汇总，并于每周一上交查询班长，由查询班长进行汇总，月报中体现，具体汇总内容由查询班长制作表格并下发给各组员，由查询班长监督并且每周收集一次各组员的信息。

知识点延伸

400 电话介绍

"400 电话业务"，又称主被叫分摊付费业务，即主叫承担市话接入费，被叫承担所有来电接听费用，是三大运营商为企业提供的一个全国范围内的唯一的十位数号码，无须加拨区号，无须安装设备，只需要使用企业现有的通讯资源即可，自主通过号码管理后台绑定手机、座机、小灵通、中继号等，目前已广泛用于多行业售前售后服务咨询方面。

物流服务与营销

截至目前，以400开头的电话，总共分为以下几种：4006电话，是中国联通（原中国网通）运营的400电话，从4006000000到4006999999，总共100万个号码；4000电话，是中国联通（原老联通）申请，近期即将启动的400电话，从4000000000到4000999999总共100万个号码；4008电话，是中国电信运营的400电话，从4008000000到4008999999，总共100万个号码；4007电话，是原中国铁通（现归中国移动）运营的400电话，从4007000000到4007999999，总共100万个号码；4001电话，是中国移动近期启动的400电话，从4001000000到4001999999，总共100万个号码。

项目思考题

一、选择题

1. 下面不属于前台受理员工作任务范围的是（　　）。
   A. 工作单计价　　　　　　　　　　B. 安排具体业务
   C. 货物出问题时与客户及时沟通　　D. 介绍公司业务
2. 下面符合"门到门"规定的是（　　）。
   A. 承诺到达天数　　　　　　　　　B. 不承诺到达天数
   C. 承诺运输方式　　　　　　　　　D. 将货物送到收货方手中
3. 除（　　）外，其他都是查询专员的工作要求。
   A. 实行一票到底原则
   B. 半小时内回复客户
   C. 信息记录需要完整准确
   D. 同一个工作单号可记录多次查询信息

二、名词解释

1. 门到港
2. 市内订车

三、简答题

1. 如何填写异地调货工作单的"包装要求"这一栏？
2. 请描述电话订单的业务受理流程。
3. 查询专员的基本要求是什么？

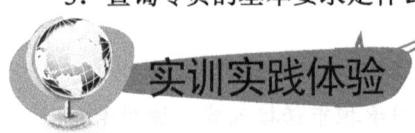

实训实践体验

体验一：打造物流企业客服人员形象

体验目标： 通过该体验，使学生熟悉物流企业礼仪规范，从客户服务礼仪、办公室礼仪、商务礼仪、涉外礼仪和日常礼仪等方面对学生进行训练，打造标准的物流企业客服人员形象。

情景设计：通过多媒体观看和实地走访联系几家物流企业，对这些企业的礼仪规范等作出调查，让学生全方位了解物流企业客服人员应具备的服务礼仪、日常礼仪等，并能按照这些标准进行模仿。

体验实施：
1. 指导老师给出具体任务的要求，调研报告的格式，评分标准。
2. 以小组为单位到企业进行调查，注意做好调查记录。
3. 了解物流企业的礼仪规范。
4. 模仿这些标准礼仪。

成果与检验：
1. 以小组为单位、分析这些物流企业的礼仪规范，撰写调研报告。
2. 指导教师组织各位学生表演这些标准礼仪，根据每位学生的模仿情况，进行成绩评定。

体验二：模拟物流企业前台客服人员

体验目标：通过该体验，了解前台客服人员的工作任务，熟练掌握前台受理员的语言规范和受理流程，能接收客户发送的物品并正确填写运单，培养学生团队合作的能力。

情景设计：以小组为单位，每个小组选取2~3人扮演物流客户，准备好需要办理的业务，如一批货物的托运或者业务的咨询；另外选取2~3人扮演物流公司的前台客服人员，前台客服人员接待顾客的咨询并办理业务。

体验实施：
1. 了解前台客服人员的工作任务和语言规范，并熟悉受理流程。
2. 教师及其他同学进行观摩，并对小组所办理的业务流程进行点评。

成果与检验：
1. 以小组为单位，模拟物流企业前台人员，并将体验心得撰写成实训报告。
2. 指导教师组织各组间互评讨论，根据各组在模拟训练中的表现，按照评分标准进行成绩评定。

项目 7 物流客户投诉管理

项目学习目标

1. 了解物流客户异议、投诉和客户关系断裂的原因;
2. 掌握处理物流客户异议、投诉的策略和技巧,懂得如何建立客户投诉管理体系;
3. 熟悉服务补救的策略和修复客户关系的具体措施。

项目能力标准

能 力 模 块	能 力 要 求
任务 1:处理物流客户的异议	能区分物流客户异议的类型,正确处理物流客户异议
任务 2:受理物流客户投诉	会分析导致客户投诉的真实原因,能依据正确的投诉受理方式和流程受理客户投诉
任务 3:处理物流客户投诉	能正确区分不同类型和级别的物流客户投诉,在合理的时间范围内采取合适的处理策略和技巧,能对常见的物流投诉做出前期处理
任务 4:修复物流客户关系	能找到客户关系断裂的原因,采取服务补救,对客户关系进行修复

项目知识点、能力(技能)点

客户异议;客户投诉;投诉受理人员的基本素质和态度;受理方式;受理流程;物流客户投诉的分类;前期处理;处理策略;处理技巧;客户关系维护;客户关系修复;服务补救。

项目导读

不论丢失的物品价值几何只按两倍邮寄费赔付

2012 年 4 月中旬,余女士通过上海××圆通速递公司杭州分公司邮寄两台打印机,但打印机在途中丢失。在消协调解未果的情况下,双方要通过司法途径解决。余女士认为物流企业有义务将所托运的物品安全运达目的地,若造成货物破损、遗失,物流企业应该承担责任。上海××速递公司杭州分公司却认为"如果你不对托运物品作'保价'托运,那么,我们只能赔你的邮寄费"。处理此事的经办人说:"任何物流企业托运货品时导致货品遗失都是不可避免的。我可以这么说,快递企业整体素质是不太好的。"余女士很无奈,她的同事也曾碰到类似的情况,一份合同通过快递运送时被快递企业丢失了,对方说,按规定只赔邮寄费的双倍,对于由此带来的其他损失却不愿意承担责任。

思考题:
1. 该物流公司对物流客户提出的异议和投诉存在哪些问题?
2. 该物流公司如果想要继续生存并做大做强,应该在哪些方面做出改进?

Project 7 项目
物流客户投诉管理

Mission 任务 1　处理物流客户的异议

任务导读

宁波宏天贸易公司在和××物流宁波分公司合作之前，其主要的物流合作伙伴是MT物流公司。当时首次合作中，运费公道，货差货损也较低。但在随后的业务中合作都不太愉快，到货期总是不能按时，货损率也较高。宁波宏天贸易公司找MT物流公司进行理赔，对方客服人员总是推托，拖了20多天快过异议期了就是没答复，宁波宏天贸易公司只好自认倒霉，决定今后都不再和MT物流公司合作，并要将这一惨痛教训最广泛地传播出去，以免同行、客户上当受骗。××物流宁波分公司客服人员赵丹丹了解这一情况后，从该企业的做法中获得启示：应正确处理客户的异议，防止客户流失。

1. MT物流公司客服人员对待客户的异议处理合适吗？
2. 如何正确处理客户异议？

一、物流客户异议的类型

物流客户"异议"是指在销售过程中导致客户不赞同、提出质疑或拒绝的言行，例如，你要去拜访客户，客户却说没有时间；你再努力询问客户的需求，客户却隐藏其真正的动机；你向他解说产品或服务，他却带着不以为然的表情等这些都属于"异议"的范畴。

一般销售者对异议往往抱有负面看法，甚至对异议怀有挫折感与恐惧感。但是，对有经验的销售人员来说，他却能从另外角度来体会异议，并揭露出另外的含意。比如，从客户的异议中能判断客户是否真的有需求；从客户的异议中能了解到客户对你的接受程度，这有助于你迅速调整战术；从客户提出的异议中可以获得更多的信息；等等。

（一）常见异议"3类型"

通常，有三种不同类型的异议，销售人员应该认真辨别。

1. 真异议

客户认为目前没有需要，或对你的产品不满意，或对你的产品持有偏见。例如，客户从别人那里听说你的产品容易出故障。对于此类"真异议"，销售人员必须视情形考虑是立刻处理还是延后处理。

当客户的异议属于其关心的重点时；当你必须妥善处理后才可能继续进行销售时；当你处理异议后能立刻获得订单时。在以上任一情况下你应该立即处理异议。

反之，在以下情况下可以考虑延后处理：当碰到你权限外或你不确定的事情时，先承

187

认自己无法立刻回答,但保证会迅速找到答案并告诉他;当客户在还没有完全了解产品特性及利益前提出价格问题时;当客户的异议在后面可以更清楚地得到证明时。

2. 假异议

假异议通常可以分为两种,一种是指客户用借口、敷衍的方式应付销售人员,目的是不想诚意地和销售人员会谈,不想真心介入销售的活动;另一种是客户提出很多异议,但这些异议并不是他们真正在意的地方,如"这件衣服是去年流行的款式,已过了时"、"这车子的外观不够流线型"等,虽然听起来也是异议,但却不是客户真正的异议。

3. 隐藏的异议

隐藏的异议指客户并不把真异议提出,而是提出各种真异议或假异议,目的是要借此假象形成隐藏异议解决的有利环境。例如,客户希望降价,但却提出其他如品质、外观、颜色等异议,以降低产品的价值,从而达到降价的目的。

不管是何种异议,你首先得对异议持正确的态度,如此才可能用正确的方法来处理好异议。一般来说,在面对客户的异议时,最好能持以下态度:

(1) 异议是宣泄客户内心想法的最好指标;
(2) 异议经由处理能缩短销售周期,而争论则会拖延甚至葬送销售进程;
(3) 没有异议的客户才是最难应对的客户;
(4) 异议表示你提供的利益仍然不能满足对方的需求;
(5) 注意聆听,区分真异议、假异议及隐藏的异议;
(6) 不可用夸大不实的话来处理异议,当你不知道答案时,请说"我将尽快提供答案";
(7) 将异议视为客户希望获得更多信息的信号;
(8) 异议表示客户仍有求于你。

(二) 异议产生"2 源头"

异议有的是因客户而产生,有的是因销售人员而产生。

1. 客户原因

(1) 拒绝改变。多数人对改变都会习惯性地产生抵触情绪,因为销售人员的工作或多或少会给客户带来一些改变。例如,从目前使用的 A 品牌转换成 B 品牌;从目前可用的预算中拿出一部分来购买未来的保障;等等。

(2) 情绪处于低潮。当客户的情绪正处于低潮时,可能没有心情来谈,也容易提出异议。

(3) 没有意愿。客户的意愿没有被激发出来,没有能引起他的注意及兴趣。

(4) 无法满足客户的需求。客户的需要不能充分被满足,因而无法认同你的产品。

(5) 预算不足,因而产生价格上的异议。

(6) 借口、推托。客户不想花时间来谈。

(7) 客户抱有隐藏的异议:客户抱有隐藏的异议时,会提出各式各样的异议。

2. 销售人员原因

(1) 销售人员无法赢得客户的好感,如举止、态度让客户产生反感。

(2) 做了夸大不实的陈述。比如,以不实的说辞哄骗客户,结果带来了更多的异议。

(3)使用过多的专业术语。如专业术语过多，客户觉得自己无法胜任使用并提出异议。

(4)事实调查不正确。销售人员引用不正确的调查资料，引起了客户的异议。

(5)不当的沟通。说得太多或听得太少都无法把握住客户的需求点，因而产生许多异议。

(6)展示失败。展示失败会立刻遭到客户的质疑。

(7)姿态过高，让客户理屈词穷。比如，处处强势，客户感觉不愉快，提出主观异议。

只有了解异议产生的可能原因，你才可能更冷静地判断异议产生的真正原因，并针对原因来"有的放矢"，如此，你才能真正有效地化解异议。

二、物流客户异议的处理

(一)异议处理"4原则"

1. 事前做好准备

"不打无准备之仗"是销售人员战胜客户异议应遵循的一个基本原则。销售人员在走出公司大门之前就要将客户可能会提出的各种异议列出来，然后考虑一个完善的答复。面对客户的异议，做一些事前准备可以做到心中有数、从容应对，反之，则可能惊慌失措、不知所措，或不能给客户一个圆满的答复以说服客户。国外（尤其是美国和加拿大）的许多企业经常组织一些专家来收集客户的异议，制定标准应答用语，并要求销售人员牢记、运用。在实践中，编制标准应答用语是一种较有效的方法，具体程序如下：

步骤1：把大家每天遇到的客户异议写下来。

步骤2：做分类统计，依照出现频率排序，出现频率最高的异议排在最前面。

步骤3：以集体讨论方式编制适当的应答用语，并编写、整理成文。

步骤4：请大家熟记在心。

步骤5：由资深销售人员扮演客户，大家轮流练习标准应答用语。

步骤6：对在练习过程中发现的不足，通过讨论进行修改和完善。

步骤7：对修改过的应答用语进行再练习，并最后定稿备用。最好是印成小册子发给大家，以供随时翻阅，达到运用自如、脱口而出的程度。

2. 选择适当时机

美国某权威机构通过对几千名销售人员的研究发现，优秀销售人员所遇到的客户严重反对的机会只是普通销售人员的十分之一，主要原因在于：优秀的销售人员对客户的异议不仅能给予一个比较圆满的答复，而且能选择恰当的时机进行答复。可以说，懂得在何时回答客户异议的销售人员会取得更大的成绩，销售人员对客户异议答复的时机选择有四种情况：

(1)在客户异议尚未提出时解答。防患于未然是消除客户异议的最好方法，销售人员觉察到客户会提出某种异议，最好在客户提出之前就主动提出并给予解释，这样可使销售人员争取主动，做到先发制人，避免因纠正客户看法或反驳客户的意见而引起不快。销售人员完全有可能预先揣摩客户异议并抢先处理，因为客户异议的发生有一定的规律性，如销售人员谈论产品的优点时，客户很可能会从最差的方面去琢磨问题；有时，客户没有提出异议，但其表情、动作及措辞和声调却可能有所流露，销售人员觉察到这种变化时可以抢先解答。

（2）在异议提出后立即回答。绝大多数异议需要立即回答，这样，既可以促使客户购买，又表示对客户的尊重。

（3）过一段时间再回答。以下异议需要销售人员暂时保持沉默：当异议显得模棱两可、含糊其词、让人费解时；当异议显然站不住脚、不攻自破时；当异议不是三言两语就可以辩解得了时；当异议超过了销售人员的能力水平时；当异议涉及较深的专业知识，不易为客户马上理解时。急于回答客户的此类异议是不明智的。经验表明：与其仓促答错十题，不如从容答对一题。

（4）不回答。许多异议不需要回答，如无法回答的奇谈怪论、容易造成争论的话题、废话、可一笑置之的戏言、异议具有不可辩驳的正确性、明知故问的发难等。销售人员可以采取以下处理技巧：沉默；装作没听见，按自己的思路说下去；答非所问，悄悄扭转对方的话题，最后不了了之。

3. 争辩是销售的第一大忌

不管客户如何批评，销售人员永远不要与客户争辩，这是因为，争辩不是说服客户的好方法，正如一位哲人所说："你无法凭争辩去说服一个人喜欢啤酒。"与客户争辩，失败的永远是销售人员。一句销售行话是："占争论的便宜越多，吃销售的亏越大。"

4. 给客户留"面子"

销售人员要尊重客户的意见。客户的意见无论对还是错、深刻还是幼稚，销售人员都不能表现出轻视的样子（如不耐烦、轻蔑、走神、东张西望、绷着脸、耷拉着头等）。销售人员要双眼正视客户，面部略带微笑，表现出全神贯注的样子。并且，销售人员不能语气生硬地对客户说："你错了"、"连这你也不懂"；也不能显得比客户知道得更多："让我给你解释一下"、"你没搞懂我说的意思，我是说……"。这些说法明显地抬高了自己，贬低了客户，会挫伤客户的自尊心。

（二）异议处理"6方法"

1. 忽视法

所谓"忽视法"，顾名思义，就是当客户提出一些反对意见，并不是真的想要获得解决或讨论时，这些意见和眼前的交易扯不上直接的关系，你只要面带笑容同意他就好了。对于一些"为反对而反对"或"只是想表现自己的看法高人一等"的客户意见，你如果认真地处理，不但费时，尚有旁生枝节的可能，因此，你只要让客户满足了表达的欲望，就可采用忽视法迅速引开话题。常用的"忽视法"有微笑点头（表示"同意"或表示"听了你的话"）、"你真幽默"、"嗯！高见！"等。

2. 补偿法

当客户提出异议且有事实依据时，你应该承认并欣然接受，强力否认事实是不明智的举动，但要设法给客户一些补偿，让他取得心理上的平衡，即让他产生两种感觉：产品的价格与售价一致；产品的优点对客户重要，产品没有的优点对客户而言较不重要。世界上没有一样十全十美的产品，人们会认为产品的优点越多越好，其实，真正影响客户购买决策的关键点并不多，补偿法能有效地弥补产品本身的弱点。补偿法的运用范围非常广泛，效果也很有实际。例如，美国艾维士汽车出租公司一句有名的广告"我们是第二位，因此我们更努力！"就是一种补偿法。再比如，客户嫌车身过短时，汽车销售人员可以告诉客户

"车身短有助于你方便地停车"。

3. 太极法

太极法取自太极拳中的借力使力。太极法用在销售上的基本做法是当客户提出某些不购买的异议时，销售人员能立刻回复说："这正是我认为你要购买的理由！"也就是销售人员能立即将客户的反对意见，直接转换成为什么他必须购买的理由。我们在日常生活上也经常碰到类似太极法的说辞。例如主管劝酒时，你说不会喝，主管立刻回答说："就是因为不会喝，才要多喝多练习。"你想邀请女朋友出去玩，女朋友推托心情不好，不想出去，你会说："就是心情不好，所以才需要出去散散心！"这些异议处理的方式，都可归类于太极法。

太极法能处理的异议多半是客户通常并不十分坚持的异议，特别是客户的一些借口，太极法最大的目的是让销售人员能借处理异议而迅速地陈述他能带给客户的利益，以引起客户的注意。

4. 询问法

询问法在处理异议中扮演着两个角色。

首先，通过询问，可以把握住客户真正的异议点。销售人员在没有确认客户异议重点及程度前，直接回答客户的异议可能会引出更多的异议，从而使销售人员自困愁城。销售人员的字典中，有一个非常珍贵、价值无穷的字眼"为什么？"请不要轻易放弃这个利器，也不要过于自信，认为自己已能猜出客户为什么会这样或为什么会那样，要让客户自己说出来。当你问为什么的时候，客户必然会做出以下反应：他必须回答自己提出反对意见的理由，说出自己内心的想法；他必须再次地检视他提出的反对意见是否妥当。此时，销售人员能听到客户真实的反对原因及明确地把握住反对的项目，他也能有较多的时间思考如何处理客户的反对意见。

其次，通过询问，直接化解客户的反对意见。有时，销售人员也能通过给客户提出反问的技巧，直接化解客户的异议。

5. "是的……如果"法

人有一个通性，即不管有理没理，当自己的意见被别人直接反驳时，内心总会感到不快，甚至会很恼火，尤其是当他遭到一位素昧平生的销售人员的正面反驳时。屡次正面反驳客户会让客户恼羞成怒，就算你说得都对，而且也没有恶意，也会引起客户的反感，因此，销售人员最好不要开门见山地直接提出反对的意见。在表达不同意见时，尽量利用"是的……如果"的句法，软化不同意见的口语。

6. 直接反驳法

在"是的……如果"法的说明中，我们已强调不要直接反驳客户。直接反驳客户容易陷于与客户争辩而不自知，往往事后懊恼，但已很难挽回。但有些情况你必须直接反驳以纠正客户的错误观点。例如，当客户对企业的服务、诚信有所怀疑或当客户引用的资料不正确时，你就必须直接反驳，因为客户若对你企业的服务、诚信有所怀疑，你拿到订单的机会几乎是零。例如，当保险企业的理赔诚信被怀疑时，你还会去向这家企业投保吗？如果客户引用的资料不正确，你能以正确的资料佐证你的说法，客户会很容易接受，反而对你更信任。

物流服务与营销

使用直接反驳技巧时，在遣词造句方面要特别留意，态度要诚恳，本着对事不对人的原则，切勿伤害客户的自尊心，要让客户感受到你的专业与敬业。

熟悉了上述异议处理技巧，你在面对客户的异议时就会更自信。

需要提醒的是，技巧固然能帮你提高效率，但前提是必须对异议持正确态度。只有正确、客观、积极地认识异议，你才能在面对客户异议时保持冷静、沉稳，也只有保持冷静、沉稳，你才可能辨别异议真伪，才可能从异议中发现客户需求，才能把异议转换成每一个销售机会。因此，销售人员不但要训练自己的异议处理技巧，也要培养面对客户异议的正确态度。

Mission 任务 2　受理物流客户投诉

任务导读

　　××物流宁波分公司客服人员赵丹丹在工作时，遇到过好几次客户的投诉。赵丹丹对于所在企业很是信任，也了解各种业务操作都非常规范，不明白为什么还是会被投诉。客户部主管告诉她，客户在购买物流服务产品时，对物流服务内容、物流服务水平等总是抱有良好的期望，由于各种原因，当期望和要求没有全部满足的时候，就会令客户心理失去平衡由此产生抱怨和不满行为，进而投诉企业。客服部收到客户投诉是好事，说明客户愿意沟通，愿意给我们改正的机会，只要正确受理、处理投诉，这些客户将有可能成为我们的忠诚客户。赵丹丹听过主管的一席话，觉得受益匪浅。

1. 物流企业可能收到客户哪些方面的投诉？
2. 作为客服人员应该具备哪些方面的能力才能应对客户投诉？

一、投诉概述

客户投诉是消费者对商家的产品质量问题、服务态度等各方面的原因，向商家主管部门反应情况，检举问题，并要求得到相应的补偿的一种手段。这里的产品既包括有形的产品，也包括无形（如物流服务等）。

有数字表明，90%不满意客户从来不抱怨，69%的客户从未提出过投诉，23%的客户不满时只向身边的服务人员提出过，仅有 8%的客户投诉通过客户关系部门传达到最高管理层，形成了投诉金字塔。如图 7-1 所示。通常一个客户的抱怨，代表着另外 24 个没有向公司抱怨的客户的心声。由此可见，客户的投诉是天赐之礼，一定要抓住这次与客户良好交流的机会，变不利为有利。

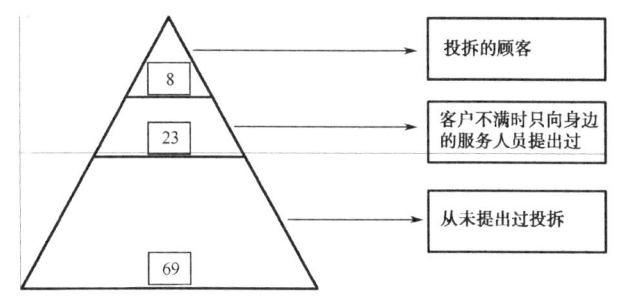

图 7-1　客户投诉金字塔

其中 8%的投诉客户所采用的表达方式可以分为三种：

第一种，当面口头投诉（包括向公司的任何一个职员）；

第二种，书面投诉（包括意见箱、邮局信件、网上电子邮件等）；

第三种，电话投诉（包括热线电话、投诉电话、800 免费电话、自动语音电话等）。

二、导致客户投诉的原因

（一）投诉的原因分类

客户投诉的原因可以归纳为两种：结果不满和过程不满。

1. 结果不满

结果不满是指客户认为产品和服务没有达到他们预期的目的，未产生应有的利益或价值。例如，购买的产品存在质量问题、短斤少两、官司打输了、飞机延误、行李破损、商品以劣充好等。结果不满的关键特征是客户遭受了经济损失。

2. 过程不满

过程不满是指客户对在接受产品和服务的过程中感受的不满意。如服务人员言行粗鲁无礼、环境恶劣、送货不及时、搬运粗暴、手续繁琐、电话无人接听等。过程不满的关键特征是最终的结果虽然符合要求，但客户在过程中感觉受到了精神伤害。

在物流服务行业里，由于服务性产品的特殊性，服务结果和服务过程相伴而生，因此结果不满和过程不满往往很难截然分开，而且客户的投诉也往往对结果和对过程同时不满。

（二）识别导致客户不满意的原因

1. 理解差距

客户期望与管理者对客户期望的理解之间的差距，即不能正确理解客户的需求；

2. 程序差距

目标与执行之间的差距，即虽然理解了客户的需求，但没有制定相应的工作流程和规范来保证满足客户需求；

3. 行为差距

服务绩效的差距，即虽然有工作流程和规范，但得不到有效的执行；

4. 促销差距

实际提供的产品或服务和对外沟通之间的差距，即客户得到的产品或服务质量达不到组织的宣传和承诺的水平；

5. 感受差距

客户的期望与服务感知间的差距，即组织提供的产品质量不能被客户完全地感受到。

这五个差距可通过"SERVQUAL"的多指标体系进行测量。"SERVQUAL"的五个指标包括：

（1）有形性：有形的设施、设备、人员和产品材料的外表；

（2）可靠性：可靠、准确地履行服务承诺的能力；

（3）响应性：帮助客户并迅速提供产品服务的愿望；

（4）保证性：员工所具有的知识、礼节以及表达出自信与可信的能力；

（5）移情性：设身处地地为客户着想和对客户给予特别的关注。

组织可从五个差距中来识别客户不满意的原因所在，从而采取有效对策。

三、受理物流客户投诉的主要方式

（一）不同投诉方式的受理

处理客户投诉最重要的一件事，就是要让每一个投诉事件的处理方式具有一致性。如果同一类型的客户投诉，因为处理人员的不同而有不同的态度与做法，势必让客户丧失对这家企业的信心。客户投诉的方式不外乎电话投诉、信函投诉，或者直接到物流部门当面投诉这三种方式。依据客户投诉方式不同，可以分别采取下列行动。

1. 客户电话投诉的受理

（1）倾听对方的不满，考虑对方的立场，同时利用声音及话语来表示对其不满情绪的支持。

（2）从电话中了解投诉事件的基本信息。

（3）如有可能，把电话的内容予以录音存档，尤其是特殊或涉及纠纷的抱怨事件。

2. 信函投诉的受理

（1）立即通知客户已经收到信函，表示诚恳的态度和解决问题的意愿。

（2）请客户告知联络电话，以便日后的沟通和联系。

3. 当面投诉的受理

（1）用上面所说到的"抱怨处理步骤"妥善处理客户的各项投诉。

（2）各种投诉都需填写"客户投诉记录表"。对于表内的各项记载，尤其是名称、地址、联络电话以及投诉内容必须复述一次，并请客户确认。

（3）所有的投诉处理都要制定结束的期限。

（4）必须掌握机会适时结束，以免因拖延过长，浪费了双方的时间。

（5）客户投诉一旦处理完毕，必须立即以书面的方式通知对方，并确定每一个投诉内容均得到解决及答复。

（6）谨慎使用各项应对措词，避免导致客户再次不满。

四、投诉受理人员应该具有的基本素质和态度

对于投诉受理，不是每个人都适合处理顾客投诉，例如，有的人沟通能力比较差，遇到事情易冲动或是处理投诉时不讲信用等，如果分配这样的员工担任受理投诉工作，对投诉的处置和单位形象都是十分不利的。那么，一个优秀投诉受理人员的素养是由哪些部分组成呢？

投诉受理人员应该具有的基本素质有如下几种。

（一）心理素质要求

（1）"处变不惊"的应变力：经常会碰到一些突发事件和顾客的突发行为，工作人员要遇事不惊，冷静判断，客观有效地控制事态进程发展。

（2）对挫折、打击的承受能力，积极进取、永不言败的良好心态：客服工作人员在工作中经常会遇到失败和挫折，心理层面要求抗压力强，要有打不垮、击不倒和保持永远积极进取的精神。

（3）情绪的自我掌控及调节能力：客服工作人员经常会碰到顾客的抱怨甚至责骂，作为"医生"首先不能被"病人"传染，要掌控和调节好自己的情绪，才能有效地给"病人"对症下药。

（4）满负荷情感付出的支持能力：面对顾客，要有发自内心的亲和力和道歉内疚感。

（二）品格素质要求

（1）忍耐与宽容是优秀客户服务人员的一种美德：忍耐与宽容是中华民族的传统美德，这是一种做人的胸襟。

（2）不轻易承诺，说了就要做到，追求诚信：这要求我们的工作人员面对顾客的问题和要求要合理准确地判断。

（3）勇于承担责任：首先表现在为客户服务、为消费者服务是我们应该承担的责任，也是我们的义务。

（4）拥有博爱之心，真诚对待每一个人：真诚的付出才有真诚的回报。

（5）谦虚是做好客户服务工作的要素之一：谦受益，满招损。

（6）强烈的集体荣誉感：时刻记住，你不是一个人在独自战斗，而是有整个客服团队在后面支持你。你是团队的一分子，团队的成绩有你的付出。

（三）技能素质要求

（1）良好的语言表达能力：是与客户和顾客沟通的基础。

（2）丰富的行业知识及经验和熟练的专业技能：是开展工作的必备基础。

（3）优雅的形体语言、表达技巧：展示良好的个人魅力有利于客户形成良好的印象和信任。

（4）思维敏捷，具备对客户心理活动的洞察力：及时了解客户和用户的需求。

（5）具备良好的人际关系沟通能力：你为人人着想，人人为你着想。

（6）良好的倾听能力：倾听有时候是一门艺术。

（四）综合素质要求

（1）"客户至上"的服务观念：思想要领先。

（2）工作的独立处理能力：你是否能独当一面？

（3）各种问题的分析解决能力：你是否要求自己具备这样的能力呢？

（7）投诉受理人员应该具有的心态：

① 保持一颗同理心。

- 站在对方的角度；
- 能专心听对方说话，让对方觉得被尊重；
- 能正确辨识对方情绪；
- 能正确解读对方说话的含义。

② 保持一颗克制心。

- 保持良好心态，不让客户的情绪干扰正常的工作态度和程序；
- 对于客户的情绪化发泄，控制自己的情绪表达，避免自己情绪的失控和态度上的失礼；
- 对于客户的不理解、谩骂、甚至语言上的人身攻击，保持忍让克制；
- 针对客户的误解，耐心解释、传递必要的专业知识帮助客户消除误会。

③ 保持一颗微笑心。

- 微笑是人类最动人的表情；
- 展现自己最完美、真诚的微笑；
- 适时微笑：微笑时机的选择，并配合客户情绪变化予以积极配合。

五、受理物流客户投诉工作流程

流程是实现组织目标的有效的、最佳的途径。投诉流程是组成投诉管理体系的主体部分，加强流程的控制，可以保证管理体系达到预期的目的。

物流客户投诉受理工作流程如表 7-1。

Project 7 项目 物流客户投诉管理

表 7-1 物流客户投诉处理工作流程

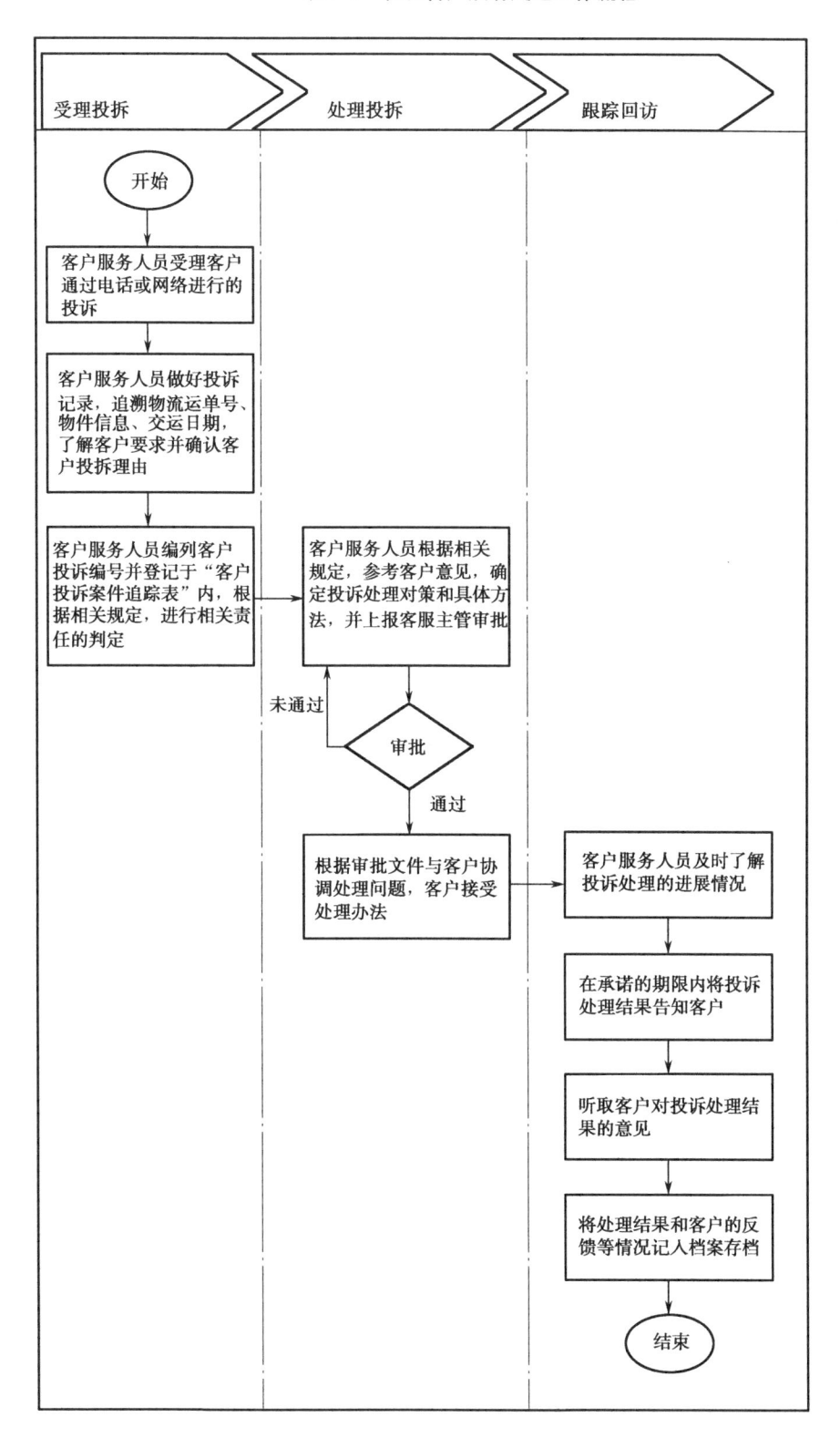

```
受理投诉 → 处理投诉 → 跟踪回访
```

受理投诉：
- 开始
- 客户服务人员受理客户通过电话或网络进行的投诉
- 客户服务人员做好投诉记录，追溯物流运单号、物件信息、交运日期，了解客户要求并确认客户投诉理由
- 客户服务人员编列客户投诉编号并登记于"客户投诉案件追踪表"内，根据相关规定，进行相关责任的判定

处理投诉：
- 客户服务人员根据相关规定，参考客户意见，确定投诉处理对策和具体方法，并上报客服主管审批
- 审批（未通过→返回；通过→下一步）
- 根据审批文件与客户协调处理问题，客户接受处理办法

跟踪回访：
- 客户服务人员及时了解投诉处理的进展情况
- 在承诺的期限内将投诉处理结果告知客户
- 听取客户对投诉处理结果的意见
- 将处理结果和客户的反馈等情况记入档案存档
- 结束

197

Mission 任务 3 处理物流客户投诉

任务导读

××物流宁波分公司客服人员赵丹丹最近接到几起客户投诉,如货物路途中丢失、损坏、延时等。由于到达城市不同、路况不同,货物运送速度难免不一;有些网点的收货、送货业务员素质不一,中间可能出现个别网点业务员态度不好或者包裹损坏等;还有遇到恶劣天气以及法定节假日,难免出现到货延误的情况;还有一些无法预知的意外因素,可能导致客户的期望没有满足。赵丹丹发现处理客户投诉也是一件很有技巧的事,大部分客户都比较理性,通过沟通、解释、合理的赔付,最终都能达到他们的满意。

1. 处理物流客户投诉的策略有哪些?
2. 处理客户投诉时可以应用哪些技巧?

一、处理物流客户投诉的策略

当客户在接受企业物流服务的过程中进行投诉时,原因可能是来自物流部门提供的商品,也可能来自服务。投诉的行为一旦做出,不论是对客户,或是对物流部门而言,都是一件不愉快的事情。

从客户角度来说,拿到与订单不符的商品或是对物流部门提供的服务品质和项目不满意,都可能会对客户的经营造成伤害。至于物流部门本身,则可能因为客户的不满而降低其对企业的信心。情况严重的,还可能影响到企业的信誉及利润。有的研究资料指出,客户宛如企业的免费广告,当客户有好的体验时会告诉五个其他的客户,但是一个不好的体验可能会告诉 20 个。因此,如何让客户成为企业有利的免费宣传媒介,使企业不断发展下去,在一定程度上有赖于企业物流服务人员能否谨慎处理客户的每一个不满与投诉。

不论是第一线的物流业务人员、管理人员或者是部门负责客户服务的专职人员,在接受客户投诉时的处理原则都是一致的。其主要目的在于使客户的投诉得到妥善的处理,在情绪上觉得受到尊重。因此,在处理客户抱怨时应遵循下列步骤。

1. 要有效地倾听客户各种不满陈述

为了让客户心平气和,在有效倾听时应做到下列事项:

(1)让客户先发泄情绪。当客户还没有将事情全部述说完毕之前,就中途打断,做一些言辞上的辩解,只会刺激对方的情绪。如果能让客户把要说的话及要表达的情绪充分发泄,往往可以让对方有一种较为放松的感觉,心情上也比较平静。

(2)善用自己的肢体语言,倾听客户投诉并了解客户目前的情绪。在倾听的时候,应以专注的眼神及间歇的点头来表示自己正在仔细地倾听,让客户觉得自己的意见受到重视。

同时也可以观察对方在述说事情时的各种情绪和态度,以此来决定以后的应对方式。

(3)倾听纠纷发生的细节,确认问题所在。倾听不仅只是一种动作,还必须认真了解事情的每一个细节,然后确认问题的症结所在,并利用纸笔将问题的重点记录下来。如果对于投诉的内容不是十分了解,可以在客户将事情说完之后再问对方。不过在此过程中,千万不能让客户产生被质问的印象,而应以婉转的方式请对方提供情况,例如,"很抱歉,有一个地方我还不是很了解,是不是可以再向您请教有关……的问题"。并且在对方说明时,随时以"我懂了"来表示对问题的了解状况。

2. 表示道歉

不论引起客户不满的责任是否属于物流部门,如果能够诚心地向客户道歉,并对客户提出的问题表示感谢,都可以让客户感到自己受到重视。事实上,从物流部门的立场来说,如果没有客户提出投诉,物流经理也就不知道有哪些方面的工作有待改进。一般来说,客户之所以投诉,表示他关心这家企业,愿意继续与之合作,并且希望这些问题能够获得改善。因此,任何一个客户投诉都值得物流部门道歉并表示感谢。

3. 提供解决方案

所有的客户投诉都必须向其提出解决问题的方案。在提供解决方案时,必须考虑下列几点:

(1)掌握问题重心,分析投诉事件的严重性。通过倾听将问题的症结予以确认之后,要判断问题严重到何种程度,以及客户有何期望。这些都是处理人员在提出解决方案前必须考虑的。例如,客户对于配送时间延迟十分不满,进行投诉。就必须先要确认此行为是否已对客户造成经营上的损失,若是希望赔偿,其方式是什么,赔偿的金额为多少,这些都应该进行相应的了解。

(2)有时候客户投诉的责任不一定属于物流部门,可能是由企业其他部门所造成。例如,送货的产品——奶粉里面发现异物,其责任应在企业生产部门,此时应会同生产部门处理,并为客户提供协助和保持联络,以表示关心。

(3)按照物流部门既定的办法处理。物流部门一般对于客户投诉有一定的处理方法,在提出解决客户投诉的办法时,要考虑到既定方针。有些问题只要引用既定的办法,即可立即解决,例如补货、换货的处理;至于无法援引的问题,就必须考虑做出弹性的处理,以便提出双方都满意的解决办法。

(4)处理者权限范围的确定。有些客户投诉可以由物流部门的客户服务人员立即处理,有些就必须报告物流经理,这些都视物流部门如何规定各层次的处理权限范围而定。在服务人员无法为客户解决问题时,就必须尽快找到具有决定权的人士解决,如果让客户久等之后还得不到回应,将会使其又回复到气愤的情绪上,前面为平息客户情绪所做的各项努力都会前功尽弃。

4. 让客户认同解决方案

处理人员所提出的任何解决办法,都必须亲切诚恳地与客户沟通,并获得对方的同意,否则客户的情绪还是无法平复。若是客户对解决方法还是不满意,就必须进一步了解对方的需求,以便做新的修正。有一点相当重要:对客户提出解决办法的同时,必须让对方也了解物流部门为解决问题所付出的诚心与努力。

5. 执行解决方案

当双方都同意解决的方案之后,就必须立即执行。如果是权限内可处理的,就迅速利落、圆满解决。若是不能当场解决或是权限之外的问题,必须明确告诉对方事情的原因、处理的过程与手续、通知对方时间及经办人员的姓名，并且请对方留下联络方式，以便事后追踪处理。在客户等候期间，处理人员应随时了解投诉处理的过程，有变动必须立即通知对方，直到事情全部处理结束为止。

6. 客户投诉处理结果总结

这一步骤主要应从以下两个方面做好工作：

（1）检讨处理得失。对于每一次的客户投诉，都必须做好妥善的书面记录并且存档，以便日后查询。物流经理应定期检讨投诉处理的得失，一旦发现某些投诉是经常性发生的，必须追查问题的根源，以改进现有作业，或是制定处理的办法；如果是偶发性或特殊情况的投诉事件，也应制定相应规定，作为物流员工再遇到类似事件时的处理依据。

（2）对物流部门员工宣传并防止日后再发生。所有的客户投诉事件，物流经理都应通过固定渠道，如例会等在部门内宣传，让员工能够迅速改善造成客户投诉的各项因素，并了解处理投诉事件时应避免的不良影响，防止类似事件再度发生。

二、物流客户投诉的分类处理

1. 产品质量类投诉

质量是企业的生命线，关乎企业在激烈竞争中的生死存亡，但凡涉及与物流企业产品质量有关的客户投诉案，任何物流企业都应特别重视，慎重对待。

2. 非产品质量类投诉

（1）由物流企业内部管理和外部客户服务的漏洞而引发；
（2）送货期限的延迟、单价的不同、物品的编号和颜色不对、员工服务态度不当等。

三、物流客户投诉的级别评定

物流客户投诉级别见表 7-2。

表 7-2 物流客户投诉级别

级别	与服务质量有关的投诉	与服务质量无关的投诉
一般投诉	发生小故障 造成一定的经济损失	给客户带来不便 引发一定的经济损失
其他投诉	客户的过度期望或错误认识引发	超出企业的承诺范围
特别投诉	由于产品性能发生大的故障，给客户带来巨大的经济损失 出现人身危害的情况 存在发生大量故障的隐患	与法律法规相冲突 引发巨大经济损失 造成客户的强烈不满

四、投诉处理时限要求

一般投诉处理时限为：客服中心受理投诉当日 2 小时内与客户取得联系，1 个工作日内解决客户投诉的问题。

其他投诉处理时限为：客服中心受理投诉当日 2 小时内与客户取得联系，2 个工作日内解决客户投诉的问题。

特别投诉处理时限为：客服中心受理再次投诉当日 2 小时内与客户取得联系，5 个工作日内解决客户投诉的问题,但应遵从及时处理原则,快速处理。

五、客户投诉处理的通报与训练

俗话说:"预防胜于治疗。"物流经理除了必须对投诉事件制定处理的作业原则与要领之外,还须将每个投诉的处理以各种渠道进行通报,并进行有计划的训练,让所有员工了解必要的事项,达到有效减少客户投诉的目的。

1. 客户投诉处理的通报

所有投诉事件处理完毕之后,客户服务人员都应将记录表妥善填写并予以整理归纳,分析客户投诉发生的原因、处理的得失、注意的事项,确定奖惩、改进的办法,然后有效地通报至每一位员工。

2. 处理客户投诉能力的训练

物流服务人员处理客户投诉的能力与投诉事件是否得以有效解决有相当大的关系。为此,物流经理要对员工进行相应服务技巧的培训,使之真正具备高超的行业素质,敬业乐业,促进物流部门整体工作的提高和改善。投诉训练内容有:

(1)面对客户投诉的基本理念及处理投诉的原则。
(2)物流部门既定的投诉处理办法以及相关的客户服务原则。
(3)认识常见的客户投诉项目。
(4)熟悉各种投诉方式的处理要领。
(5)熟悉各种应对用语。客户投诉的处理,对于物流部门的工作而言,事实上是一种持续不断地改进过程。物流经理做好投诉处理工作,掌握处理技巧,其目的不仅在于减少投诉的发生,更重要的是要借每一次投诉的处理来提升本部门的业务水平。

六、处理客户投诉的技巧

1. 虚心接受客户投诉,耐心倾听对方诉说

客户只有在利益受到损害时才会投诉,作为客服人员要专心倾听,并对客户表示理解,同时做好记要。待客户叙述完后,复述其主要内容并征询客户意见,对于较小的投诉,自己能解决的应马上答复客户。对于当时无法解答的,要做出时间承诺。在处理过程中无论进展如何,到承诺的时间一定要给客户答复,直至问题解决。

2. 设身处地,换位思考

当接到客户投诉时,首先要有换位思考的意识。如果是本方的失误,首先要代表公司表示道歉,并站在客户的立场上为其设计解决方案。对问题的解决,也许有三到四套解决方案,可将自己认为最佳的一套方案提供给客户,如果客户提出异议,可再换另一套,待客户确认后再实施。当问题解决后,至少还要有一到两次征求客户对该问题的处理意见,争取下一次的合作机会。

3. 承受压力,用心去做

当客户的利益受到损失时,着急是不可避免的,以至于会有一些过分的要求。作为客服人员此时应能承受压力,面对客户始终面带微笑,并用专业的知识、积极的态度解决问题。

4. 有理谦让,处理结果超出客户预期

纠纷出现后要用积极的态度去处理,不应回避。在客户联系你之前先与客户沟通,让

他了解每一步进程，争取圆满解决并使最终结果超出客户的预期，让客户满意，从而达到在解决投诉的同时抓住下一次商机。

5. 长期合作，力争双赢

在处理投诉和纠纷的时候，一定要将长期合作、共赢、共存作为一个前提，以下技巧值得借鉴：

（1）学会识别、分析问题；

（2）要有宽阔的胸怀，敏捷的思维及超前的意识；

（3）善于引导客户，共同寻求解决问题的方法；

（4）具备本行业丰富的专业知识，随时为客户提供咨询；

（5）具备财务核算意识，始终以财务的杠杆来协调收放的力度；

（6）有换位思考的意识，勇于承担自己的责任；

（7）处理问题时留有回旋的余地，任何时候都不要将自己置于险境；

（8）处理问题的同时，要学会把握商机。通过与对方的合作达到双方共同规避风险的共赢目的。

此外，客服人员应明白自己的职责，首要解决客户最想解决的问题，努力提升在客户心目中的地位及信任度，通过专业知识的正确运用和对公司政策在不同情况下的准确应用，最终达到客户与公司都满意的效果。

七、货物晚点、破损事件的前期处理方法

（一）货物晚点前期处理方法

出现晚点情况的主要原因是企业自身的网络问题，由于各地市网络不能有效协调，以致货物不能准点送达。若没有庞大完善的网络体系，这一问题很难得到有效改善，要想在这方面提高客户满意度，在晚点问题出现后客服部门就要主动与客户联系道歉，解释晚点原因。很多消费者还是讲道理、能理解企业难处的，其要求也并不过分，但是就有相当一部分企业连最基本的道歉也不愿意去做且客服部门工作人员态度恶劣、说话生硬，试问如此服务怎么能让客户满意，服务质量从何谈起？对于预计出现晚点投诉的，一般情况下也可以给客户适当减免部分费用以示补偿。

（二）货物丢失、损坏前期处理方法

由于在物流过程中环节众多，且从业人员素质参差不齐，运输过程中的不稳定因素等，导致货物在物流过程中的丢失、损坏现象也是常见的。原因主要体现在以下几个方面：物流企业为了扩张市场，很多地方都是加盟形式，自负盈亏，由此总公司对各加盟点的监管也出现真空地带，而出现丢货、损坏现象后，各网点都会从自身利益考虑敷衍处理，甚至不予处理。物流企业为了转嫁风险，很多公司都要求收件人在签收之后才能查看货物是否完好，但如果这时出现问题，物流公司一般都会以收件人已经签收、服务已经结束、责任难以鉴定等为由不予赔偿。目前物流企业也正在寻求有效的解决办法，其中货物保价就是最有效的办法之一。

保价运输是指运输企业与托运人共同确定的以托运人声明货物价值为基础的一种特殊运输方式，保价就是托运人向承运人声明其托运货物的实际价值。凡按保价运输的货物，

托运人除缴纳运输费用外，还要按照规定缴纳一定的保价费。

在保价运输中，货物全部丢失，按货物保价声明价格赔偿；货物部分毁损或丢失，按实际损失赔偿；货物实际损失高于声明价格的，按声明价格赔偿；货物能修复的，按修理费加维修取送费赔偿。

Mission 任务 4 修复物流客户关系

任务导读

××物流宁波分公司客服人员赵丹丹发现，有些客户投诉若不能及时处理，可能导致客户关系断裂，从而导致客户的流失，例如宁波宏天贸易公司和MT物流公司之间的合作关系断裂就是一个很好的例子。赵丹丹认为企业应时常对客户满意度进行调查，若客户满意度下降，应找出原因，修复客户关系。一项研究数据表明，企业吸引新客户的成本是企业留住老客户成本的4~5倍。对于那些有抱怨和不满的客户，应该做出及时的服务补救，以期重建客户满意和忠诚。

1. 物流企业遭遇客户不满和投诉引起关系断裂的主要原因是什么？
2. 如何修复物流客户关系？

一、分析客户关系断裂的原因

（一）企业和竞争环境方面的原因

根据顾客满意理论，顾客满意是顾客对产品和服务的感知价值与自己的期望之差的函数。如果顾客的需求得到了满足，即感知价值达到了期望，顾客就会满意，否则就不满意。如果感知价值大大超出了期望，顾客会愉悦。一般来说，顾客满意度越低，顾客关系断裂的概率就越高，但是这种情况会受到市场竞争、顾客可选择范围等因素的影响。

在垄断行业（如供电、供气等企业），顾客没有较多选择，即使对企业的产品和服务不满意也不得不忠诚，顾客关系断裂的可能性不大。只有当顾客的不满达到令顾客难以容忍的时候，顾客关系才可能出现断裂。有些行业（如供水企业等）即便顾客非常不满，顾客关系也不太可能中断。不过这种垄断一旦被打破，不满意顾客转移的概率就非常高。

在产品同质化程度低的行业，如专用设备、专用技术、专用原材料、个性化消费品与服务等行业，顾客的选择空间不大，顾客与企业之间只有相互深度沟通、紧密配合，顾客的需求才可能得到充分满足。在这种情况下，顾客即使有短暂的、对产品和服务个别方面的不满，也可能不会中断关系。因为如果中断关系，重新寻找合作企业，可能要付出较大代价和冒较大风险。当然，随着科学技术的发展，如果现有竞争者或潜在竞争者推出了更好的替代产品，顾客关系就会松动。

在产品同质化程度较高、竞争激烈的行业，顾客的选择空间较大而转移购买的障碍和风险较小，即便企业的产品和服务能够充分满足顾客的需求，顾客也可能因为竞争者的产品和服务更好一点、价格更便宜一些、购买更便利、促销更积极主动、对自己更尊重、给予更高礼遇、促销让利更多等，而中断与原企业的合作。

（二）顾客自身的原因

（1）顾客的需要发生了变化，致使顾客关系中断。比如，消费者因年龄、收入、角色、地位、婚姻、居住地或工作地、市场流行元素等的变化，原来需要的产品和服务现在被新的产品和服务替代，原来与某些商家或某些品牌之间的关系被新的关系取代。顾客因自身的功能、结构、计划、购买能力等发生了变化，而不再购买原来的产品和服务，与原来合作很好的供应企业中止关系。

（2）顾客的期望过高，企业难以满足，致使顾客关系中断。有的顾客对产品和服务质量要求过高，超出了企业能力；有的顾客要求的价格过低，企业难以盈利；有的顾客需求特殊，满足其需求会带来过高的成本费用；有的顾客需求量过小，达不到企业的盈利目标。

（3）顾客的认知局限或者错误的使用方法，致使顾客关系中断。顾客在使用产品或者体验服务的过程中，因自己认知局限或采用了错误的使用方法，导致质量事故，或者感知质量低下，而顾客却把这归罪于企业的产品和服务，不再继续购买。

（4）顾客的情绪不好，致使顾客关系中断。很多时候，顾客可能因为失恋、失业、降职、人际冲突、受骗、挨骂等心情非常糟糕，这种情况下他对周围的人或事往往作出不正确的判断，营销或服务人员的任何行为都可能被认为是不友好的举动。如果企业营销或服务人员处理不善，很容易使该顾客流失。

（三）政治方面的原因

（1）顾客因不满意企业的社会行为或者认为企业未承担相应的社会责任而拒绝与企业继续合作，如抵制污染环境的企业、不关心甚至损害公益事业的企业、参与甚至组织有损顾客尊严的政治活动的企业等。

（2）由于战争、政治动荡、自然灾害、恐怖活动、族群冲突、社会治安混乱等因素的影响，顾客为了降低风险而中断与企业的继续合作。在国际贸易和国际营销活动中，顾客关系还受到国家之间政治关系的影响。良好的国际政治关系往往会促进顾客关系的保持和强化；而恶劣的政治关系甚至政治冲突，会斩断本来良好的顾客关系。

二、采取服务补救

所谓服务补救，是指服务性企业在对客户提供服务出现失败和错误的情况下，对客户的不满和抱怨当即做出的补救性反应，其目的是通过这种反应，重新建立客户满意和忠诚。

（一）服务补救的必要性

服务补救直接关系到客户满意度和忠诚度，当企业提供了令客户不满的服务后，这种不满能给客户留下很深的记忆，但随即采取的服务补救会给客户更深的印象。

（二）服务补救策略实施

1. 跟踪并预期补救良机

企业需要建立一个跟踪并识别服务失误的系统，使其成为挽救和保持顾客与企业关系的良机。有效的服务补救策略需要企业通过听取顾客意见来确定企业服务失误之所在。即不仅被动地听取顾客的抱怨，还要主动地查找那些潜在的服务失误。市场调查是一个有效方法，诸如收集顾客批评、监听顾客抱怨、开通投诉热线以听取顾客投诉、有效的服务担保和意见箱也可以使企业发觉系统中不易觉察的问题。

2. 重视客户问题

顾客认为，最有效的补救就是企业一线服务员工能主动地出现在现场，承认问题的存在，向顾客道歉(在恰当的时候可加以解释)，并将问题当面解决。解决的方法很多，可以退款，也可以服务升级。如零售业的无条件退货，如某顾客在租用已预订的别克车时发现该车已被租出，租车公司将本公司的劳斯莱斯车以别克车的租价租给该顾客。

3. 尽快解决问题

一旦发现服务失误，服务人员必须在失误发生的同时迅速解决失误。否则，没有得到妥善解决的服务失误会很快扩大并升级。在某些情形下，还需要员工能在问题出现之前预见到问题即将发生而予以杜绝。例如，某航班因天气恶劣而推迟降落时，服务人员应预见到乘客们会感到饥饿，特别是儿童。服务人员会向机上饥饿的乘客们说："非常感激您的合作与耐心，我们正努力安全降落。机上有充足的晚餐和饮料。如果你们同意，我们将先给机上的儿童准备晚餐。"乘客们点头赞同服务人员的建议，因为他们知道，因饥饿而哭喊的儿童会使境况变得更糟。服务人员预见到了问题的发生。在它扩大之前，员工就杜绝了问题的发生。

4. 授予一线员工解决问题的权力

对于一线员工，他们真的需要特别的服务补救训练。一线员工需要服务补救的技巧、权力和随机应变的能力。有效的服务补救技巧包括认真倾听顾客抱怨、确定解决办法、灵活变通的能力。员工必须被授予使用补救技巧的权力。当然这种权力的使用是受限制的。在一定的允许范围内，用于解决各种意外情况。一线员工不应因采取补救行动而受到处罚。相反，企业应鼓舞激励员工们大胆使用服务补救的权力。

5. 从补救中汲取经验教训

服务补救不只是弥补服务裂缝、增强与顾客联系的良机，它还是一种极有价值但常被忽略或未被充分利用的具有诊断性的能够帮助企业提高服务质量的信息资源。通过对服务补救整个过程的跟踪，管理者可发现服务系统中一系列亟待解决的问题，并及时修正服务系统中的某些环节，进而使"服务补救"现象不再发生。

三、修复客户关系的措施

（一）把握目标顾客的合理期望以提高顾客让渡价值

任何企业都难以满足所有顾客的需求，企业首先应该根据自己的目标市场定位，舍弃那些期望过高而对于企业来说价值过低、难以给企业带来理想利润的顾客；然后，通过调查和分析判断、与顾客互动沟通，准确把握目标顾客的合理期望；根据其期望，提供尽可能高的顾客让渡价值，即顾客总价值（产品价值、服务价值、人员价值、形象价值）与顾客总成本（为购买及使用产品和服务所支付的货币成本、使用成本、时间和精力）之差，实现顾客满意。

当然，在产品和服务同质化程度高、顾客转移障碍和风险小的行业，仅仅为顾客提供合乎其期望的让渡价值，实现顾客一般水平的满意，是较难保持顾客关系的。保持稳定的顾客关系，通常需要提供比竞争者高一点同时又能实现企业盈利目标的顾客让渡价值。

（二）判断目标顾客的未来需求且注重新产品开发和推广

随着科学技术和社会经济的发展，顾客的需求欲望在不断提高，兴趣及爱好不断变化，即便传统消费习惯也可能会改变。比如，人们对服装款式及颜色的需求每年、每个季度都在变化；产业顾客为了提高其生产效率和产品质量、降低消耗，总是希望使用性价比更好的机器设备。企业新产品的开发与顾客的需求是相互影响的，一方面企业不断开发和推广更好的产品，刺激和创造顾客的需求欲望；另一方面，顾客的需求变化又给企业进行新产品的开发提供了广阔的创新空间。

（三）加强顾客数据库建设和顾客满意度评价

顾客数据库是企业整个信息管理系统的重要组成部分。根据数据库中的顾客特性，可以确定产品和服务的范围；依据数据库中顾客的行为记录，可以设计营销方案；通过观察数据库中的顾客动态，可以提示企业及时调整经营活动；当顾客的购买周期或购买量出现显著延长或减少时，借助顾客数据库能够及时发现其中的原因，提醒企业迅速采取"亡羊补牢"的措施。所以，加强顾客数据库建设和运用，对提升顾客关系质量具有重要意义。

（四）提高员工满意度

根据服务利润链理论，企业员工与顾客之间存在着这样的相关关系：企业员工的满意度和忠诚度影响顾客对产品和服务的感知价值，顾客感知价值影响顾客满意度，顾客满意的结果导致顾客忠诚，顾客忠诚影响企业利润。美国一家公司有一条"黄金准则"：关爱你的客户，关爱你的员工，那么市场就会倍加关爱你。在以服务为主的行业，尤其是提供个性化服务的企业，提高员工满意度对维系顾客关系，防止顾客关系断裂，显得更加重要。

项目思考题

一、单选题

1. 下列（　　）不是处理物流客户投诉的原则。
   A．独立权威性　　　　　　　　B．及时准确性
   C．避重就轻性　　　　　　　　D．客观真实性
2. （　　）对内作为员工处理投诉的指导，对外作为对客户的承诺。

A．投诉管理方针　　　　　　B．投诉管理流程
C．投诉管理方针策略　　　　D．投诉管理体系
3．（　　）指让客户在供应链的任何一点都可以容易地投诉。
A．透明度　　　B．便利性　　　C．公平性　　　D．真实性
4．客户用借口、敷衍的方式应付销售人员是物流客户的异议的（　　）类型。
A．真异议　　　B．假异议　　　C．隐藏的异议　　　D．争议
5．客户投诉是消费者对商家的产品质量问题、服务态度等各方面的原因，向商家主管部门反应情况，检举问题，并要求得到相应的（　　）的一种手段。
A．补偿　　　B．赔偿　　　C．损失补足　　　D．报酬

二、多选题

1．识别导致客户不满意的原因有（　　）。
A．理解差距　　B．程序差距　　C．感受差距　　D．行为差距
E．促销差距
2．处理物流客户投诉的原则是（　　）。
A．独立权威性　　　　　　B．及时准确性
C．客观真实性　　　　　　D．协调合理性
3．受理投诉时的技巧有（　　）等。
A．倾听客户，给客户发泄的机会　　B．对客户表示同情和理解
C．真诚地道歉　　　　　　　　　　D．快速采取行动
4．和客户沟通的技巧有（　　）。
A．对事不对人　　　　　　　　　　B．避免下命令
C．用"你可以……"代替"不"　　　D．叫客户的姓名

三、判断题

1．客户投诉结果不满是指客户对在接受产品和服务的过程中感受的不满意。（　　）
2．客户投诉过程不满是指客户认为产品和服务没有达到他们预期的目的，不能产生应有的利益或价值。（　　）
3．每个流程都有输入和输出，输入是实施过程中的基础或依据，输出往往是完成过程的结果，即有形或无形的产品和服务。（　　）
4．投诉管理体系就可以定义为建立投诉方针和目标并实现这些目标的相互关联或相互作用的一组要素。（　　）

四、问答题

1．什么叫投诉？投诉管理体系应包含哪些内容？
2．物流客户投诉处理流程有什么特征？
3．处理物流客户投诉的原则是什么？
4．物流客户投诉的级别怎么划分？

5．修复物流客户关系措施有哪些？

实训实践体验

体验一：重复在客户服务中的作用

许多人把重复与厌倦、单调甚至缺乏创意联系起来。但是重复也能成为提供优质客户服务的有效工具，而且如果重复能达到预期的效果，就能体现出价值。

体验目标：通过游戏证明重复进行客户服务的职业活动是合理的；通过游戏使参与者明白重复过程中包含的特定行为和利益。

情景设计：游戏指导者在开始游戏前适当举例，能帮助参与者体会，例如，致以让人印象深刻的问候。这个问候可以将自己、公司、部门或单位其他人、公司和部门区别开来，让客户知道你很渴望帮助他们。比如，"早上/下午/晚上好。谢谢您给（公司名）打电话，我是（名字），我能为您效劳吗？"

体验实施：

1．请参与者按一组4～5人分组，每组推选一名组长。

2．每组参与者集思广益，列出就他们生活体验所知道的客户服务领域，如果在这些领域适当地重复正确的职业行为，对于建立客户相应关系将起到有效的、积极的支持作用。

3．每组组长将组员的、同伴的观点在白板上记录下来，公开。

4．请参与者列出重复应在必要时间地点的积极作用，尤其是它为职业的客户服务人员提供的帮助清单，并在白板上公开。

5．请参与者列出客户喜欢听到的用语清单，例如："我能为您效劳吗？"并在白板上公开。是存在积极作用的用语，如果恰当使用，必能产生效果，引起响应，从而完善客户服务。

6．游戏指导者小结参与者的观点，然后告诉参与者："重复反应。"

游戏时间：30分钟。

游戏说明：该游戏主要告诉参与者，提供优质客户服务时候要反复做正确的事情。

体验二：服务态度检查

体验目标：通过游戏说明当今社会中的职业技能学习是一个终身学习的过程，只有不断学习才可能有丰富多彩的职业生涯。

通过游戏使参与者明白个人在职业技能的学习过程中如何发挥的重要作用，以及在职业互相鼓励、互相协作的作用。

通过游戏使参与者懂得"态度决定一切"的哲理。

情景设计：该游戏要让参与者扮演不同身份角色，在不同角色中参与者体会"服务"和"被服务"的感觉。

体验实施：

1．请参与者按一组4～8人站成一个圆圈。人数可视具体情况分组，但每组人数不可超过 8 人。

2．每组选择一名参与者做组长，每组都要列出联系时要提出的问题和分享的事实。

3．给每位参与者发一张写有通信录（姓名、电话、地址、E-mail、联系信息）的彩色蜡纸，请参与者填写。

4．将蜡纸揉成小球，投入圆圈中央的纸箱中。

5．将纸箱顺序递给参与者，每人将纸箱用力摇晃两下。

6．请参与者从纸箱中随机捡起一张蜡纸。纸上通信录上的人就是对他进行训练、指导、检查、以及与他进行交流，共同提高技能的伙伴。

7．根据收到的项目的日期，选择一个 2～3 次课后的联系日期，让参与者指导他是教师兼学生，请务必于联系当天与手中纸条上的人联系。并与对方联系，咨询"你期望我这个教师做些什么"。

8．每组介绍他们的游戏反应。

游戏时间：20 分钟

成果检验：

学习评价表

姓名		班级		学号	
任务		地点		日期	
工作开始时间： 年 月 日				工作完成时间： 年 月 日	
评分项目		系数	分值	检测结果	得分
物流客户投诉的分类级别		2.0	20		
物流客户投诉的分类处理		3.0	30		
物流客户投诉原因调查的分析方法		2.0	20		
正确填写相关物流客户投诉管理工具单		3.0	30		
		10.0	100		

个人认为完成得好的地方：

个人认为完成得不满意的地方：

值得改进的地方：

自我评价	非常满意	
	满意	
	不太满意	
	不满意	

项目 8 物流客户关系维护

项目学习目标

1. 了解物流客户档案的内容、作用，熟练运用 CRM 系统管理客户档案；
2. 熟练使用不同工具进行客户回访，创造客户价值；
3. 了解客户满意度影响因素衡量指标，掌握满意度测量方法。

项目学习目标

能 力 模 块	能 力 要 求
任务 1：建立物流客户档案	能正确录入客户档案，根据档案对客户进行分类
任务 2：物流客户回访	能利用各种不同工具对客户进行回访
任务 3：物流客户满意度调查与分析	能根据客户满意度衡量指标构建评测表，利用评测数据分析客户满意程度，提出满意度改进方案
任务 4：应用 CRM 管理物流客户	能正确使用 CRM 软件系统进行客户关系的管理

项目知识点、能力（技能）点

客户档案；客户资料分析；物流客户分类；客户回访；电子邮件回访；电话回访；登门回访；客户满意度；满意度调查；满意度衡量；衡量指标；客户满意度评测表； CRM；客户关系。

项目导读

DHL 物流有限公司 CRM 的实施

作为一家知名快递公司，DHL 的网络遍布全球 220 个国家和地区，向各种客户提供他们所需的物流解决方案。

DHL 最早的业务是递送旧金山和夏威夷地区的海运提单。随后慢慢在日本和菲律宾打响了知名度，将公司的物流业务提升到了国际水准。经过多年的发展，DHL 最终成为了全球物流行业的龙头之一。

如今，DHL 在全球 220 个国家和地区设立了 4400 家分支机构和 120000 个网点，并配备了高素质的专业人员。在这些分支机构中，有三分之二是由 DHL 自己管理经营。因此相比那些外包给第三方的同业竞争者，DHL 有显著的优势。在任何国家，只要是 DHL 的业务能抵达的地方，几乎都有分支机构。这帮助 DHL 进一步缩短了运输时间，提高了账单处理的效率，也更容易进行货物及包裹追踪。目前，该公司有超过 400 架飞机来执行快速运输任务，为超过 400 万的客户提供了高效、可靠的服务。除此之外，DHL 也是一个 CRM 部署的成功案例。

DHL 与 CRM

鉴于自己的业务范围，DHL 需要根据其遍布全球的物流网络来选择一套创新的、具有成本效益的 CRM 解决方案，向员工提供一种全面的客户视角，帮助他们了解并满足每一位客户的需求。经过多番比较尝试，再加上来自欧洲和亚洲公司的使用反馈，以及评估了解决方案的成本效益与灵活性，DHL 最终选择了 Salesforce 的 CRM 系统作为公司的 CRM 平台。

这套系统的选择为 DHL 在 CRM 方面的长期成功奠定了基础。相比之下，Salesforce 的解决方案为 DHL 提供了定制的优势，可以灵活满足客户的需求。而采用其他 CRM 解决方案则要耗费更多的实施时间。在六个月内，Salesforce 的解决方案在 DHL 全球公司中同步安装，并顺利集成到了其他现有系统中，确保了数据控制的集中化。Salesforce 的 CRM 解决方案让 DHL 进一步缩短了实施时间，专注于客户需求，并持续为 DHL 的全球化经营贡献力量。

DHL 的 Partnership CARE 计划

DHL 所推出的 Partnership CARE(Customer Activation Resolution and Enhancement——客户激活、确定与增进)计划提供了卓越的客户服务。该计划的主要目标是根据各客户公司的需要来提供适合的解决方案，向那些物流要求复杂的客户提供专家支持，并在整个客户关系周期中持续这一流程。在这套计划中，DHL 的每一支团队都向客户提供了单一的触点来进行相关服务，因此每名 DHL 客户都能获得最全面的支持。Partnership CARE 计划不仅向 DHL 的客户输送了专业经验，而且还提高了效率、责任、价值与客户满意度。通过这套计划，DHL 可以先评估客户的运输要求，然后制订相应的计划，提出能够满足客户需求的最佳运输服务方式，并确保对客户后续要求做出及时响应，让客户轻松访问 DHL 的运输解决方案。

思考题：
1. 根据本案例资料，请分析 CRM 的最终目的。
2. 请简要说明 DHL 是如何利用 CRM 实现客户关系管理的。

Mission 任务 1 建立物流客户档案

任务导读

××物流宁波分公司经理李华带领他的销售团队一起努力，分公司业务不断拓展，老客户越来越多，很多新客户也慕名而来，李华向杭州总公司申请调派更多的销售和服务人员，来应付忙碌的业务。年终结算时，李华认为分公司利润应该不错，可总公司财务经理给出的年终核算报告中，宁波分公司的利润居然比去年还少。经过仔细分析，李华发现了症结所在：原来，虽然不断有新的客户出现，但是他们带来的销售额却不大，而这些客户带来的销售和服务工作量却不小，甚至部分新客户还严重拖欠款项。与此同时，一些对利润率贡献比较大的老客户，因在忙乱中无暇顾及，已经悄悄流失。李华需要对宁波分公司的工作方法进行改进，建立客户档案，依据其档案资料、以往业务量、所带来的利润额等提供不同的物流服务。

1. 如何建立物流客户关系档案？
2. 物流客户档案的主要内容是什么？

一、建立物流客户档案的作用

在物流管理活动中,及时运输、库存水平、订货状态、运输跟踪、订货方便性、激发客户需求、推迟客户需求等事项需要提前考虑。要及时处理好这些事情,企业收集的客户信息就必须要及时、准确,并最好能建立良好的反馈机制。

一流的物流客户信息系统有助于实现物流的功能,提高企业的客户服务水平。物流客户档案是使运输、保管、装卸、配送顺利完成所必不可少的条件。掌握物流客户的档案信息,了解物流客户需求,有利于物流企业提出有针对性的营销措施,制定、完善并组织、实施针对客户的物流解决方案。物流信息质量和及时性是物流作业的关键因素,起主导作用。

国内公司在客户信息管理方面存在着问题在竞争激烈的环境中,越来越多的公司认识到客户是公司最稀缺的资源,是公司的财富,无论是开发新客户,还是维护老客户,客户信息的管理是最基础、最重要的工作,很多公司已经把客户信息看成公司的核心资产来管理和维护。但是,目前国内公司在客户信息管理方面,存在诸多问题,例如:

(1) 对客户信息管理的价值认识不够,或已经认识到了客户信息管理的重要性,但缺乏信息管理的方法或行动,客户信息少、不完整,且分散、易流失。

(2) 客户信息多且庞杂,分散在各个部门、不同员工的手里,缺乏信息的集中管理。

(3) 即使客户信息已经实现了集中管理,但是由于缺乏明确的信息管理的目的,信息管理的应用效率还比较低下。

(4) 缺乏对客户信息的分析能力,没有充分发挥客户信息应有的作用。

产生以上问题最根本的原因是缺乏对客户信息管理的目的与作用的理解,没有围绕客户信息管理的目的与作用开展信息管理,使客户信息管理停留在为管理而管理上,也就是说,大部分公司没有真正明确自己对客户信息的需求。

二、物流客户档案的内容

物流客户档案是伴随着企业的物流活动同时发生的。在物流活动中,按照所起作用的不同,可将物流信息分为:订货信息、库存信息、生产指标信息、发货信息、物流和信息流。而物流客户档案就是与以上信息相对应的组织或个人信息的集成。准确的物流客户档案是物流客户运作方案设计的关键,它们不仅能改善物流运作,设计出新的和独特的物流解决方案,而且还能提高物流企业的盈利能力。

物流客户档案的内容,是企业利用科学的统计方法收集的企业内部上流程和下流程、内部客户和外部客户,在企业现实环境下的合作程度、服务质量、适用客户层面、响应时间、场合、价格、方式、预计需求满足程度等信息。

1. 物流客户信息指标

物流客户信息指标主要有:客户访问信息、巡视员信息、客户档案信息、员工当日服务记录等。其中,客户档案信息收集包含的内容有:姓名、性别、年龄、职业、住址、电话、电子邮件等客户个人信息;企业经营战略、生产规模、产品品种、资信级别、经营状况、销售收入、发展瓶颈、物流费用、现有物流方式、竞争对手状况等企业基本信息;客户对产品在库管理、在途管理、运输要求、包装要求、信息反馈等方面的需求信息;客户对物流服务不满的投诉信息等。

2. 物流客户信息收集的参考指标

物流客户信息收集的参考指标主要有：市场占有率、市场覆盖率、投诉抱怨率、内部职能协调与响应流程时间、企业对客户响应时间、妥善处理各项问题所需时间、环境、产品与服务的协调性、价格适度性、员工服务态度和技能水平等。

三、物流客户资料分析

1. 建立物流客户信息档案

建立客户档案的目标是为了缩减销售周期和销售成本，有效规避市场风险，寻求扩展业务所需的新市场和新渠道，并且通过提高和改进客户价值、满意度、盈利能力以及客户的忠诚度来改善企业的经营有效性。所以建立客户档案应侧重于方便企业营销贸易工作的各类信息的查询和利用，提供全方位的管理视角。建立客户档案就要专门收集客户与企业联系的所有信息资料，以及客户本身的内外部环境信息资料，主要包括四个方面：

（1）客户基本信息，包括客户名称、联系方式、所属区域、客户类型、客户来源、客户级别、信用等级、首次交易时间、最近交易时间、交易次数、累计交易金额、产品领域和客户关心的产品等信息。

（2）客户扩展信息，包括注册资金、财务情况、经营计划、职工人数、发展潜力、优势劣势、资金及信用情况等。

（3）相关重要人士信息，包括姓名、年龄、民族、婚姻、联系方式、家庭成员、教育背景、兴趣与忌讳、重要日子、与竞争对手关系等。

（4）竞争对手信息，包括产品（服务）价格、大客户使用的业务量、市场占有份额、营销手段、与大客户建立的个人联系等（详细表述见列表）。各级物流部门应不断丰富客户信息，尽可能地为全部客户都建立客户档案，使之能够更好地为客户营销工作服务。加强对物流客户信息档案的管理，实时对信息内容进行分析、更新。物流客户信息收集不仅能改善物流运作，设计出新的物流方案，而且还能增加物流企业的盈利能力。要实现物流信息的使用价值，只是单纯地收集信息是不够的，还需要对收集到的信息进行整理，制成客户基本情况表。使物流客户信息系统化，并融入企业各类信息系统之中，真正发挥其作用。

2. 关于产品或服务的信息

产品或服务的信息具体包括产品特点、是否有现货、存在的问题、产品的升级、安装调试、保修和合同条款。这些信息具备转发和跟踪复杂查询的能力，使每位客户得到正确的答复。收集和记录同客户使用经历有关的信息，这些信息可以帮助其他部门制定更好的决策。

3. 记录客户反馈信息

物流客户服务部门与顾客接触的时间一般不长，所以认真提问非常关键。利用能提出适当的问题并能收集和处理顾客反馈的系统，企业才能有效地培养和维系客户忠诚度。企业不同部门对反馈信息有不同的要求，如财会部门要用某种模式展示信息，而营销部门要用完全不同的方式展示。为使客户反馈信息发挥最大的作用，就应按照最终用户的要求进行定制。随着企业业务要求的不断变化和技术日新月异的发展，很多新的问题也逐渐显露了出来。有竞争力的公司都明白变化是随时都在发生的，激烈的竞争要求反馈机制不断适应外部环境。用于收集、分析和定制信息报表的措施应当能迅速简便地适应环境变化，这样才能满足企业的要求。

Mission 任务 2 物流客户回访

任务导读

××物流宁波分公司销售经理李华接受了上次盲目开发客户的教训之后,建立了客户档案,对客户业务资料进行了分析,进而进行了客户分类,并针对重要客户、大客户安排了定期回访工作,以防重蹈覆辙流失了大客户。经过一段时间的运行,定期回访工作已成为××物流宁波分公司客户服务的常规工作。从初步统计的回访结果看,客户普遍对该企业物流配送服务态度、货物外包装完好情况等较为满意,尤其对到货时间的准确性有较高的评价。客户服务人员赵丹丹与宁波宏天贸易公司预约下周一将登门进行回访工作。

1. 如何确定合适的客户回访方式?
2. 登门回防的工作流程是怎样的?

一、客户回访创造客户价值

客户回访是企业用来进行产品或服务满意度调查、客户消费行为调查、进行客户维系的常用方法,由于客户回访往往会与客户进行比较多的互动沟通,更是企业完善客户数据库、为进一步的交叉销售、向上销售铺垫的准备,因此认真的策划就显得尤为重要。

回访客户就是提高客户的满意度,因此,必须让客户体会到回访带来的好处,才能使客户不觉得回访是在走形式。对此,首先,回访客户应该及时,解决完客户的投诉之后,物流公司应该安排人员走访客户;其次,对于回访中客户表达新的不满、有新的建议的,应该及时向客户服务中心反馈,及时解决,可以二次回访;其次,就是回访中的延伸服务,借回访的机会,向客户提供一些帮助、指导;收集客户对企业存在的见解和看法,应该成为客户回访的重要内容,对于客户提出的个性化问题进行个性化的服务,对于共性的普遍反馈的问题则进行专项改进,通过新的服务形式,增强客户的配合、支持以及满意度。

客户回访是客户服务的重要内容,做好客户回访是提升客户满意度的重要方法。对于重复消费的产品企业来讲,通过客户回访不仅可以得到客户的认同,还可以创造客户价值。我们对很多企业的客户回访进行分析后,得出的结论是客户回访不会只产生成本,充分利用客户回访技巧,特别是利用 CRM 来加强客户回访会得到意想不到的效果。

一般来说,客户对于具有品牌知名度或认可其诚信度的企业的回访往往会比较放心,愿意沟通和提出一些具体的意见。客户提供的信息是企业在进行回访或满意度调查时的重要目的。如果企业本身并不为人知晓太多,而回访又策划得不好,往往很难得到客户的配合,得不到什么有用信息,相反,更有可能会对企业及其形象造成负面影响。客户回访过程中有以下几个问题要注意：

1. 注重客户细分工作

在客户回访之前，要对客户进行细分。客户细分的方法很多，单位可以根据自己的具体情况进行划分。客户细分完成以后，对不同类别的客户制定不同的服务策略。例如，有的公司把要回访的客户划分为：高效客户（市值较大）、高贡献客户（成交量比较大）、一般客户、休眠客户等；有的公司从客户购买产品的周期角度判断客户的价值类别，如高价值（月），一般价值（季度/半年），低价值（一年以上）。对客户进行细分也可以按照客户的来源分类，例如，定义客户的来源包括：拜访、自主开发、广告宣传、老客户推荐等；也可将客户按其属性划分类型，如合作伙伴、供应商、直接客户等；还可以按客户的地域进行分类，如国外、国内，再按省份，例如山东、北京、上海等，再往下可以按地区或者城市分；也可以按客户的拥有者的关系进行管理，如公司的客户、某个业务员的客户等。

客户回访前，一定要对客户做出详细的分类，并针对分类拿出不同的服务方法，增强客户服务的效率。总而言之，回访就是为实现更好的客户服务而服务的。

2. 明确客户需求

确定了客户的类别以后，明确客户的需求才能更好地满足客户。特别是最好在客户需要找你之前，进行客户回访，才更能体现客户关怀，让客户感动。

很多单位都有定期回访制度，这不仅可以直接了解产品的应用情况，而且可以了解和积累产品在应用过程中的问题。我们回访的目的是了解客户对我们的产品使用如何，对我们单位有什么想法，继续合作的可能性有多大。我们回访的意义是要体现我们的服务，维护好老客户，了解客户想什么，要什么，最需要什么，是要我们的售后服务再多一些，还是觉得我们的产品应该再改进一些。实际上我们需要客户的配合，来提高我们自己的服务能力，这样才会发展得越来越好。

一般客户在使用产品遇到问题时、客户购买的产品有故障或需要维修时、客户想再次购买时是客户回访的最佳时机。如果能掌握这些，及时联系到需要帮助的客户，提供相应的支持，将大大提升客户的满意度。

3. 确定合适的客户回访方式

客户回访有电话回访、电子邮件回访及当面回访等不同形式。从实际的操作效果看，电话回访结合当面回访是最有效的方式。

按销售周期看，回访的方式主要有：

（1）定期做回访。这样可以让客户感觉到贵单位的诚信与责任。定期回访的时间要有合理性。如以产品销售出一周、一个月、三个月、六个月等为时间段进行定期的电话回访。

（2）提供了售后服务之后的回访，这样可以让客户感觉物流企业的专业化。特别是在回访时发现了问题，一定要及时给予解决方案。最好在当天或第二天到现场进行问题处理，将用户的抱怨消灭在最少的范围内。

（3）节日回访。就是说在平时的一些节日回访客户，同时送上一些祝福的话语，以此加深与客户的联系。这样不仅可以起到亲和的作用，还可以让客户感觉到一些优越感。

4. 抓住客户回访的机会

客户回访过程中要了解客户在使用本产品中的不满意，找出问题；了解客户对本公司的系列建议；有效处理回访资料，从中改进工作、改进产品、改进服务；准备好对已回访客户的二次回访。通过客户回访不仅能解决问题，而且能改进公司形象和加深客户关系。

产品同质化程度很高的情况下，客户购回产品后，从当初购买前担心质量、价位，转向对产品使用中的服务的担心。所以在产品销售出后，定期的回访十分重要。

5. 利用客户回访促进重复销售或交叉销售

最好的客户回访是通过提供超出客户期望的服务来提高客户对企业或产品的美誉度和忠诚度，从而创造新的销售可能。客户关怀是持之以恒的，销售也是持之以恒的，通过客户回访等售后关怀来增值产品和企业行为，借助老客户的口碑来提升新的销售增长，这是客户开发成本最低也是最有效的方式之一。开发一个新客户的成本大约是维护一个老客户成本的6倍，可见维护老客户是多么重要了。

企业建立客户回访制度，很重要的方法就是建立和运用数据库系统，例如，利用客户关系管理（CRM）中的客户服务系统来完成回访的管理。将所有客户资料输入数据库，如果可能，还要尽量想办法收集未成交客户的资料，并进行归类。无论是成交客户还是未成交客户，都需要回访，这是提高业绩的捷径。制订回访计划，何时对何类客户作何回访以及回访的次数，其中的核心是"做何回访"。不断地更新数据库，并记录详细的回访内容，如此循环便使客户回访制度化。日积月累的客户回访将促使单位的销售业绩得以提升。

6. 正确对待客户抱怨

客户回访过程中遇到客户抱怨是正常的，正确对待客户抱怨，不仅要平息客户的抱怨，更要了解抱怨的原因，把被动转化为主动。建议单位在服务部门设立意见收集中心，收集更多的客户抱怨，并对抱怨进行分类，例如，抱怨来自产品质量的不满意（由于功能欠缺、功能过于复杂、包装不美观、使用不方便等）、来自服务人员的不满意（不守时、服务态度差、服务能力不够等）等方面。通过解决客户抱怨，不仅可以总结服务过程，提升服务能力，还可以了解并解决产品相关的问题，提高产品质量、扩大产品使用范围，更好地满足客户需求。

客户回访是客户服务的重要一环，重视客户回访，充分利用各种回访技巧，在满足客户需求的同时创造价值。

二、登门回访工作流程

登门回访是上次客户拜访的延续，也是新一轮客户拜访的起点，因此，不能简单地走过场，应该当成是检查客户对于投诉处理情况的满意度的一个程序，首先，客户经理应该对自己以前拜访客户的情况做一个反省、自我检讨，发现存在什么不足之处，及时改进，比如，公司安排的任务是否完成，向客户的承诺是否兑现，制订的营销计划是否完成，等等；要做好拜访路线规划，统一安排好工作，合理利用时间，提高以后拜访客户的效率，登门回访做到拜访客户要有明确的目标，清楚自己回访客户的目标是什么，如何去做才能实现目标。其次，尽可能地在回访中收集市场信息，多与客户沟通，将自己掌握的市场信息、企业的服务信息、物流企业的情况有选择性的向客户传达，了解客户的销售情况、库存情况，帮助客户制订物流服务计划；了解公司在客户所在区域内的客户培育情况、询问消费者有什么反馈，只有了解客户的具体情况，才能发现问题，进行指导，做好物流服务。此外，在回访客户中，还应该宣传解释物流行业的各项法律法规、工作流程，向客户介绍当前物流市场面临的形势，品牌培育的战略，让客户了解物流行业政策以及发展形势，使客户由原来的误解转变成支持、理解物流服务的工作，提高客户对物流企业以及客户经理工作的支持，提高忠诚度。

三、电话回访工作流程

电话回访工作流程包括：充分准备—寒暄致意—自我介绍—说明意图—具体说明—事后沟通。

成功客户回访的第一步：精心编排结构合理的问卷是成功回访的第一步。当你拿起电话打算打给顾客做回访调查时，你是否已经想好了你要问对方的问题？你是否已经设计好何时用开放式问题？如果这些都没有事先准备好，那么这将是一次糟糕沟通的开始。

成功客户回访的第二步：要有针对性地选择回访时间，不要在顾客繁忙或休息的时候去回访。可否想象，凌晨三点，你睡眼惺忪地接起电话，一个甜美的女声告诉你要对你昨天买的某个产品进行满意度回访，那时的你，是什么样的心情，可能再甜美的声音也冲不熄你心中被人打扰的怒火。那时的你，会配合调查吗？同样，对于背景调查来说，你选择的沟通时间合适吗？你是否选择了比较繁忙的工作时段去做背景调查？你是否已经模拟过对方回答你的问题需要耽搁多长时间？一般来说，上午的11：00～12：00的时间段，下午4:00后的时间段，都是接近下班的时候，大多数人会在那个时段把手上紧张的工作稍稍放松一点，那时进行客户回访，不配合的人会比较少。

成功客户回访的第三步：礼貌和甜美的语音是打动客户听下去的动力。对于电话另一头的人来说，你的语音是标识你修养与素质的唯一名片，拿起话筒前要先调节好自己的情绪，电话这头微笑着的你，对方是可以通过声音感受到的。注意礼貌的问候、语气和节奏的掌控，避免给别人的感觉是一种冷冰冰、公事公办的态度，要知道，对方无论选择告不告诉你答案，对他来说，无半点损失。结束时，不妨加上一条祝福语，让对方感受到你获得帮助时的愉悦之情，这样，你们两个当天都会有一个好心情。

四、商务信函回访

如同一般信函，商业信文一般由开头、正文、结尾、署名、日期等5个部分组成。

1. 开头

写收信人或收信单位的称呼。称呼单独占行、顶格书写，称呼后用冒号。

2. 正文

信文的正文是书信的主要部分，叙述商业业务往来联系的实质问题，通常包括：

（1）向收信人问候；

（2）写信的事由，例如何时收到对方的来信，表示谢意，对于来信中提到的问题答复等；

（3）该信要进行的业务联系，如询问有关事宜，回答对方提出的问题，阐明自己的想法或看法，向对方提出要求等。如果既要向对方询问，又要回答对方的询问，则先答后问，以示尊重；

（4）提出进一步联系的希望、方式和要求。

3. 结尾

结尾往往用简单的一两句话，写明希望对方答复的要求。如"特此函达，即希函复。"同时写表示祝愿或致敬的话，如"此致敬礼"、"敬祝健康"等。祝语一般分为两行书写，

"此致"、"敬祝"可紧随正文,也可和正文空开。"敬礼"、"健康"则转行顶格书写。

4. 署名

署名即写信人签名,通常写在结尾后另起一行(或空一、二行)的偏右下方位置。以单位名义发出的商业信函,署名时可写单位名称或单位内具体部门名称,也可同时署写信人的姓名。重要的商业信函,为郑重起见,也可加盖公章。

5. 日期

写信日期一般写在署名的下一行或同一行偏右下方位置。商业信函的日期很重要,不要遗漏。

五、电子邮件回访

近年来,在诸多电子通信手段中跑出来一匹"黑马",它就是电子邮件。自诞生以来,它的发展可谓突飞猛进,令人刮目相看。当前,它已经在商界得到了越来越广泛的使用。电子邮件,又称电子函件或电子信函。它是利用电子计算机所组成的互联网络,向交往对象所发出的一种电子信件。

电子邮件回访主要以回访表的形式进行(如表 8-1 所示)。具体内容以某物流公司为例。

表 8-1　电子邮件客户回访

贵公司名称	
贵公司联系方式	
在我公司进行物流业务的时间	
具体业务名称	
相关费用	
1. 您认为我公司承担的物流业务是否达到预期目标? A. 是　　　B. 否　　　C. 说不清楚	
2. 您认为我公司承担的物流业务对您公司和您是否有帮助? A. 是　　　B. 否　　　C. 说不清楚	
3. 您对我公司的业务是否满意? A. 非常满意　　B. 满意　　C. 一般　　D. 不满意	
4. 您对我公司的物流业务处理流程及安排满意程度是? A. 非常满意　　B. 满意　　C. 一般　　D. 不满意	
5. 您对我公司的物流客户服务的满意程度是? A. 非常满意　　B. 满意　　C. 一般　　D. 不满意	
6. 您公司是否还有其他物流业务需求? A. 是　　　B. 否　　　C. 说不清楚	
7. 如果有其他物流业务,您希望我公司在哪些方面进行改进? A. 服务质量　　B. 业务处理质量　　C. 价格　　D. 服务态度	

项目 8 物流客户关系维护

Mission 任务 3 物流客户满意度调查与分析

任务导读

××物流宁波分公司销售经理李华认为客服人员赵丹丹所提出来的定期客户满意度调查的建议很好,要求客服主管带领客服部门利用客户回访的机会进行客户满意度调查,特别是针对重要客户、大客户进行满意度测评,以改进企业的服务方式方法,要求客服部门设计一份客户满意度调查表,形成调查分析报告。

1. 影响客户满意度的因素有哪些?
2. 客户满意度分析的流程是怎样的?

一、客户满意度的概念

客户不满意是客户流失的根本原因。但是,什么是客户满意?客户为什么会不满意?我们可以通过对客户满意度的概念的认识来回答这些问题。

被称为"市场营销之父"的菲利普·科特勒说:"满意是指一个人通过对一个产品的可感知效果(Perceived Performance)与他的期望值(Expectation)相比较后,所形成的愉悦或失望的感觉状态。"对于单个人来说,"满意"是一个不确定的概念,因为满意的标准因人而异。同样的产品和服务可能有人满意,也可能有人不满意。也就是说,从个体的角度出发,是否满意呈现出随意性,没有规律可言。但如果将大量个体集结为一个整体来观察,只要个体(也就是统计学所指的样本)数量足够多,就能体现出规律性来。因此,依据统计学原理对客户进行调查,就能得到正确反映顾客大群体满意状况的有用信息。

客户的满意状况是由顾客的期望和顾客的感知(包括对质量的感知和价格的感知)这两个因素决定的,如期望越低就越容易满足,实际感知越差越难满足。可见客户是否满意与期望成反比关系,与感知成正比关系。

据此我们可以用一个简单的函数式来描述顾客满意状况的评价指标——客户满意度,即

$$C=b/a$$

式中:C——客户满意度;b——客户感知值;a——客户期望值。

对客户的满意状况的测量实际是看客户满意度的大小。当 C 等于 1 或接近 1 时,表示客户的感受即可认为"比较满意",也可认为"一般";当 C 小于 1 时,表示客户的感受为"不满意";而当 C 等于 0 时,则表明客户的期望完全没有实现。在一般情况下客户满意度多在 0~1 之间,但在某些特殊情况下,客户满意度也可大于 0,这意味着客户获得了超过期望的满足感受。

根据上述分析,客户满意被定义为:"客户对某一事项已满足其需求和期望的程度的意见"。其中,"某一事项是指在彼此需求和期望及有关各方对此沟通的基础上的特定时间的特定事件"。可见,所谓客户满意是指顾客的感觉状况水平,这种水平是顾客对企业的产品

和服务所预期的绩效和客户的期望进行比较的结果。

二、影响客户满意度的因素及衡量指标

客户的期望值与其满意度有内在关联。而在促进客户满意与信任的因素中,个性化的产品和及时性服务是两个决定性因素。个性化的产品能增强客户的认知体验,从而培养客户的认知信任;个性化的产品和及时性服务能使客户产生依赖,进而培养情感信任;只有个性化的产品和及时性服务都能适应客户的需求变化时,客户才会行为信赖;客户不可能自发地信任,客户信任需要企业以实际行动来培养。

为客户提供个性化的产品和服务的过程中个性化的产品应从营销的最上游开始。较高层次的客户已不再满足于成批生产出来的产品,他们对于能体现个性的产品更加青睐。由于技术的发展,产品的个性化与生产的规模经济效益已不再是相互对立的矛盾,企业可以在保持一定规模经济的同时,为客户提供满足其不同需求的个性化产品,使客户都能获得满意的感受,现代生产理论中的大规模定制正是这种思想的表现,它既可以满足特定客户群的个性化需要,又可降低生产成本。因此企业在实现产品个性化时,可以把更多的精力放在产品的外形设计和辅助性功能上,这对大多数企业来说并非是十分困难的事。其工作可以从以下几方面着手进行:

(1)面对面地了解客户的真实想法,根据客户的需求意向预测产品;

(2)让客户参与产品的规划和设计,使客户感到该产品是为他量身定做的;

(3)进行敏捷化的定制化生产,使客户时刻感到他的个性化享受;

(4)商家的知名度和美誉度宣传,使客户感到接受这件产品和享受这一商家的服务是价值的体现;

(5)在客户接受产品和服务之前使客户感到便利;

(6)解除客户的疑义,增加客户的贴身感受;

(7)及时送达;

(8)销售关怀。

此外,还应增强客户体验。顾客很在乎与你做生意的感受,尤其是对某种产品或某企业有感情的顾客,很难用打折的方法来改变他们的主意。他们在购买产品和服务时是在接受一种体验,他们频频光顾某一企业的产品和服务实际上是因为该企业创造了比竞争对手更让他们倾心的体验,因此增强顾客体验是培养顾客信任的重要方法。

三、客户满意度分析流程

(一)度量客户满意度的价值

比满足客户预期多做一点点就能取悦客户,对于想建立积极的客户关系的企业而言,这是十分重要的第一步。度量客户长期的满意度使得企业能够确定——客户认为企业是能够持续改进、落后于竞争对手,还是停滞不前的。

度量客户满意度的一个更为微妙的原因是向他们传达一种"我们在意"的信息。当企业与客户联系并询问"我们做得怎么样"的时候,这个简单的动作是想告诉客户:企业想要建立的是一种长期的关系。满意度度量向客户表明,公司想要得到这笔业务。

满意度的"主观度量"旨在衡量人们在将公司产品与竞争对手产品相比时，对于品牌、过程、或者与公司的交易体验等方面的感知。如果处理得好的话，公司则能够从与客户或者关键要素的直接交流中获益。

（二）进行客户满意度调查

企业可以雇用技能逐渐完善的内部员工来进行满意度调查，也可以将度量的任务转包给外部的服务供应商。

客户满意度调查或者其他调查，是一种系统而客观的调查。在这种调查中，调查主体通过问卷的形式从一定的样本人群中进行信息收集。客户调查通常（但不是一定）是由八个步骤组成的：① 定义问题和对象；② 规划调查设计；③ 设计调查问卷；④ 选择样本；⑤ 收集数据；⑥ 分析数据；⑦ 做出结论并准备报告；⑧ 跟进行动。如图 8-1 所示。

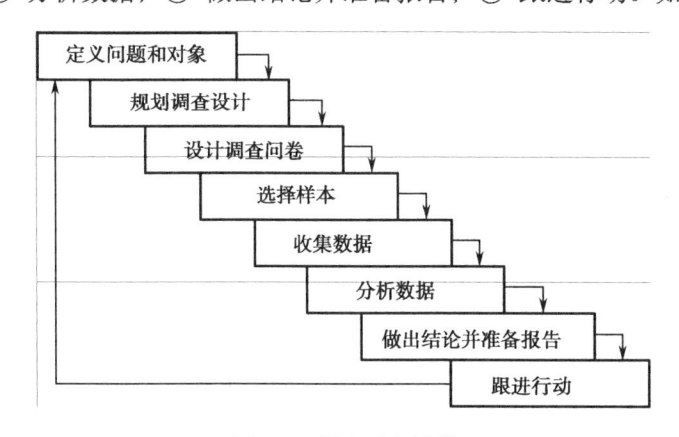

图 8-1 调查研究过程

调查过程的步骤是高度互相依赖的。这些步骤互相交迭而且互相影响。例如，决定选择低教育水平的客户作为样本（第三步骤）会影响为这些客户设计的问卷的措辞（第二步骤）。尽管调查研究方法应当参考营销研究的相关资料，在这里先简单介绍一下这些步骤也是十分有益的。

第一步骤：定义问题和对象

问题定义是客户满意度调查的出发点。令人惊奇的是，不是每个人都清楚这个事实，其重要性经常被忽略。经理人员应当花大力气来回答这个问题："为什么我们要进行客户满意度调查？"

关键小组访谈是一种结构松散的并且常用的调查方法，访谈对象是 6~12 个关注某种产品或者购买过程的某一方面的客户组成的小组。在小组会议中，每个人都要对问题进行描述或者解释为什么他们与某个企业终止交易。组织通常都必须为小组中的每个参与者支付报酬、雇用一名小组讨论组织者、租赁所需设备并提供膳食。因此，关键小组能够提供快速反应，但是实施中需要一定的成本。

经理人员还可以从客户聊天室在线获得探测意见。"社区抱怨室"是一个网站，是设计用来允许客户对某些产品、组织和服务进行抱怨的。例如，www.PlanetFeedback.com 就是一个收集客户抱怨并转发给特定组织的网站。在互联网上的快速浏览可以替组织节约金钱，并提供关于对类似产品或服务的抱怨的特性的清晰看法。

调查过程的第一步骤的终点就是对问题和研究对象的正式表述。研究对象列出了解决客户不满问题所需的信息。实际上，研究对象正式表述了进行这项研究的目的所在。

第二步骤：规划调查设计

问题和目的陈述清楚之后，正式的"调查设计"详细说明了可能用于收集和分析满意度问题相关数据的特定技术和程序。三种基本研究设计是探测型、描述型以及因果型。"探测研究"被用于定义问题。"描述研究"的目标则是度量已定义细分市场的某些特性——谁进行购买、购买的什么商品、花费了多少钱、什么时候进行购买、在什么地方购买。"因果研究"则应用严格控制的实验来将某些行为或结果背后的原因分离出来。尽管对某些行为的直接观察可能是有益的，但是绝大多数满意度研究采用描述性研究设计调查，并通过电话访谈、面访（登门、购物中心或者某些公共场所）、邮件或者类似于传真、电子邮件和互联网等电子媒体的方式收集数据。电话、邮件和互联网调查是目前最为常见的。

研究人员如何选择恰当的调查技术？对问题本身的定义通常能够暗示出哪种技术是最为适当的。研究人员和经理人员可能需要回答一些额外的问题，比如"访谈者是否一定需要帮助？客户的合作意愿如何？我们需要在多大程度上代表大多数人的观点？"调查设计可能受问卷设计、需要提出的问题的种类、可以进行研究的时间、需要达到的精确度以及研究项目可以使用的预算等诸多方面的影响。

第三步骤：设计调查问卷

调查问题的恰当措辞是一种技巧，其目的在于提出受访者能够回答的相关问题。研究人员应当避免问题的复杂性，并使用简单、精确、对话式的，不会对被访者产生误导或混淆的语言。问题的措辞应当简单而明确，以便使这些问题能够被所有被访者理解。所谓"模棱两可的问题"就是有两个主语或名词（例如，您对产品的成本和质量满意度如何？），因而难以理解。如果被访者感到不满，研究人员就没有办法了解不满的原因是客户支付的价格还是得到的质量。

第四步骤：选择样本

这一步骤是选择一个样本人群、组织、家庭或者其他相关群体。选择样本的方法对于研究提供的信息的精确性十分重要。"取样"是选取整体的一小部分，用作为整体作出结论的基础的过程。所谓样本就是更大规模人群的一部分或一个子集合。对某个群体的所有成员进行的调查称为"普查"。取样需要对三类问题作出解答——对哪个群体取样，样本的规模，以及样本如何选择。

1. 取样范围

明确目标人群或者整个利益群体是取样的第一步骤。经理人员必须确定取样的人群能够准确反映组织的需求。假设一个护理公司希望度量客户满意度。居民、家庭成员、保险提供者、立法者或所有其他群体是否应当被取样？电话号码列表、俱乐部会员名录、公用事业客户列表或者汽车登记表就是可以从中进行取样的名单列表的几个例子。如果该列表是不准确的，那么样本就可能无法代表更大规模的利益群体。

2. 样本规模

对这个问题的通俗的、玩笑式的回答——"足够大"——实际上揭示出了真实答案。样本必须足够大，以确切代表目标群体的特点。一般，大样本优于小样本。然而，如果使用了恰当的取样技术，整个人群的一小部分能够提供对整体的可靠度量。一般的经验方法是为调查中的每个问题至少选择三个被访者。如果对精确度要求更高，研究人员可能需要努力对调查的每个项目选择多达 10 个被访者。

3. 样本选择

样本单元的选择方法是客户满意度研究精确性的主要决定因素。取样方法主要有两种：概率取样和非概率取样。

（1）概率取样。在"概率取样"中，整个群体中的每个元素或人员都有一个已知的非零机会被选作样本。"简单随机样本"或许是这些程序中最著名的一种，其含义是每个元素都有同等的机会。如果利用班级名单来对大学生取样，那么注册在三个班级学习的学生自然比只注册在一个班级学习的学生具有更大的机会被选作样本。对于简单随机样本而言，从登记人员处获得学生名单是必须的，在这个名单中，每个人的名字只出现一次因而被选中的机会是相等的。所谓"取样错误"是样本结果与在能够获得整个群体名单条件下而获得的结果之间的差异。换句话说，存在着样本并不能准确代表整个群体的风险。概率取样的主要优点是用统计学知识计算取样错误，并以一定的把握性将结果推广到更大的群体。

（2）非概率取样。当样本单元在便利或者个人判断的基础上选定时，所获结果就是"非概率样本"。在一种非概率样本——"便利样本"中，数据是从那些最容易获得的人员身上获得的。将调查问卷放在每张餐桌上的餐馆、在商场中访问客户的公司，以及对某一个班级的学生进行调查的研究人员都是采用便利样本的范例。以这种方法收集数据是简单而经济的，但是，这种取样通常会生成非典型样本。"非典型样本"意味着组织能够应用这种结果来寻求观点，但是不应当将重要的决策建立在这种结果的基础上，因为这种样本无法代表更大规模群体的观点。以非概率样本预测取样错误是不太可能的，因此，要了解代表了大多数人观点的结果是什么样子也是不太可能的。可见，样本的类型清楚地影响着收集数据的方法、研究成本以及获取信息的精确性。

第五步骤：收集数据

一旦研究方法设计完毕，研究人员必须实际收集所需信息。无论选择电话访谈、邮件调查、互联网调查或者其他收集方法，研究人员的任务就是最小化实地调查过程的错误——这种错误是很容易犯的。例如，未经仔细选择和培训的访谈人员难以以适当的方式表达出问题的含义，或者无法准确记录下被访者的反馈结果。更糟糕的是，如果现场调查的报酬过少的话，调查人员则有可能受诱惑自行填写表格，从而提供虚假数据用于之后的分析。"现场服务公司"就是专门从事收集数据工作的机构。"计算机辅助电话访谈（cATI）"可能是最经常使用的一种从随机人员样本中收集调查数据的方法。在这个程序中，现场调查工作人员直接将被访者的回答录入数据库，从而最小化编译错误。因此，大多数组织都会选择现场服务公司来收集数据而不是自行完成这个程序。

第六步骤：分析数据

数据处理一般以编辑和编码等步骤作为开端。在这些步骤中，调查或者其他数据收集工具将接受检查，观察其中是否存在冗余、不完整或者其他无用的回应、模糊和明显的不相容。所谓编码就是为客户的回应分配一系列的数字。例如，客户转而使用竞争对手产品的原因需要分配的几组确认数字：1—更便宜的价格；2—更好的品质；3—优惠券；等等。接下来就是数据分析。数据分析可能包括统计分析、定性分析，或者二者兼有。具体选用哪种类型的分析应当取决于研究对象、所收集数据的特性以及谁使用这种分析结果。当然，如果使用的是非概率取样程序，那么就无须使用统计程序，因为并没有预测取样错误的基础。统计测试的目的就是预测取样错误的程度，以及准确判断样本结果与整个群体的实际情况存在怎样的差异。

对于客户满意度研究中使用的统计工具的讨论超出了本书的研究范围。这些工具的范围从简单的数字和百分比的简单对照（"100 人，或者 400 人样本中的 25%，是完全符合的"）到类似于多重回归的复杂分析表格。同样，现场服务公司会提供许多这样的服务，尤其是对调查回应的初始编辑和编码。

第七步骤：做出结论并准备报告

要记住客户满意度研究的目的是辅助经理人员做出有效的营销决策。研究人员的角色是回答这个问题："这对于我们的 CRM 战略的意义是什么?"因此，调查过程的终点一定是将研究结果传达给管理层的报告。通常，管理层对如何获得研究结果的过程并不感兴趣，除了在一些特别情况下。管理层一般只想看一看研究结果的主要内容。通过使用图示、表格以及其他绘图工具将研究结果清晰地表达出来，是对研究人员以及其他向管理层汇报研究结果的相关人员的一种创造性的挑战。如果研究人员的成果没有以恰当的方式表达出来并被组织及其管理者理解，那么调查过程实际上就是一种彻头彻尾的浪费。

第八步骤：跟进行动

研究人员向管理层提交报告之后，还应当继续跟进，确定管理层对这个报告的反应是怎样的。研究人员应当考虑这种研究或报告如何能够获得改善，从而变得更加适用。某一项研究的成果通常是定义下一项研究的研究对象的起点。因此，上一项报告的结尾部分应当讨论一些细节问题，比如更加完善的问题描述方法以及开始下一个满意度度量研究项目时应当采取的探测步骤。

四、物流客户满意度测评

影响客户满意度的因素很多，物流企业客户满意度评价指标体系可以分为三层，如图 8-2 所示。

采用层次分析法对客户满意度各项指标权重进行计算，然后通过收集客户对指标的满意信息，最后通过指标权重与指标值加权求和得出客户的满意度数值。

从纵向与横向两个方面来对客户满意度进行分析

纵向分析：第一步，根据指标体系了解客户对本物流企业满意度的总体情况，从总体上了解客户满意度的变化情况并且提出改进意见。第二步，通过四分图模型分析对各项指标满意度进行分析，从而具体来了解客户满意度变化的原因并提出改进意见。

四分图模型分析是一种偏于定性研究的诊断模型。它列出企业产品和服务的所有绩效指标，每个绩效指标有重要度和满意度两个属性，根据顾客对该绩效指标的重要程度及满意程度的打分，将影响企业满意度的各因素归进四个象限内再按归类结果对这些因素分别处理，如图 8-3 所示。

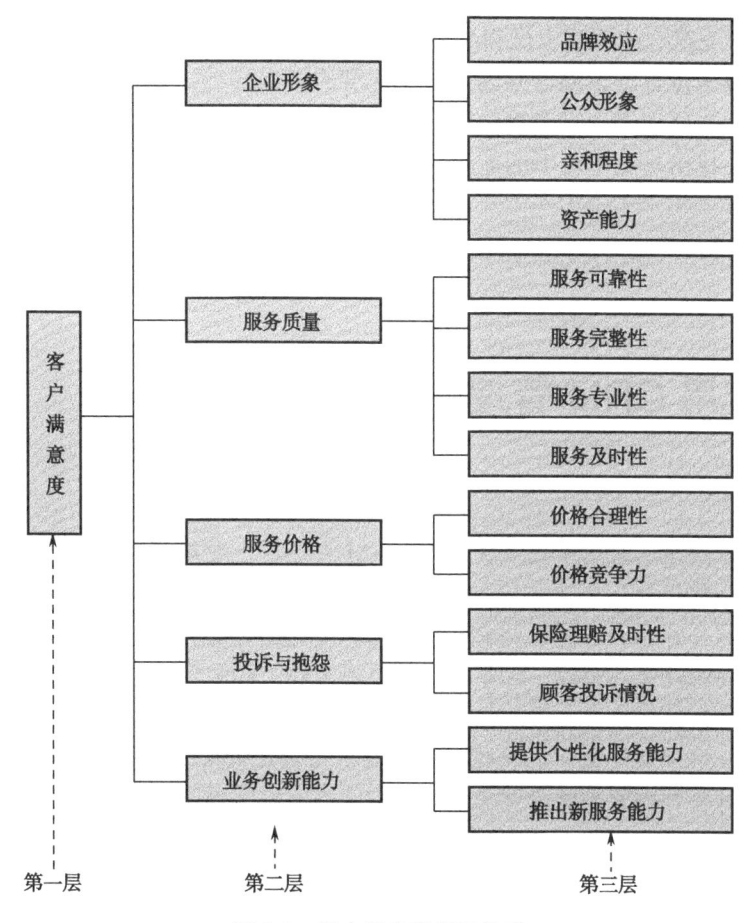

图 8-2 客户满意度指标体系

A 区（优势区）：指标分布在这些区域时，表示对顾客来说，这些因素是重要的关键性因素，并且顾客目前对这些因素的满意度评价也较高，这些优势因素需要继续并发扬。

B 区（修补区）：指标分布在这些区域时，表示这些因素对顾客来说是重要的，但当前企业在这些方面的表现比较差，顾客满意度评价较低，因此需要重点修补、改进。

C 区（机会区）：指标分布在这些区域时，代表这一部分因素对顾客不是最重要的，而且顾客满意度评价也较低，因此不是现在最急需解决的问题。

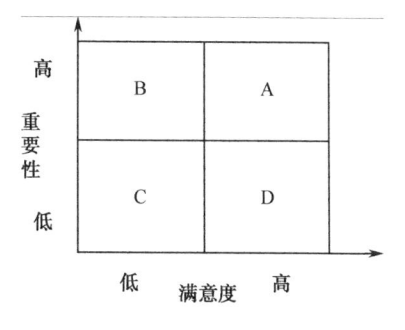

图 8-3 四分图模型

D 区（维持区）：满意度评价较高，但对顾客来说不是最重要的因素，属于次要优势（又称锦上添花因素），对企业实际意义不大，如果考虑资源的有效分配，应先从该部分做起。

在对所有的绩效指标归类整理后，可从三个方面着手对企业的产品和服务进行改进：客户期望（客户最为关注的，认为影响他们对企业满意度的最为重要的一些因素）；企业

225

的优势指标（企业在这些因素上做得到位，客户满意度高）；企业的弱点（企业在这些因素上工作不足，或是没有意识到这些因素对满意度的影响）。

横向分析：在测评客户满意度的同时，有必要对竞争对手客户满意度进行调查分析。通过对比研究，找出与竞争对手的差距，进而提出改进的意见。

Mission 任务 4 应用 CRM 管理物流客户

任务导读

××物流杭州总公司引进了先进的 CRM 系统用于管理物流客户，并针对该软件的使用对各营业部门、分公司的销售人员、客服人员进行了培训。宁波分公司赵丹丹参加了这次培训，在学习中，赵丹丹发现，CRM 软件不仅是一个用来管理物流客户信息、业务信息的应用系统，更重要的是它所体现的这种经营管理理念，将企业的客户（包括最终客户、分销商和合作伙伴）视为最重要的企业资产，通过满足客户的特殊需求，特别是满足最有价值客户的特殊需求，来建立和保持长期稳定的客户关系。这种理念让赵丹丹眼界大开、耳目一新，她对 CRM 软件的各种功能及应用更有兴趣了。

1. 如何理解客户关系管理 CRM？
2. 现有物流客户关系管理软件的主要功能有哪些？

一、CRM 全程创造企业价值

究竟什么是 CRM 呢？归纳众多国外著名研究机构和跨国公司对 CRM 的理解，现实中 CRM 的概念可以从三个层面来表述：

第一个层面：CRM 是一种现代经营管理理念。作为一种管理理念，CRM 起源于西方的市场营销理论，产生和发展在美国。市场营销作为一门独立的管理学科至今已有近百年的历史。近几十年来，市场营销的理论和方法极大地推动了西方国家工商业的发展，深刻地影响着企业的经营观念以及人们的生活方式。近年来，信息技术的长足发展为市场营销管理理念的普及和应用开辟了广阔的空间。以客户为中心、视客户为资源、通过客户关怀实现客户满意度等是这些理念的核心所在。

CRM 的核心思想是将企业的客户（包括最终客户、分销商和合作伙伴）视为最重要的企业资产，通过完善的客户服务和深入的客户分析来满足客户的个性化需求，提高客户满意度和忠诚度，进而保证客户终生价值和企业利润增长的实现。

CRM 吸收了"数据库营销"、"关系营销"、"一对一营销"等最新管理思想的精华，通过满足客户的特殊需求，特别是满足最有价值客户的特殊需求，来建立和保持长期稳定的客户关系。客户同企业之间的每一次交易都使得这种关系更加稳固，从而使企业在同客户的长期交往中获得更多的利润。

　　CRM 的宗旨是通过与客户的个性化交流来掌握其个性需求，并在此基础上为其提供个性化的产品和服务，不断增加企业给客户的交付价值，提高客户的满意度和忠诚度，最终实现企业和客户的双赢。

　　第二个层面：CRM 集合了当今最新的信息技术。CRM 作为一整套解决方案，集成了当今最新的信息技术，包括 Internet 和电子商务、多媒体技术、数据仓库和数据挖掘、专家系统和人工智能、呼叫中心以及相应的硬件环境，同时还包括与 CRM 相关的专业咨询等。

　　CRM 也是一种旨在改善企业与客户之间关系的新型管理机制，可以应用于企业的市场营销、销售、服务与技术支持等与客户相关的领域。

　　CRM 通过向企业的销售、市场和客户服务的专业人员提供全面的、个性化的客户资料，强化其跟踪服务、信息分析的能力，帮助他们与客户和生意伙伴之间建立和维护一种亲密信任的关系，为客户提供更快捷和更周到的优质服务，提高客户满意度和忠诚度。CRM 在提高服务质量的同时，还通过信息共享和优化商业流程来有效地降低企业经营的成本。

　　成功的 CRM 可以帮助企业建立一套完整的业务解决方案，随时发现和捕捉客户的异常行为，并及时启动适当的营销活动流程。这些营销活动流程可以千变万化，但是其基本指导思想是不变的，即利用各种计算，在提高服务质量和节约成本之间取得一个客户满意的平衡，如把低利润的业务导向低成本的流程（自动柜员机（ATM）和呼叫中心（Call Center）等），或把高利润的业务导向高服务质量的流程（柜台服务）。

　　第三个层面：CRM 意味着一套应用软件系统。作为一个应用软件系统，CRM 凝聚了市场营销等管理科学的核心理念。市场营销、销售管理、客户关怀、服务和支持等构成了 CRM 软件模块的基石。

　　CRM 是信息技术、软硬件系统集成的管理办法和应用解决方案的总和。它既是帮助企业组织管理客户关系的方法和手段，又是一系列实现销售、营销、客户服务流程自动化的软件乃至硬件系统。

　　CRM 将最佳的商业实践与数据挖掘、工作流、呼叫中心、企业应用集成等信息技术紧密结合在一起，为企业的销售、客户服务和决策支持等领域提供了一个智能化的解决方案，使企业有一个基于电子商务的面向客户的系统，从而顺利地实现由传统企业模式到以电子商务为基础的现代企业模式的转化。

　　CRM 作为一个应用软件来讲，体现了许多市场营销的管理思想。任何一个客户关系管理软件当中都包括客户关怀和客户满意这样的内容。

　　综上所述，CRM 就是一种以信息技术为手段，对客户资源进行集中管理的经营策略。可从战略和战术两个角度来看待它。

　　（1）从战略角度来看，CRM 将客户看成是一项重要的企业资源，通过完善的客户服务和深入的客户分析来提高客户的满意度和忠诚度，从而吸引和保留更多有价值的客户，最终提升企业利润。

　　（2）从战术角度来看，将最佳的商业实践与数据挖掘、数据仓库、网络技术等信息技术紧密结合在一起，为企业的销售、客户服务和决策支持等领域提供了一个业务自动化的解决方案。

二、客户关系管理系统的要点

CRM 的出现体现了两个重要的管理趋势的转变。首先，是企业从以产品为中心的模式向以客户为中心的模式的转移。其次，CRM 的出现还表明了企业管理的视角从"内视型"向"外视型"的转换，即企业与企业之间的竞争也就几乎变成了面对面的竞争，仅仅依靠 ERP 的"内视型"的管理模式已难以适应激烈的竞争，企业必须转换自己的视角，从"外视型"有效整合自己的资源。

CRM 的根本要求就是建立跟客户之间的"学习关系"，即从与客户的接触中了解他们在使用产品中遇到的问题和对产品的意见和建议，并帮助他们解决，同时了解他们的姓名、通讯地址、个人喜好以及购买习惯，并在此基础上进行"一对一"的个性化服务，甚至拓展新的市场需求。比如，你在订票中心预订了机票之后，CRM 就会智能地根据通过与你"交谈"了解的信息向你提供唤醒服务以及出租车登记等增值服务。因此，我们可以看到，CRM 解决方案的核心思想就是通过跟客户的"接触"，搜集客户的意见、建议和要求，并通过挖掘分析，提供完善的个性化服务。

一般来说，CRM 可以有两个部分构成，即触发中心和挖掘中心，前者指客户和 CRM 通过电话、传真、Web、E-mail 等多种方式"触发"进行沟通，后者则是指 CRM 记录交流沟通的信息和进行智能分析并随时调入供 CRM 服务人员查阅。由此可见，一个有效的 CRM 解决方案应该具备以下要素：

1. 管理客户状态

建立多元渠道的客户信息管理资源数据库，形成统一的客户状态信息大平台，实现全企业客户信息的同步与共享。CRM 最重要的是建立一套完整的客户信息系统，随时了解客户的状态。CRM 要求：要像管理其他资产一样对客户进行管理，像了解企业商品一样了解客户，像掌握库存变化一样掌握客户的变化。

2. 管理客户满意度

提高客户对企业的忠诚度，牢固企业的客户群。客户满意度有两种含义：经济意义上的客户满意度和行为意义上的客户满意度。无论哪种意义上的客户满意度都对客户忠诚度起着相当大的决定作用，影响着企业客户群的稳定性。通过 CRM 不断地对所有客户资料进行分析，可以有效地掌握口碑曲线的走向，为企业改进或加强客户服务提供数据资料，避免了只凭企业领导者的感觉来处理客户满意度的问题。管理行为意义上，客户满意度形成一套标准，随时了解客户状态。行为意义上的客户满意度，指客户经过长期沉淀而形成的情感诉求，它是客户在历次交易活动中状态的积累。通过对客户状态的管理，可以随时了解客户的状态，利用数据库提供的真实数据来划分目前所管理的客户的满意程度和满意率，进而整理出最忠诚的客户的行为标准，以此去发掘新的忠诚客户。

3. 管理 CRM 过程

假如企业在 CRM 管理中只重结果，会给企业的管理带来很大的弊端，无法形成一种标准的规范，既难以普及成功的经验，又难以吸取失败的教训。这种以成败论英雄的管理方式，久而久之会形成个人英雄主义，削弱团队的协作作用。在 CRM 的理念中，每一个结果都被视为是阶段性的，这一阶段的结果是下一阶段的开始，周而复始，不断循环。

4. 管理客户成本

加强对创利能力强的客户的投资,实现正比回报。企业经营的最终目的是实现利润的最大化,利润=收益-成本,成本包括企业向客户提供服务的成本和企业管理成本。20%的客户创造 80%的利润这并不是一句无稽之谈,20%的创利能力强的客户将为企业带来 80%的利润,但同时也存在着 20%~30%的客户形成的亏损及花费在他们身上的成本,是他们带来的收入的 3~4 倍。所以客户就是上帝的传统理念,在 CRM 的理念中并不被认同,这个全新的管理理念指出:只有创造利润高于企业向其投入的成本的客户,才是我们真正的上帝。

三、客户关系管理系统的作用

1. 提高客户忠诚度

很多企业通过促销、赠券、返利等项目,期望通过"贿赂"客户得到自己需要的顾客忠诚度,但往往事与愿违。现在的顾客需要的是一种特别的对待和服务,企业如果通过提供超乎客户期望的可靠服务,将争取到的客户转变为长久客户,就可以实现客户的长期价值。从市场营销学的角度来说,企业培育忠诚顾客可以借助于关系营销。我们要树立"客户至上"的意识,通过与客户建立起一种长久的、稳固的合作信任、互惠互利的关系,使各方利益得到满足,顾客才能成为企业的忠诚顾客。

2. 建立商业进入壁垒

换句话说,CRM 更看重的是客户忠诚。促销、折扣等传统的手段不能有效地建立起进入壁垒,且极易被对手模仿。客户满意是一种心理的满足,是客户在消费后所表露出的态度;客户忠诚是一种持续交易的行为,可以促进客户重复购买的发生。对于企业来说,客户的忠诚才是最重要的,满意并不是客户关系管理的根本目的。CRM 系统的建立,使对手不易模仿,顾客的资料都掌握在自己手中,其他企业想挖走客户,则需要更长的时间、更多的优惠条件和更高的成本。只要 CRM 能充分有效地为客户提供个性化的服务,顾客的忠诚度就将大大提高。

3. 降低营销成本

过去每个企业的业务活动都是为了满足企业的内部需要,而不是客户的需要,然而不是以客户为核心的业务活动会降低效率,从而增加营销成本。现在企业实施 CRM 管理系统,通过现有的客户、客户维系及追求高终身价值的客户等措施促进销售的增长,节约了销售费用、营销费用、客户沟通成本及内部沟通成本。另外,CRM 系统的应用还可以大大减少人为差错,降低营销费用。

四、现有物流客户关系管理软件的主要功能

CRM 是一套先进的管理思想及技术手段,它通过将人力资源、业务流程与专业技术进行有效整合,最终为企业涉及客户或消费者的各个领域提供了完美的集成,使得企业可以更低成本、更高效率地满足客户的需求,并与客户建立起基于学习型关系基础上的"一对一"营销模式,从而让企业可以最大程度地提高客户满意度及忠诚度,挽回失去的客户,保留现有的客户,不断发展新的客户,发掘并牢牢地把握住能给企业带来最大价值的客户群。CRM 将先进的思想与最佳的实践具体化,通过使用当前多种先进的技术手段最终帮助

企业来实现以上目标。在此，我们简单地介绍一下 CRM 软件系统的几个主要模块。CRM 是集市场、销售、服务为一体的管理系统，通常可划为四个子模块：客户销售管理子模块、客户市场管理子模块、客户支持与服务管理子模块、数据库及支撑平台子模块。

1. 销售管理子模块

客户销售管理子模块是全面的销售自动化管理系统，其目标是提高销售的有效性，保证客户销售数据的准确性、及时性和完整性，对客户销售进行有效管理，提供决策支持所需的数据。引入网上商务后，还能够提供对网上商务的支持，进行网络销售。

在 CRM 系统中销售管理子模块（Sales Management）主要管理商业机遇、客户账号以及销售渠道等方面。该模块把企业的所有销售环节有机地组合起来，使其产品化。这样在企业销售部门之间、异地销售部门之间以及销售与市场之间建立一条以客户为引导的流畅工作流程。它缩短了企业的销售周期，同时提高了销售的成功率。随着销售周期的缩短，销售人员将有更多的时间去与客户进行面对面的销售活动。

销售管理模块能确保企业的每一个销售代表（包括移动和固定销售代表）能及时地获得企业当前的最新信息，包括企业的最新动态、客户信息、账号信息、产品和价格信息以及同行业竞争对手的信息等。这样销售代表在同客户面对面的交流中将更有效，成功率将更高。

2. 市场营销管理子模块

市场营销管理子模块使市场营销专业人员能够对直接市场营销活动和战役的有效性加以计划、执行、监视和分析。通过使用工作流技术，使一些共同的任务和商业流程自动化。此外，还可向市场营销专业人员提供分析其市场营销行动有效性的功能。

市场营销管理子模块（Marketing Management）帮助市场专家对客户和市场信息进行全面的分析，从而对市场进行细分，产生高质量的市场策划活动，指导销售队伍更有效地工作。在市场营销子系统中可以对市场、客户、产品和地理区域信息进行复杂的分析。帮助市场专家开发、实施、管理和优化他们的策略。

市场营销管理子模块为销售、服务和呼叫中心提供关键性的信息，比如产品信息、报价信息、企业宣传资料等。呼叫中心的智能化呼叫脚本的制作也在市场营销管理模块编制。市场营销管理子系统通过数据分析工具，帮助市场人员识别、选择和产生目标客户列表。市场营销管理系统能和其他的应用模块相集成，确保新的市场活动自动地发布到合适的销售、服务人员手里，使活动得到快速的执行。

3. 客户服务与支持模块

客户支持与服务管理子系统集中应用于与客户支持、现场服务和仓库修理相关的商业流程的自动化和优化上。在很多情况下，客户的保持和提高客户利润贡献度依赖于提供优质的服务，客户只需轻点鼠标或打一个电话就可以转向企业的竞争者。因此，客户服务和支持对企业来说是极为重要的。它可以帮助企业以更快的速度和更高的效率来满足客户的售后服务要求，以进一步保持和发展与客户的关系。在 CRM 中，客户服务与支持主要是通过呼叫中心和互联网来实现。在满足客户的个性化要求方面，它们是以高速度、准确性和高效率来完成客户服务人员的各种要求。CRM 系统中的强有力的客户数据使通过多种渠道（如互联网、呼叫中心）的纵横向销售变为可能，当把客户服务与支持功能同销售、营销功能比较好地结合起来时，就能为企业提供很多好机会，向已有的客户销售更多的产品。

客户服务与支持的内容应包括：客户关怀；纠纷；送货、订单跟踪；现场服务；问题及其解决方法的数据库；维修行为安排和调度；服务协议和合同；服务请求管理等。

服务管理子系统（Service Management）可以使客户服务代表能够有效地提高服务效率，增强服务能力，从而更加容易捕捉和跟踪服务中出现的问题，迅速准确地根据客户需求分解调研、销售扩展、销售提升各个步骤中的问题，增长每一个客户在企业中的生命周期。服务专家通过分解客户服务的需求，并向客户建议其他的产品和服务，从而来增强和完善每一个专门的客户解决方案。

服务管理子系统提供易于使用的工具和信息，包括服务需求管理、服务环境配置及多种问题解决方案。这些方案包括相关案例分析，问题的分析诊断（包括横向决策树）和用于在巨大的科技文档库、产品标示、操作步骤、FAQ 数据库和已有的客户服务解决方案中进行查找的强有力的集成文本检索工具。

基于客户、话务员、服务渠道和服务许可等广泛的信息，客户咨询通过合适的渠道被发送给合适的话务员进行处理。服务管理子系统可以从空闲的话务员中选择最称职的话务员来解决客户咨询。通过对服务许可管理的全面支持，采用自动的工作流并增强对每一个咨询的路由、监控和解决，服务管理子系统可以确保客户的要求及时满意地得到解决。

服务管理子系统可以采用不同的方式来与客户进行交流（包括 Internet、电子邮件、传真、IVR——交互式语音应答、电话）。通过与呼叫中心的持久连接及与包括第三方服务提供商、商业伙伴和客户在内的 Internet 客户的间断性连接，服务管理子系统全面支持客户服务专家在机构扩展方面进行全方位的运作。

4. 数据库及支撑平台子模块

数据库及支撑平台子模块提供 CRM 的数据库解决方案以及网络环境下的系统运行平台，是整个 CRM 系统的基础。CRM 一般包括系统管理、客户信息管理、客户订单管理。销售过程管理（订单跟踪）、市场营销管理、客户服务管理、决策支持系统、市场分析预测等功能模块，并可与电话中心应用软件、财务管理软件、ERP、SCM 等有机连接。

项目思考题

一、单选题

1. CRM 营销自动化是其销售自动化的（　　）。
   A．补充　　　　　B．说明　　　　　C．总括　　　　　D．控制
2. 搞好客户关系管理体系的前提是建立（　　）。
   A．客户数据库　　B．销售数据库　　C．统计资料法　　D．营销数据库
3. 物流客户信息的现代收集法主要包括网络收集和（　　）。
   A．电话调查　　　　　　　　　　　B．数据库收集法
   C．邮件调查　　　　　　　　　　　D．统计资料法
4. 物流客户关系管理的工作重心是（　　）。
   A．开发物流客户　　　　　　　　　B．巩固物流客户

C．广告 D．人员推销

5．下列不属于物流服务企业实施 CRM 步骤的是（ ）。
  A．明确实施的必要性   B．梳理业务流程
  C．绩效评价   D．增强客户体验

二、多选题

1．提高客户满意度的方法有（ ）。
  A．评价客户满意度   B．确立以客户为中心的理念
  C．为客户提供个性化产品和及时性服务   D．增强客户体验
  E．重视客户关怀

2．物流客户信息收集按获取方式可分为（ ）。
  A．一般收集方法   B．现代收集方法
  C．客户调查方法   D．统计资料法

3．CRM 主要范围包括（ ）等。
  A．销售自动化   B．客户服务与支持
  C．营销自动化   D．呼叫中心

4．CRM 早期系统的典型特征包括（ ）。
  A．为电话销售创建销售说明书和客户说明书
  B．可判断销售或支持过程所处的不同阶段，有时还能提供与该过程有关的信息
  C．创建商业规则，确保"系统"不会对解决客户问题或管理构成障碍
  D．建立流程和销售管理工具，并将之嵌入 SFA（销售团队自动化）中

三、判断题

1．顾客是上帝所以每个客户对企业都是重要的，企业应该把精力和成本平均分摊到每个客户身上。（ ）
2．客户服务与支持是客户关系管理中的重要部分。（ ）
3．客户服务是无形产品。（ ）
4．物流客户管理就是科学地把物流客户信息用于物流经营活动过程中，使信息成为直接提高经济效益和社会效益的手段。（ ）

四、问答题

1．什么是客户满意度？举例说明客户满意度度量。
2．应用本章的信息，为您所在的学院或学校提供所能采取行动的建议，从而增加学生和校友对学校、服务项目以及组织形象的忠诚度。
3．如何理解客户满意度测评的四分图模型？
4．CRM 核心功能有哪些？

五、计算题

EH 公司对客户的问卷调查结果汇总如下：

客户对服务项目重要度评价

项目	供货价格	供货质量	订单交货期	配送正确率	计划送货日期	订单完整率	缺货通知	发票正确度	紧急送货	对投诉的处理
客户1	6	6	7	6	5	5	6	5	5	3
客户2	7	5	6	5	5	4	6	6	5	2
客户3	7	4	5	6	5	5	6	5	4	2
客户4	6	7	6	4	5	6	5	4	4	2
客户5	6	6	6	6	7	4	5	4	6	1
客户6	6	5	6	5	7	4	7	4	4	2
客户7	7	6	7	5	5	6	5	5	5	3
客户8	6	6	6	7	6	5	6	4	5	2
客户9	6	5	7	6	4	4	6	3	4	2
客户10	7	6	5	6	6	5	4	5	4	2
平均										

客户对 EH 公司服务项目的评价

项目	供货价格	供货质量	订单交货期	配送正确率	计划送货日期	订单完整率	缺货通知	发票正确度	紧急送货	对投诉的处理
客户1	3	4	5	6	5	3	6	6	2	5
客户2	2	5	6	5	5	6	7	5	3	5
客户3	2	5	5	6	5	5	6	6	3	5
客户4	3	5	4	6	4	4	7	7	3	5
客户5	4	6	4	6	4	4	6	5	2	5
客户6	3	5	5	7	4	3	7	6	2	6
客户7	3	4	5	5	5	3	7	5	3	6
客户8	2	5	4	6	5	3	6	6	1	7
客户9	4	5	6	5	4	5	6	6	3	5
客户10	3	4	5	6	4	5	6	5	2	6
平均										

1. 请应用绩效评估方法对上述数据进行分析；
2. 根据绩效评估矩阵确定 EH 公司对这些服务项目所采用的对策。

实训实践体验

体验一：物流客户回访方案实施

体验目标：知道物流客户回访步骤及回访要求；会撰写物流客户回访方案。

情景设计：经考察，王兴决定与我公司合作，由我公司负责其网上商品的运输配送，王兴将店铺起名为"SHOW 绣"，上周，王兴有一批手工绣织品由我公司配送至市区，按常规，一周后，公司客服人员要对该客户进行电话回访，回访前，请先撰写一份物流客户回访方案。

体验实施：

1．分组：课前将学生分组，6 人一组，以小组为单位提交一份物流客户回访方案。

2．教学环境和用具：有上网条件的教室（至少每小组有一台电脑），投影仪，若没条件也可布置学生课前查阅相关资料。

3．学生课前任务：

（1）将书本上的相关的资料阅读一遍；

（2）上网查找自己需要的资料。

4．行动过程：

第一步：教师下达任务（具体见情境设计）。

第二步：小组讨论和完成任务。

第三步：小组成果展示。

每一组派一名代表将小组讨论的结果向大家展示，展示内容包括：

（1）成果展示（以 Word 文档形式）；

（2）对内容进行讲解和分析。

第四步：教师总结。

（1）教师对学生的行动进行点评；

（2）对知识内容进行总结；

（3）引出相关的行动方案设计。

体验二：撰写物流客户回访报告

体验目标：会填写客户回访报告表；会分析物流客户回访信息；撰写物流客户回访报告。

情景设计：上次技能训练课小组（6 人）组员根据客户回访记录内容撰写客户回访报告。由于每组充当客户的同学反映情况不同，每份回访报告可对应一位客户。按 6 人一组，分组传阅收上来的客户回访报告表，并对客户回访信息进行分析、讨论。

体验实施：

1．分组：课前将学生分组，6 人一组，以小组为单位提交一份物流客户回访方案。

2．教学环境和用具：有上网条件的教室（至少每小组有一台电脑），投影仪，若没条件也可布置学生课前查阅相关资料

3．学生课前任务：

（1）将书本上的相关的资料阅读一遍；

（2）上网查找自己需要的资料。

4．行动过程：

第一步：教师下达任务（具体见情境设计）。

第二步：小组讨论和完成任务。

第三步：小组成果展示。

每一组派一名代表将小组讨论的结果向大家展示,展示内容包括:
(1)成果展示(以 Word 文档形式);
(2)对内容进行讲解和分析。
第四步:教师总结。
(1)教师对学生的行动进行点评;
(2)对知识内容进行总结;
(3)引出相关的行动方案设计。

成果检验:

学习评价表

姓名		班级		学号		
任务		地点		日期		
工作开始时间: 年 月 日				工作完成时间: 年 月 日		
评 分 项 目			系数	分值	检测结果	得分
客户回访与上门拜访的工作技能与礼仪			1.0	10		
回访与咨询的工作技巧			1.0	10		
电话回访的礼仪与技巧			1.0	10		
传真回访的方法选择及问题处理			1.0	10		
商务信函回访的撰写技巧			2.0	20		
物流客户回访与咨询信息的维护			2.0	20		
物流客户服务回访提纲、报告的撰写			2.0	20		
总计			10.0	100		
个人认为完成得好的地方:						
个人认为完成得不满意的地方:						
值得改进的地方:						
自我评价:			非常满意			
			满意			
			不太满意			
			不满意			

参考文献

[1] 孙春华. 物流服务营销[M]. 北京：对外经济贸易大学出版社，2011.

[2] 侯旻，孙军. 物流营销实务[M]. 北京：北京交通大学出版社，2011.

[3] 魏农建. 物流营销与客户关系管理（第二版）[M]. 上海：上海财经大学出版社，2009.

[4] 李耀华. 物流市场营销[M]. 北京：清华大学出版社，2012.

[5] 袁炎清. 物流市场营销（第3版）[M]. 北京：机械工业出版社，2011.

[6] 陈玲，王爽. 物流服务营销[M]. 上海：立信会计出版社，2010.

[7] 郭伟业，郭景春. 物流服务营销[M]. 北京：北京师范大学出版社，2011.

[8] 曹霁霞. 物流服务营销[M]. 北京：北京理工大学出版社，2008.

[9] 曾益坤. 物流客户服务[M]. 北京：电子工业出版社，2011.

[10] 续秀梅. 物流客户服务[M]. 北京：中国物资出版社，2010.

[11] 杨穗萍. 物流客户服务（第2版）[M]. 北京：机械工业出版社，2010.

[12] 游艳雯. 物流客户服务操作实务[M]. 北京：化学工业出版社，2010.